La grande invasion

Enquête sur les produits qui intoxiquent notre vie quotidienne

La grande invasion

Enquête sur les produits qui intoxiquent notre vie quotidienne

Stéphane Horel

ÉDITIONS DU MOMENT

Un livre présenté par Xavier Muntz

Du même auteur

Stéphane Horel et Jean-Pierre Lentin. *Drogues et cerveau.* Actuel/Panama, 2005.

ÉDITIONS DU MOMENT
26 avenue Marceau
75008 Paris

À défaut de générations futures sous mon toit,
je dédie ce livre à Azat, Ionah et Nina, mes (païens) filleuls.

Avant-propos

Nous les respirons, les mangeons, les touchons. À notre insu, des dizaines de milliers de substances chimiques partagent notre vie quotidienne, nichées dans la nourriture et l'eau, incrustées dans les détergents, les plastiques ou les tissus, invisibles et partout à la fois. Formaldéhyde, paraffines chlorées à chaîne courte, composés perfluorés, alkylphénols, perméthrine, bisphénol-A, phtalates, parabens, organoétains, diphényléthers polybromés : les substances chimiques qui ont violé nos domiciles ont des noms barbares. Il faudra pourtant nous y faire, au fil de ces pages comme de nos existences. Car nous tutoyons ces noms barbares. Nous dormons dedans et les revêtons, ils font partie de nous et infusent dans notre sang, nos organes, les liquides amniotiques, le lait donné au sein. Nous avons tous dans le corps des produits chimiques censés se trouver dans les tapis et les grille-pains du monde moderne.

Au cours du XXe siècle, l'Europe a autorisé sur son marché plus de 100 000 substances sans jamais les avoir testées. Ou presque. En termes de quantités, seulement 1 % d'entre elles ont été évaluées pour leur toxicité potentielle. En 1930, le monde industrialisé produisait 1 million de tonnes de produits chimiques. En 2005, 500 millions. Ce que personne n'a voulu approfondir hier, la science le dénonce aujourd'hui. Un certain nombre de ces substances pourraient mettre notre santé, celle des enfants, en danger. Mais rares sont ceux qui peuvent en brandir la preuve formelle. Les maladies que les scientifiques attribuent à ces substances chimiques ont parfois des noms tout aussi barbares. Ils parlent d'hypospadias (malformation de l'urètre), de cryptorchidie (non descente des testicules), de dérèglements du système endocrinien (ou hormonal). Les autres sont bien plus courantes : asthme, cancers du sein, des testicules et de la prostate, infertilité, obésité, troubles du développement du cerveau. Le progrès a vaincu la rage, la variole et la poliomyélite, mais toutes ces affections aux causes souvent inconnues augmentent dans les pays riches.

Aux sceptiques, qui grognent qu'on ne peut plus manger un cassoulet en paix et que vivre tue de toute façon, ce livre tente d'expliquer que la pollution chimique n'est pas une problématique d'hygiénistes paranoïaques. Les questions qu'elle soulève dépassent largement le domaine de la médecine. Elles touchent à notre rapport à la science, à l'organisation de nos systèmes économiques et politiques, aux fondements de nos sociétés de profusion, et nous confrontent à de nécessaires réflexions éthiques. Bien évidemment, les substances chimiques ont amélioré nos existences. Il ne s'agit pas de revivre en peaux de bêtes comme les chasseurs-cueilleurs du Paléolithique. Mais si certaines d'entre elles peuvent nuire à notre santé, nous ne pourrons éviter le débat. Le point de départ de ce livre était un constat sans doute niais : personne aujourd'hui n'est capable de comprendre une banale liste d'ingrédients. Pas même les scientifiques qui assurent qu'avoir un doctorat en poche n'aide en rien à faire ses courses. Au fil de ces pages, certains noms barbares cesseront de l'être.

Pirates de l'air

Matériaux de construction, meubles, détergents

Deux ans après, des maisons sont toujours couchées sur le flanc, certains quartiers ceinturés par les rubans fluorescents de la police. À La Nouvelle-Orléans, des bateaux sont échoués en bas de perrons qui ne mènent plus nulle part. Un peu partout, livres et fauteuils finissent de pourrir derrière les portes entrouvertes. À travers la Louisiane et le Mississippi, aux alentours des villes, le paysage regagne lentement du terrain sur les champs de *mobil homes* où vivent toujours des dizaines de milliers de réfugiés des ouragans Katrina et Rita. Âprement critiquée pour son incapacité à gérer la crise en 2005, l'agence fédérale américaine chargée des situations d'urgence, la FEMA, fait à nouveau la une des journaux en juillet 2007. Propriétaire des quelque 56 000 *mobil homes* encore occupés, la FEMA est accusée d'ignorer délibérément, et depuis plus d'un an, les problèmes de santé dont se plaignent leurs occupants. En mars 2006, certains avaient fait état de maux de tête, de saignements de nez, d'irritations respiratoires. Des auditions au Congrès américain révèlent que la FEMA avait parfaitement identifié le responsable de tous ces troubles dans les cabanes toxiques. Elle avait pourtant décidé de ne pas agir, sur les conseils de ses avocats qui redoutaient les conséquences légales et financières (1)[1]. En septembre 2007, la FEMA a finalement été contrainte de proposer un relogement en hôtel aux réfugiés. La responsable de ce scandale est une substance chimique qui se dégage, sous forme de gaz, des panneaux de particules et du bois aggloméré, les principaux matériaux des *mobil homes*. Une substance chimique émise par un nombre considérable d'objets : matériaux de construction, peintures, moquettes, détergents, encens ou même vêtements neufs, sans oublier la fumée de cigarette. Ingrédient dans ces produits, ou polluant involontaire, le formaldéhyde est partout. Dans les maisons sans roulettes aussi, l'air en est souvent gorgé. Dans le meilleur des cas, il irrite la gorge. Au pire, il est cancérogène.

Ceci est un détournement de l'atmosphère respirable

Aussi surprenant que cela puisse être, l'air que nous respirons à l'intérieur de nos maisons est plus pollué que l'atmosphère lourde et jaunâtre qui emplit les rues des grandes villes. Il s'agit d'une question de temps. *« Rester longtemps dans un lieu peu*

[1] Les notes entre parenthèses renvoient à la fin de l'ouvrage où elles sont classées par chapitre, à partir de la page 305.

pollué – comme 15 heures dans son logement – aura peut-être autant d'impact que de passer peu de temps dans un lieu très pollué » explique Séverine Kirchner, experte au Centre scientifique et technique du bâtiment (CSTB), à Marne-la-Vallée. Oui, la place de la Concorde est polluée, mais on n'y installe pas sa chambre à coucher. À moins d'être sans abri ou de travailler dehors, l'être humain standard des pays riches passe entre 80 et 90 % de son temps à l'intérieur. Il travaille, étudie, se déplace, se détend, fait du sport, vit sa vie dedans. Et même si, dehors, les polluants sont plus nombreux, ceux qui se trouvent entre quatre murs ont 1 000 fois plus de chance d'être inhalés. À ce jour, plus de 900 différents composés ont été détectés dans l'air intérieur (2,3). Le formaldéhyde n'est qu'un des représentants de la grande famille des polluants appelés composés organiques volatils (COV). Un grand sac, plutôt qu'une famille, dans lequel on fourre des substances aux propriétés et aux familles chimiques très différentes. Des aldéhydes (comme le formaldéhyde), des hydrocarbures aromatiques (benzène, toluène, xylènes…), des éthers de glycol et bien d'autres. La vie sur Terre est ainsi faite que l'homme consacre 100 % de son temps à respirer, à une cadence moyenne de 20 000 inspirations/expirations d'environ 0,5 litre d'air chacune, tous les jours. Ses chances d'échapper à ces substances semblent minces. Or ces COV sont mis en cause dans de nombreux problèmes de santé : asthme, cancers, maladies du cœur et du poumon, retards de développement, y compris celui du cerveau.

La pollution de l'air intérieur soucie sérieusement le reste du monde qui parle de risques graves pour la santé à des Niveaux très officiels depuis le début des années quatre-vingt-dix.

Aux États-Unis – même si l'affaire des *mobil homes* de la FEMA pourrait en faire douter – cette pollution à domicile est carrément considérée comme *« l'un des risques les plus importants pour la santé humaine »* (2). Pour sa part la France n'a véritablement commencé à se sentir concernée qu'au début du XXIe siècle, lorsqu'elle crée un Observatoire de la qualité de l'air intérieur (OQAI). Cet observatoire aurait pu, comme certains organismes de ce type à travers le pays, devenir une sorte de structure végétative aux objectifs aussi modestes que confus. Mais il publie, fin 2006, une étude de grande ampleur sur l'air des logements, et hisse la France à un niveau international. *« Il est vrai que cette étude paraît récente par rapport à la problématique sur l'air intérieur qui, elle, a plutôt démarré dans les années soixante-dix »* concède Séverine Kirchner qui évoque ici à demi-mot les quelques guerres de retard accumulées par la France sur de nombreux aspects de la santé environnementale. L'étude de l'OQAI a mobilisé une centaine d'experts pendant trois ans. C'est l'une des plus importantes jamais réalisées dans le monde sur l'air intérieur. Et en France, donc, une grande première.

Dans 55 départements, les techniciens de l'OQAI ont laissé leurs instruments de mesure, pendant une semaine, au beau milieu des salons, chambres et garages de 567 logements représentatifs de l'ensemble des habitations françaises. COV, monoxyde de carbone, moisissures, acariens, température, humidité, aération ou poils de chien, absolument tout a été mesuré. Les résultats sont confondants. Tous les COV mesurés sont présents dans 80 à 100 % des logements. Neuf pourcent des habitations sont considérées comme très polluées. Et, selon le polluant, entre 5 et 30 % d'entre elles présentent des concentrations bien plus importantes que celles que l'on relève en moyenne. Au terme de l'étude, le formaldéhyde est qualifié de « *substance prioritaire* ». S'il est prioritaire, c'est donc que ses niveaux sont jugés préoccupants dans l'air des maisons. Reste à savoir ce que l'on tient pour un logement très pollué ou une forte concentration de polluant. La question est délicate et l'OQAI très clair : « *Il n'existe pas encore de valeurs guides établies en France auxquelles comparer les concentrations retrouvées dans les logements* » (4). Une « *valeur guide* » est un seuil à partir duquel une substance peut devenir nocive pour la santé. Elle a pour but de protéger la population. Mais les seuils maximums d'exposition n'existent en France que pour les milieux professionnels. D'aucuns les considèrent déjà bien trop élevés, et ils ne concernent pas l'exposition de la population générale, abandonnée à une remarquable indifférence réglementaire. Étrange paradoxe que ces substances jugées « *prioritaires* » mais dispensées de tout contrôle dans les produits d'usage courant. « *Jusqu'à présent, l'air intérieur n'était pas considéré comme un problème de santé publique. Donc pourquoi faire des valeurs ?* » constate, ironique, Séverine Kirchner. Les choses, aujourd'hui, changent. Des groupes de travail ont été mis en place au sein de l'Agence française de sécurité sanitaire de l'environnement et du travail (Afsset). « *Progressivement, nous allons avoir des valeurs guides à l'échelle nationale* » espère-t-elle. En attendant, il faut se référer aux valeurs établies dans les pays qui s'en sont préoccupés.

L'Organisation mondiale de la santé (OMS) a fixé une limite au formaldéhyde. Elle considère qu'une demi-heure d'exposition au formaldéhyde présent dans une concentration de 100 µg[1] par mètre cube d'air peut être dangereuse pour la santé de la population générale. Pour les personnes les plus vulnérables, la limite tombe à 10 µg/m³. Les « vulnérables » sont les enfants et leurs organismes en devenir, les personnes âgées, les femmes enceintes, les personnes souffrant d'asthme ou de troubles respiratoires, cardiaques ou immunitaires, ce qui représente déjà pas mal de monde. Des valeurs guides sont en place dans l'ensemble des pays nordiques européens, en Allemagne, en Australie ou aux États-Unis. L'Europe, elle, estime que les concentrations maximales ne devraient pas dépasser 30 µg/m³. D'après l'étude de l'OQAI, qui a trouvé du formaldéhyde dans la totalité des habitations, 22 % des logements français dépassent cette valeur. *« 22 %, c'est énorme, oui »* dit Séverine Kirchner.

À la fin de l'été 2007, la France s'est finalement dotée d'une valeur guide pour le formaldéhyde. Extrêmement basse, elle s'aligne sur la valeur de l'OMS destinée aux plus vulnérables. À l'Afsset, Nathalie Bonvallot faisait partie du groupe d'experts qui l'a fixée à 10 µg/m³. Comment sont établies ces valeurs guides censées protéger la population ? Quels sont les paramètres pris en compte ? Qui en décide ? Dans un premier temps, les experts, des toxicologues, se concentrent sur des informations d'ordre médical. Les études épidémiologiques leur permettent de voir si une substance donnée risque de nuire à la santé humaine. Ils définissent alors un chiffre, *« la dose la plus faible à laquelle on a observé un effet sanitaire »*. Ils appliquent ensuite à ce chiffre un certain nombre de *« facteurs*

[1] Un microgramme (µg) correspond à 0,001 milligramme (mg), soit 0,000 001 gramme (g).

d'incertitude », « ce qui permet d'abaisser cette valeur pour protéger la santé. Elle tient compte des réactions qui varient d'une personne à l'autre, etc. » raconte Nathalie Bonvallot. Simple en apparence, mais que fait-on lorsqu'il n'existe aucune donnée épidémiologique sur l'homme ? On se sert alors d'humains de poche : les animaux de laboratoire. Des expériences menées sur des rats et des souris, qui suivent des procédures standardisées, servent alors de point de départ et, n'en déplaise aux défenseurs de la cause animale, il n'existe pour l'instant et dans une majeure partie des cas, pas d'autre solution. Au cours de ces études, les toxicologues soumettent les animaux à différentes doses de la substance, d'abord massives. Puis ils la diminuent progressivement jusqu'au moment où ils ne constatent plus aucune conséquence sur la santé de l'animal : c'est le NOAEL (*No Observed Adverse Affect Level*, soit dose sans effet nocif observé). Ils retiennent alors celle qui se situe juste en dessous. Ensuite, pour tenir compte de la différence entre l'animal et l'homme, et même des différences de sensibilité entre humains, le chiffre est divisé par 10 – la valeur par défaut – voire par 100. Ils obtiennent enfin la valeur guide, ou valeur limite d'exposition, ou dose de référence, ou encore, pour certaines substances que l'on peut ingérer par exemple, dose journalière admissible (DJA). Le travail de la médecine s'arrête là. Les experts relaient l'information aux gouvernements et, au sein de l'Union européenne, aux autorités idoines. Le pouvoir politique remouline le chiffre au gré de considérations techniques mais surtout socio-économiques qui tournent généralement autour d'une question : l'application de la valeur guide a-t-elle un coût, et si oui, combien ? « *Il y a donc une valeur guide qui est construite sur des critères strictement sanitaires, puis sur des valeurs de gestion qui ne sont pas forcément identiques* » conclut, on ne peut plus claire, Nathalie Bonvallot. De plus en plus, l'OMS prend les critères sanitaires en premier lieu.

Pollution d'ambiance

En attendant, formaldéhyde et COV, qui n'ont que faire de ces expertises, virevoltent dans l'air des maisons et, incidemment, dans les voies respiratoires de leurs occupants. Les sources d'émission du formaldéhyde ne sont pas un grand mystère pour des spécialistes comme Séverine Kirchner. Mais c'est bien là qu'est le problème. Le formaldéhyde est ubiquitaire. « *Il est émis dans de très nombreuses situations : tabagisme, utilisation de produits de construction et de décoration, détergents pour la vaisselle, désinfectants, lingettes, produits d'hygiène corporelle, cosmétiques, utilisation de bougies ou d'encens, etc.* » C'est-à-dire à peu près tous les objets que peut contenir une maison et tout ce que les habitants peuvent en faire.

En elle-même, la maison est une source majeure de formaldéhyde. Plus exactement les matériaux qui la constituent et en font l'apparence. Peintures, papiers peints, matériaux isolants, revêtements de sol, etc. : quand un logement est neuf ou refait à neuf, ces produits relarguent de fortes concentrations de COV et de formaldéhyde pendant plusieurs semaines. De moindres concentrations pendant plusieurs mois, voire plusieurs années. De même pour les panneaux de particules, lamellés-collés et autres contreplaqués : la colle qui est utilisée pour lier les matériaux entre eux contient de grandes quantités de formaldéhyde. Par exemple, un panneau de particules et un meuble de bureau neufs peuvent dégager entre 300 et 400 µg de formaldéhyde par mètre carré de leur propre surface et par heure. Soit 30 à 40 fois plus que la valeur guide française. Entre cinq et dix mois plus tard, ils continuent à hauteur de 80 à 140 µg/m²/heure (3). Les émissions augmentent avec la température, l'humidité et une aération insuffisante – des conditions réunies point par point dans les *mobil homes* de la FEMA, garés dans le sud chaud et humide des États-Unis.

« On ne fait pas exprès de se polluer » constate Séverine Kirchner. Qui peut en effet s'imaginer qu'une activité aussi tristement banale que le ménage pollue l'atmosphère des maisons ? Détergents et produits d'entretien sont de généreux contributeurs aux concentrations de formaldéhyde et de COV. Contrairement aux matériaux de construction, leurs émissions ne diminuent pas au fil des semaines. À chaque utilisation, parfois tous les jours, ils injectent encore un peu plus de pirates dans l'air. Cible principale des associations de consommateurs : les désodorisants d'intérieur et autres parfums dits *« d'ambiance »*. Des toilettes bombardées à la lavande aux diffusions de fleurs des champs électriques, jusqu'à ces petits sapins qui répandent leurs senteurs fluorescentes dans l'habitacle de millions de voitures : quand on veut recouvrir une mauvaise odeur d'un voile chimique, les temps modernes proposent un vaste éventail de possibles. Testés par le Bureau européen des unions de consommateurs (BEUC), 76 désodorisants et encens ont livré leurs petits secrets chimiques dans un laboratoire. Seuls 11 d'entre eux émettaient moins de 100 µg/m³ de COV tout confondu. 38 en diffusaient plus de 500 µg/m³, les

bombes grimpant parfois jusqu'à plus de 7 000 µg/m³. La plupart des pays dotés d'une réglementation sur la quantité de COV ont fixé une limite maximum à 200 µg/m³. Quant au formaldéhyde, c'est l'encens qui en produisait le plus : entre 51 et 69 µg/m³ (5). Membre du BEUC, l'UFC-Que Choisir s'empare de la question des désodorisants. L'association de consommateurs demande même que deux diffuseurs liquides, l'Air Wick décosphère vanille et orchidée, et l'Iba Sanaga épices marines, qui répandent trop de benzène soient étiquetés « *peut provoquer le cancer* ». L'industrie crie au scandale et réplique par des communiqués. « *Les fabricants rappellent que leurs produits sont* [...] *conformes à la réglementation.* » Il serait en fait plus exact d'écrire qu'ils sont conformes à *l'absence* de réglementation. Car ces produits d'usage courant ne sont soumis à aucune norme sur les émissions de polluants. Le formaldéhyde ou le benzène figurent-ils sur les listes d'ingrédients ? Absolument pas, relève l'UFC-Que Choisir, qui réclame un étiquetage clair à l'attention des populations vulnérables. En outre, l'industrie avance un argument fort intéressant : « *Les fabricants considèrent unanimement que les résultats sont erronés.* » (6) Les affirmations de ce type, bien curieuses d'un point de vue scientifique, sont très fréquemment avancées par les industriels. Des résultats sont là, mais jugés faux, sans aucun argument ou étude pour nourrir les critiques. Des résultats sont là, qui ont surtout de bonnes raisons de plonger les fabricants dans l'embarras. Les niveaux de concentrations que dégagent ces désodorisants sont assez élevés pour nuire à la santé de leurs utilisateurs.

Le véritable impact de cette pollution intérieure sur la santé humaine est sournois, presque invisible, et surtout complexe à établir. Mais les effets du formaldéhyde sont relativement bien identifiés. De faibles concentrations peuvent déclencher des symptômes assez vagues comme des migraines, des nausées et des vertiges. À des niveaux d'exposition moyens, trois personnes sur quatre ressentent une irritation des yeux, du nez ou de la gorge. Le formaldéhyde est surtout un irritant qui, inhalé, se dépose en quasi totalité sur les muqueuses nasales et peut provoquer pharyngites, laryngites, bronchites, toux. Il entraîne aussi des conjonctivites et des réactions cutanées comme des dermatites. Mais surtout, mis en cause dans les cancers du nasopharynx et des fosses nasales, le formaldéhyde a été classé, en 2004, *« cancérogène certain pour l'homme »* (groupe 1) par le Centre international de recherche sur le cancer (CIRC) (7). Au sein de l'OMS, le CIRC est chargé d'étudier les substances et leur potentiel à provoquer des cancers. Depuis sa création en 1972, plus de 900 substances ont été réparties dans plusieurs catégories. Le groupe 1 rassemble les cancérogènes *« certains »*, le groupe 2A les cancérogènes *« probables »*, le groupe 2B les cancérogènes *« possibles »*, le groupe 3 les inclassables, et le groupe 4 les agents *« probablement non cancérogènes »*. La décision du CIRC doit être gouvernée par le degré de connaissances de la science, qu'il examine avec en moyenne 5 à 10 ans de retard. Un fossé de certitudes sépare les cancérogènes *« possibles »* et les cancérogènes *« probables »*. Les preuves s'accumulent au fil des années, des expériences en laboratoire *in vitro* sur des lignées de cellules et *in vivo* sur l'animal, et des études épidémiologiques chez l'homme. Exemple exagérément simplifié : des animaux de laboratoire exposés à une substance X développent des tumeurs. Mais ce type de tumeur n'a jamais été observé chez l'homme ou bien les mécanismes biologiques qui sous-tendent la naissance de la tumeur n'ont pas d'équivalent chez l'être humain. Le produit X sera alors classé cancérogène « *possible* » et non probable. Ainsi, le passage du formaldéhyde de la catégorie 3 à la catégorie 1 a donné lieu à une chicane surréaliste. Certains protestaient que, la surface du museau du rat étant proportionnellement plus importante que la surface des muqueuses nasales de l'homme, les conclusions ne pouvaient pas s'appliquer à l'humain (8).

Relativement peu de substances – 95 – appartiennent au groupe des cancérogènes certains. Un nombre restreint qui tient peut-être à la définition que le CIRC a de l'homme. Quand le CIRC évalue le potentiel cancérogène d'une substance, il utilise dans la majeure partie des cas des données humaines qui proviennent d'études menées en milieu professionnel : des ouvriers exposés à un produit dans une usine chimique par exemple. C'est-à-dire des niveaux d'exposition bien plus élevés que dans la population générale. En d'autres termes, quand une substance est classée cancérogène « *certain* », c'est que des doses élevées peuvent provoquer des cancers chez l'homme. En général, le CIRC ne tient pas compte des faibles expositions sur le long terme de la population générale. Pour cette dernière, les connaissances restent très approximatives voire totalement floues. Dans ce raisonnement, toute notion de seuil disparaît. Aucune distinction n'est faite entre des substances qui sont cancérogènes, quelle que soit la dose d'exposition, tout le temps, dans toutes les conditions, les godzillas du cancer ; et celles qui ne le sont qu'à partir d'un seuil élevé, des cancérogènes *lights* en quelque sorte. *« C'est tout le problème de la classification actuelle qui n'est basée que sur la dangerosité, et pas sur le niveau de la dose,* explique Nathalie Bonvallot. *Aujourd'hui on met sur le même niveau une molécule qui serait cancérogène à de très faibles doses et une molécule qui serait cancérogène à des doses bien plus élevées. En termes de risque pour la santé, les impacts ne sont pas les mêmes. Le formaldéhyde serait cancérogène à des doses plus élevées. Ce sont les études en milieu professionnel, pour lequel les expositions des personnes sont bien plus élevées que dans l'environnement général, qui ont montré des cancers du nasopharynx.* » Ce genre d'étude n'existe pas sur la population générale qui est pourtant exposée dans son ensemble.

Sifflements persistants en pays riches

Tous exposés, mais pas tous malades. Pour les épidémiologistes, il est difficile de discerner les effets sanitaires d'une pollution domestique mal identifiée sur la population générale. On comprend la complexité de la tâche lorsqu'il s'agit de retracer l'origine d'un cancer du nasopharynx jusqu'à une cuisine intégrée en panneaux de particules ou une promiscuité abusive avec un petit sapin fluo. Cela devient pourtant plus réalisable pour les affections moins graves et bien plus fréquentes que le cancer que sont les troubles respiratoires et l'asthme. Une atmosphère agrémentée de formaldéhyde et de COV risque de porter atteinte à la santé de ceux qui la respirent. Mais les médecins français, estime Joëlle le Moal, épidémiologiste à l'Institut national de veille sanitaire (INVS), sont « *totalement démunis pour répondre à leurs patients ou même pour se forger une opinion professionnelle sur ces questions* ». Ils envisagent rarement que leurs patients puissent être malades de leur environnement domestique.

On les appelle les *« enfants des années quatre-vingt-dix »*. Ils sont 14 000, suivis à la loupe depuis leur conception, ou presque, par des scientifiques britanniques. À l'Université de Bristol, l'équipe d'Alexandra Farrow observe le développement et la santé de ces enfants nés en 1991-1992. C'est la première fois au monde qu'une étude de cette ampleur essaie de mesurer l'impact des COV contenus dans les détergents sur la santé. La démarche, aussi, est originale : les chercheurs essaient de savoir si l'utilisation de détergents par les mères pendant leur grossesse peut avoir un effet sur la santé de leurs bébés. Dans un premier temps, il leur a fallu distinguer la part des produits ménagers dans les concentrations globales de COV des habitations. Pour cela, pendant plusieurs mois, 170 familles ont hébergé des instruments de mesure dans leur séjour et leur chambre. Au sixième mois de grossesse et six mois après la naissance de l'enfant, les mères ont dû remplir des questionnaires détaillant quels types de détergents elles avaient le plus souvent utilisés. À l'issue de quoi les désodorisants d'intérieur – encore eux – et les détergents en aérosol, destinés au nettoyage des moquettes et des tapis notamment, étaient désignés principaux actionnaires de la pollution aux COV. Quand les bébés ont atteint l'âge de 8 mois, les chercheurs ont demandé aux mères de dresser la liste des troubles de santé observés chez leurs enfants, mais aussi de leurs propres symptômes. Conclusion : les désodorisants et les aérosols rendent les bébés malades. Dans les familles où un désodorisant était utilisé tous les jours, les bébés ont eu beaucoup plus de diarrhées et de douleurs d'oreilles que ceux dont les mères en faisaient un usage plus parcimonieux (+32 %). Les aérosols, en particulier les cires, mais aussi les laques pour cheveux et les déodorants corporels, sont, eux, associés à des diarrhées et des vomissements. Chose étonnante, les mères elles-mêmes rapportent plus de migraines (+10 %) et, plus surprenant encore, une tendance accrue à la dépression (+26 %).

Puis, les enfants grandissent. Ils ont entre 3 et 4 ans. Les résultats de la première enquête se confirment. Les enfants les plus exposés aux produits ménagers ont deux fois plus de troubles respiratoires que les autres. Ils souffrent de « *sifflements persistants* » qui sont associés à l'asthme. « *Plus de 40 % des familles de l'étude rapportent utiliser des désodorisants régulièrement. Les gens pensent peut-être que l'utilisation de ces produits rend leurs maisons plus propres et plus saines, mais plus propre ne signifie pas nécessairement plus sain* » commente Alexandra Farrow (9). Une étude internationale sur plus de 3 500 personnes montre la même association. L'utilisation de produits d'entretien en aérosol (lave-vitre et désodorisants) au moins une fois par semaine provoque des symptômes asthmatiques chez les adultes (10).

C'est un fait, l'asthme augmente dans l'ensemble des pays riches. En France, il touche deux fois plus de monde qu'il y a 15 ans : 8 à 10 % des enfants en âge scolaire, 15 à 22 % des adolescents et adultes. Soit entre 2,5 et 3 millions de Français. Chaque année, 2 000 personnes en meurent. Les chiffres sont de même amplitude en Europe. Chez l'enfant, l'asthme est principalement d'origine allergique. Et le nombre d'allergiques a explosé ces dernières années : 35 à 40 % de la population en souffrent (11). Mais en Europe, on observe que les enfants des pays les plus riches ont dix fois plus de symptômes asthmatiques que ceux des autres pays. Ils sont 32 % en Grande-Bretagne contre 2,6 % en Albanie. Pour l'OMS, il faut attribuer ce contraste au *« mode de vie occidental »* (12). Car un *« mode de vie occidental »*, c'est vivre le luxe d'être exposé à plus de substances chimiques. En possédant plus de commodes en bois aggloméré, plus de laques pour cheveux, plus de petits sapins fluos. Si l'asthme et les allergies sont très répandus, leur origine reste aujourd'hui complexe et très incomprise. Mais la pollution intérieure, longtemps ignorée, pourrait jouer un rôle majeur. Les COV comme le formaldéhyde sont des irritants du système respiratoire. Ce n'est donc pas très étonnant qu'ils soient associés à l'asthme. Exposés régulièrement à des concentrations supérieures à 60 $\mu g/m^3$ de formaldéhyde, les enfants, population « vulnérable », augmenteraient de 40 % leurs risques de développer de l'asthme (13).

Quand un enfant multiplie les bronchites et les rhumes, que les traitements n'y font rien, les médecins ne pensent guère à interroger les parents sur leur mode de vie ou les activités qui pourraient polluer l'air qu'ils respirent chez eux. Enquêter à l'intérieur des logements et y réaliser des prélèvements, c'est pourtant possible en France sans pour autant convoquer tout l'OQAI dans son salon. En fait, il suffit d'une simple prescription médicale. Des hommes et des femmes exercent le métier totalement inconnu de conseillers médicaux en environnement intérieur (CMEI). Ils peuvent réaliser des expertises à domicile, il sont formés pour cela. Seulement personne ne semble au courant, en particulier les médecins. Après plusieurs années d'activité professionnelle toujours liée aux questions d'environnement intérieur, Régis Saulnier a repris ses études pour suivre la formation de CMEI. Mais, après plusieurs mois à guetter le téléphone, il a fini par se consacrer à plein temps à sa boutique de matériaux écologiques à Paris, amer, découragé, atterré même par l'absence de prise de conscience des médecins généralistes. Trois ans après, *« j'attends encore ma première visite de médecin »* gémit-il. Au Luxembourg, les parents d'un enfant souffrant de bronchites à répétition pourraient téléphoner au ministère de l'Environnement et demander à parler au service des « ambulances vertes »[1]. Là, le Dr Joseph Wampach prendrait directement leur appel. Comme il le fait 600 fois par an, depuis 1994, il organiserait une visite d'experts à domicile. Selon les polluants détectés dans les habitations, il proposerait ensuite des solutions et des mesures d'assainissement. *« La médecine environnementale n'est pas une médecine alternative ! »* s'exclame-t-il.

Entre les mains du seigneur politique

Certes, la mise en laisse des centaines de composés chimiques toxiques présents dans l'air intérieur ne se fera pas en deux jours. Encore faudrait-il que les pouvoirs publics commencent à s'en préoccuper. Le CIRC a classé le formaldéhyde comme cancérogène certain en juin 2004. Mais ce classement n'est toujours pas appliqué en France. *« Le formaldéhyde ne fait l'objet d'aucune mesure de limitation d'emploi ou de mise sur le marché. Cette situation pourrait évoluer en fonction des discussions en cours à l'échelle européenne sur la révision de sa classification en tant que cancérogène »* explique Séverine Kirchner. La classification à l'échelle de l'Union européenne

[1] Les ambulances vertes existent également en Allemagne, en Belgique et en Suède.

est, de fait, source de toutes les directives et applications dans les pays membres. En attendant, le formaldéhyde végète toujours à Bruxelles dans la catégorie des cancérogènes *« possibles »*. Les discussions ont commencé en juillet 2005 à la demande de la France – une fois n'est pas coutume, le fait mérite d'être souligné. Elles se poursuivent, donc, ou s'enlisent, difficile de le savoir. Une première réunion a eu lieu en novembre 2005, une autre en mars 2006, puis encore une en octobre 2006. La majorité des États membres ont réclamé du temps. Pour réfléchir, de réunion en désaccord. L'Allemagne, la Grande-Bretagne et les Pays-Bas ont fait savoir qu'ils s'opposaient au classement du formaldéhyde comme cancérogène certain. C'est ainsi une entité politique et non médicale ou scientifique qui décidera *in fine* si le formaldéhyde est une substance cancérogène certaine ou pas. En temps normal, quand le CIRC classe une substance cancérogène, la Commission européenne applique de façon quasi automatique le même classement. Mais elle a désormais tendance à contourner le systématisme en introduisant cette notion de seuil qui n'est pas prise en compte par le CIRC. Sa décision finale est reportée, dit-on, dans l'attente des résultats d'une grande étude portant sur l'exposition de plus de 25 000 personnes, en population générale cette fois.

Outre la réglementation sanitaire en milieu professionnel qui devra être revisitée de fond en comble, les enjeux économiques sont lourds. Le classement d'un produit comme cancérogène « certain » au plan européen implique son interdiction à la vente au public. Quand elle considère des questions de santé publique, une entité scientifique ne prend pas en compte que la

France a consommé à elle seule 126 352 tonnes de formaldéhyde en 2005 (14). Pas plus qu'elle ne se préoccupe de la tracasserie technique majeure que représenterait, pour les fabricants de propreté, la suppression des émissions de COV dans les détergents.

Les autorités sanitaires de l'État de Californie n'ont pas hésité à prendre des mesures radicales. En avril 2007, elles ont mis en place la réglementation la plus stricte de la planète sur les émissions de formaldéhyde dans les bois collés. En plusieurs phases échelonnées jusqu'en 2012, les fabricants devront se conformer à des limites maximales d'émission très faibles. D'emblée, les produits de mauvaise qualité, importés du Canada et d'Asie, sont éliminés du marché. Pour les industriels du secteur, contraints d'investir dans la recherche de nouveaux types de colles sans formaldéhyde et d'adapter leurs usines, les coûts sont estimés à près de 14 millions d'euros par an pendant la phase initiale, et à 93 millions d'euros par an ensuite. Cette réglementation aura aussi des répercussions économiques sur les consommateurs : chaque panneau de bois coûtera en moyenne 4,3 euros de plus à fabriquer (15). Mais une initiative menée au Japon montre que les consommateurs soucieux de préserver leur santé sont prêts à en payer le prix. Fournisseurs et détaillants ont affiché les quatre niveaux de qualité de leurs panneaux de particules : A, B, C ou D pour ceux qui dégageaient les plus fortes émissions de formaldéhyde. Dans leur grande majorité, les consommateurs se sont tournés vers les qualités supérieures. À tel point que les fabricants japonais ont aujourd'hui cessé de produire des bois collés de mauvaise qualité (16).

Le village mondial de la ménagère hystérique

Flacons de détergents, étagères ou désodorisants, combien de cocktails chimiques produisent toutes ces sources de polluants ? Combien de substances toxiques se créent-elles dans l'air des maisons par simple réaction chimique ? Les scientifiques commencent tout juste à soulever ces questions. « *Il existe peu de données sur les interactions entre plus de deux substances chimiques, et ces données n'adressent pas la question de leur toxicité chronique à des concentrations représentatives de l'exposition humaine réelle* » soulignait, début 2007, le Comité scientifique et technique sur les risques sanitaires et environnementaux de la Commission européenne. Personne ne sait exactement comment ces substances interagissent entre elles dans l'atmosphère intérieure, surtout quand elles se trouvent à de faibles concentrations. Travaillant entre le Danemark et les États-Unis, Charles Weschler est l'un des très rares experts qui consacrent leur attention aux cocktails chimiques dans l'air. Explorateur des atmosphères viciées depuis 1975, il s'intéresse à un gaz bien connu que l'on trouve surtout à l'extérieur : l'ozone. Un nombre croissant d'études montre en effet que la mortalité et la morbidité (recours aux services des urgences pour crise d'asthme, absentéisme scolaire, etc.) augmentent avec les concentrations d'ozone dans l'air. Selon lui, des études épidémiologiques montrent que la mortalité augmente de 0,5 à 0,8 % lorsque la concentration d'ozone relevée dans une station de mesure extérieure atteint 10 $\mu g/m^3$. Or, « *quand l'ozone augmente à l'extérieur, il augmente simultanément à l'intérieur parce qu'une partie de cet ozone est transportée à l'intérieur,* explique-t-il. *L'ozone rencontre alors des substances chimiques avec lesquelles il peut réagir. Il crée des substances qui n'existaient pas dans cet environnement intérieur, à la concentration de produits chimiques indésirables.* » Le chercheur estime qu'environ 10 % des polluants typiques de l'air intérieur réagissent avec l'ozone, une grande partie de ces acoquinements chimiques produisant du formaldéhyde.

Avec une équipe de scientifiques danois, Charles Weschler a entrepris d'observer l'impact d'une atmosphère intérieure polluée sur la productivité de trente employées de bureau. Dans une pièce attenante, et à leur insu, il a simplement mis en marche des ordinateurs achetés moins de trois mois auparavant. Au bout de plusieurs heures, 13 à 41 % des employées se plaignent de la qualité de l'air dans le bureau. Leur capacité à réaliser des tâches ordinaires comme du traitement de texte est ralentie de 9 %. Les scientifiques mesurent alors, sans surprise, les polluants qui se dégagent des ordinateurs : phénol, toluène, 2-ethylhexanol, formaldéhyde et styrène. Dans l'atmosphère mal ventilée, les ordinateurs représentent une source de polluants non négligeable. Mais qui n'explique pas tout dans l'expérience. « *Les composants identifiés ne suffisent cependant pas à expliquer les effets secondaires observés,* relèvent les chercheurs. *Cela suggère que d'autres produits chimiques que ceux détectés, appelés "produits furtifs", contribuent aux effets négatifs.* » Selon Charles Weschler, peu d'attention est portée aux réactions chimiques que génèrent les produits dégagés par les ordinateurs quand ils rencontrent ceux qui sont déjà présents dans l'air. Même, pour certains produits chimiques, il estime que les sens humains sont bien plus sensibles que les méthodes de mesure (17).

La démarche de l'équipe danoise n'est pas inédite. De plus en plus d'études démontrent une baisse des performances intellectuelles des écoliers quand les quantités de substances chimiques dans l'air sont importantes (18). « *Quand vous avez autant de facteurs qui peuvent avoir un impact sur la santé humaine, il est difficile de séparer un facteur d'un autre. Et parfois ces facteurs peuvent travailler ensemble et amplifier l'effet. Il nous faudra des années avant de comprendre pleinement quelles conséquences peut avoir notre exposition à ces substances chimiques* » conclut Charles Weschler. Certaines des employées danoises de l'étude ont manifesté les signes d'une maladie appelée le syndrome du bâtiment malsain (SBM, *Sick Building Syndrome*). Les substances chimiques qui se dégagent des matériaux d'un édifice, ajoutées à une mauvaise ventilation, peuvent provoquer ce syndrome qui ne laisse qu'une solution aux personnes atteintes : fuir. Georges Méar se serait volontiers passé de sa rencontre avec le SBM. Il y a quelques années, il emménage, avec sa femme, dans leur nouvelle maison. Très vite, baignant dans les effluves de peintures et de neuf, ils commencent à se sentir mal. Ils ont des maux de tête, les yeux en feu, des problèmes de respiration, leur nez, globalement bouché, se met parfois à saigner. Après avoir exploré toutes les explications possibles, ils se mettent alors à regarder leur belle maison flambant neuve d'un autre œil, suspicieux. Ils font venir des experts et tombent à la renverse devant les conclusions de l'enquête. Le système de ventilation, mal conçu, ne renouvelle l'air ni dans la chambre ni dans le salon. Un impressionnant cocktail de polluants macère dans leur petit intérieur : du formaldéhyde bien sûr (190 $\mu g/m^3$ trois ans après les travaux), mais aussi d'autres COV, du toluène, du lindane (un pesticide). Contraints de déménager, les Méar ne réintègrent leur maison qu'après six ans de transformations radicales qui ont fini par venir à bout de la construction viciée (19). Le SBM est officiellement reconnu comme maladie par l'OMS depuis 1982, ainsi qu'aux États-Unis, mais pas en France. Dans un récent article consacré à la question, *Le Monde* écrit que le SBM *« est la traduction politiquement correcte d'"hystérie collective" ».* Parce que les symptômes se manifesteraient plus souvent dans des bureaux où règne une mauvaise atmosphère de travail, l'Institut national de veille sanitaire (InVS) considère le SBM comme un *« syndrome psychogène »*, dans lequel la composante psychologique est majeure. *« Si le diable, les sorcières ou les empoisonneuses pouvaient autrefois servir de boucs émissaires, nos phobies collectives ont changé, et "l'environnement", les produits chimiques, les particules et autres ondes électromagnétiques sont aujourd'hui plus volontiers pointés du doigt »* écrit Georges Salines (20).

C'est dire comment sont perçues les personnes atteintes d'un autre syndrome, plus grave et encore moins reconnu : la sensibilisation chimique multiple (ou MCS, *Multiple Chemical Sensitivity*). Décrite pour la première fois en 1952 comme un *« problème pétrochimique »* par un allergologue américain, Theron G. Randolph, la MCS ne s'observe que dans les pays riches. Cette pathologie relativement nouvelle est associée à une exposition à certains produits chimiques, en particulier certains COV comme le formaldéhyde. Terriblement handicapante, cette affection se caractérise par une hypersensibilité aux produits chimiques de synthèse. Étudiée et catégorisée par Mark Cullen en 1987, elle est décrite aux États-Unis comme *« une maladie récurrente et chronique causée par l'incapacité d'une personne à tolérer un environnement chimique ou une certaine classe de produits chimiques* ». Pour quelqu'un qui souffre de MCS, une giclée de parfum peut causer malaise diffus, sensation d'épuisement, migraines, confusion mentale, douleurs articulaires, troubles digestifs, incapacité à se concentrer. Même si plusieurs critères ont été élaborés pour diagnostiquer la MCS, la réalité de son existence n'est acceptée que par un courant minoritaire de médecins. Les spécialistes lui trouvent des traits communs avec le syndrome du bâtiment malsain, la fibromyalgie, le syndrome de fatigue chronique, qu'elle recoupe sur certains points. On la rapproche aussi du syndrome des vétérans de la première guerre du Golfe, exposés à des gaz neurotoxiques (21). Comme pour le SBM, les personnes souffrant de MCS ne sont soulagées que lorsqu'elles se soustraient aux déclencheurs de leur catastrophe chimique. Les causes de la MCS, tout comme les mécanismes biologiques qui la sous-tendent, sont inconnus. Mais elle pourrit l'existence des personnes qu'elle touche. Combien ? Sans véritable définition, la MCS est orpheline de chiffres. Souvent, la maladie est déclenchée par une exposition ponctuelle mais importante à des produits chimiques. La plupart du temps, il s'agit de pesticides ou de parfums. La première réaction de l'organisme, très violente, a ensuite tendance à se répéter, à s'aggraver, et parfois à se généraliser au contact d'une multitude de produits chimiques, même à des doses infimes. La tolérance du corps aux produits chimiques s'amenuise au fil du temps. D'aussi loin qu'elle se souvienne, Josette Juge, aujourd'hui âgée de 60 ans, fait remonter le début de sa maladie à une réaction allergique à la laine, confirmée par un médecin. En cet hiver 1998, quand proches, collègues et élèves portant des vêtements de laine s'approchent d'elle, elle tousse et perd sa voix. Un an plus tard, le même genre de symptômes apparaissent quand elle travaille sur son nouveau bureau en bois et quand elle est à proximité de ses escaliers qui viennent, comme le bureau, d'être vitrifiés. Parfois même, jusqu'à la nausée. En 2000, deux malheureux fauteuils en cuir tout juste achetés déclenchent un malaise permanent : gorge irritée, yeux gonflés, nausées. Adieu les fauteuils. Mais après cela, elle ne supporte plus les objets en cuir. Sacs, chaussures : elle est contrainte de tout éliminer. Plus tard, quand elle feuillette un journal, lit un livre, fait des photocopies, c'est l'encre d'imprimerie qui la rend malade. Vient ensuite le tour des produits ménagers, de la lessive. *« Je pensais que je devenais folle. Je suis même allée voir un psychiatre. »* Les années suivantes, elle développe une intolérance majeure aux tissus traités (anti-tache, anti-microbien, anti-acariens, etc.), au PVC, aux vêtements en synthétique. Aujourd'hui, Josette ne peut plus porter de maquillage ou de parfum. Elle est épuisée en permanence. De simples semaines de vacances à la montagne exigent une logistique insensée : visite et test de l'appartement de location à l'avance pour s'assurer qu'elle peut y séjourner. De toute façon, elle emmènera ses draps et ses couvertures.

Dans quelques pays comme le Danemark, certains médecins commencent à prendre au sérieux les personnes souffrant de MCS. Mais cela ne change rien, pour l'instant, à la vie des patients. Ils restent confinés chez eux, après y avoir supprimé tout ce qui pouvait provoquer des malaises. Fini cinémas, restaurants et autres lieux publics où le simple effluve du parfum d'un autre peuvent les plonger dans la souffrance. Seule issue :

s'extraire de la chimie. Ce qui revient à se retirer du monde. Les tourments de ces malades sont mis sur le compte de simples allergies et même de troubles psychiatriques. Pour les sceptiques, très nombreux, ce *« syndrome de la ménagère hystérique »* relève d'hypocondriaques grincheux ou de phobiques dérangés (22). Comment des doses aussi infimes de produits chimiques peuvent-elles rendre ces gens malades ? se disent-ils. La MCS a cela de dérangeant qu'elle révèle l'omniprésence de la chimie dans notre environnement intime. Et si cette infusion quotidienne de produits chimiques avait un impact moins visible sur notre santé à tous ?

*****

Type de produits pouvant dégager du formaldéhyde :

Cosmétiques : déodorant, durcisseur d'ongles, laque pour cheveux, savon, shampoing, vernis à ongles. **Matériaux de construction et de décoration :** colle et adhésif dans les panneaux de bois (bois aggloméré, contreplaqué, lamellé-collé, panneau de fibres de moyenne densité, panneau de particules), colle à plastique et à textile, liant ou colle urée formol, matériaux d'isolation (mousse isolante urée-formol, laine de verre et de roche), moquette, papier peint, peinture, revêtement de sol en vinyl, tapis, vernis. **Meubles en matières synthétiques :** formica, melaminé. **Papier :** livres et magazines neufs. **Photocopieurs. Produit de combustion :** bois, bougie, cheminées à foyer ouvert et cuisinières à gaz, cigarette, encens, poêles à pétrole. **Produits ménagers :** cire, détergent, désodorisant, lave-vitre, lingettes, insecticide, produit vaisselle. **Textiles et cuirs.**

Sources : 2, 4, 5, INRS.

Les traîtresses de maison

Matériaux de construction, plastique

Plantée à 2 799 mètres d'altitude dans les Alpes, une arête rocheuse empêche un très beau lac de se déverser sur une vallée d'Autriche. Le Schwarzsee Ob Sölden est le lac le plus élevé d'Europe où l'on trouve encore des poissons. Une centaine d'ombles chevaliers y vivent placidement une existence de nage tranquille et de batifolage en eaux claires, loin des pots d'échappement, bien loin des rejets des usines, très loin des cheminées qui expectorent leurs colonnes de bouffées douteuses. C'est précisément pour cette raison qu'une équipe de Greenpeace Allemagne a voulu savoir si ces poissons étaient, d'une manière ou d'une autre, touchés par la pollution. Ils ont l'habitude, chez Greenpeace. Leurs résultats ne les ont sans doute pas surpris outre mesure. Mais le commun des mortels a de quoi rester abasourdi par la présence de substances chimiques, pour certaines interdites depuis plus de vingt ans, dans les organismes de ces infortunés ombles chevaliers. Parmi ces produits, des paraffines chlorées à chaîne courte (PCCC). Chaque kilogramme de chair des poissons en contenait 82 microgrammes (µg). Dans leur graisse, les concentrations atteignaient 911 µg/kg (1). Et quand on sait à quoi servent les paraffines chlorées, il y a vraiment de quoi se demander comment elles sont arrivées là-haut.

Les 12 salopards : une introduction

En 2006, environ 250 000 tonnes de PCCC, qui sont aussi parfaitement inconnues sous le nom de chloroalcanes, ont été produites dans le monde, selon l'association industrielle Eurochlor. Comme le spécifie leur nom, les paraffines chlorées à chaîne courte contiennent du chlore qui leur apporte des propriétés ignifuges. On les utilise donc comme agents retardateurs de flammes. Elles servent aussi de plastifiants et donnent aux matières un certain degré de dureté et d'élasticité. Elles sont ainsi intégrées à certains types de peintures, à des textiles dits techniques qu'on utilise dans la marine ou pour les vêtements de protection professionnels et, fut un temps, pour que les tentes de l'armée ne flambent pas. On en trouve aussi dans des matériaux de construction destinés à un usage professionnel dans le secteur du bâtiment : adhésifs, joints, mastics et liquides de scellage, notamment pour l'étanchéisation des fenêtres et salles de bain. Dans l'industrie, elles servent à travailler les métaux et à traiter les cuirs. À l'occasion, les pantoufles en nubuck *made in England* en renferment (2). Comment donc les ombles chevaliers, qui ne font pas de travaux de peinture et ne portent pas de pantoufles, peuvent-ils en contenir autant ?

Il existe une liste officielle qui répertorie la lie de la Terre des produits chimiques, les produits organiques persistants (POP). Et les paraffines chlorées à chaîne courte sont dans la file d'attente pour y figurer. Ces produits, auxquels appartient l'illustre insecticide DDT, sont considérés comme dangereux pour l'environnement et la santé humaine. On les dit « organiques » parce qu'ils contiennent du carbone, rien de grave en soi. C'est le mot « persistant » qui compte. Une fois dans la nature, ils ne disparaissent pas. Que ce soit les bactéries, l'eau, les rayons du soleil : rien ne parvient à dégrader les POP, à les désagréger. Globe-trotters de la pollution, les POP sont rejetés dans les eaux usées d'une manufacture, s'émancipent des objets dont ils sont des ingrédients, sont crachés dans le ciel par l'incinération des déchets. Ils s'évaporent, voyagent au gré du vent et de l'humidité sur de très longues distances et, enrobés dans de la pluie, de la neige, de la poussière, retombent à terre, intacts. Ils contaminent alors l'environnement pendant plusieurs générations, s'introduisent dans les êtres vivants. Humains, animaux, les organismes n'arrivent pas à se débarrasser des POP. Les polluants s'accumulent dans les tissus graisseux de préférence – un phénomène appelé bioaccumulation. Si les ombles chevaliers du lac autrichien avaient des niveaux de POP jusqu'à mille fois plus élevés que les poissons des lacs de plaine, c'est que les POP aiment la chaîne du froid. Les sommets des montagnes sont plus contaminés en POP que les vallées, un Tyrolien y est peut-être plus exposé qu'un Viennois. Les marmottes, elles, sont farcies de POP apportés aux faîtes de l'Europe par des courants atmosphériques.

Enfin, les POP sont toxiques. Ils sont mis en cause dans la perturbation des fonctions reproductrices, des systèmes immunitaires et hormonaux, et liés à des troubles neurocomportementaux et au cancer (3).

Au début des années quatre-vingt-dix, certains POP ont déjà été interdits. Mais organisations internationales et mouvements écologistes font pression pour qu'un bonnet d'âne officiel leur soit tricoté. En particulier pour certaines substances chimiques, persistantes dans l'environnement et contenant du chlore. Une série de textes est alors élaborée. Le 22 mai 2001, après trois ans de négociations, la convention de Stockholm sur les produits organiques persistants est adoptée. Les 151 pays signataires s'y engagent à interdire la production, l'usage et l'importation de *« 12 salopards »* – la *« sale douzaine »* disent plus poliment les Anglo-Américains. La liste comporte huit pesticides organochlorés (aldrine, chlordane, DDT, diéldrine, endrine, heptachlore, mirex, toxaphène), deux substances industrielles (hexachlorobenzène et biphényles polychlorés ou PCB), et deux substances qu'on appelle non intentionnelles parce que produites par l'incinération des déchets (dioxines, furanes) (4). La convention de Stockholm est le premier texte de l'histoire à encadrer, au plan international, des produits chimiques dangereux utilisés à grande échelle. L'Union européenne elle-même la ratifie. Et impose une réglementation encore plus sévère qui vise à la suppression totale de ces substances. La Commission économique pour l'Europe des Nations Unies (UNECE) veut aussi participer à la mise au banc des POP. En 2003, son protocole d'Aarhus augmente la liste noire de quatre nouveaux salopards : le chlordécone et le lindane, deux pesticides, l'hexabromobyphényle et les hydrocarbures aromatiques (5).

Depuis l'entrée en vigueur de la Convention de Stockholm, en 2004, les pays se réunissent chaque année pour discuter de l'inscription de nouvelles substances sur la liste. Ainsi les paraffines chlorées à chaîne courte. Mais entre la prise de conscience de la dangerosité de ces substances chimiques et leur interdiction, des décennies de pollution de l'environnement et de l'homme sont passées.

Loués pour leurs propriétés ininflammables, les biphényles polychlorés (PCB) ont été produits à grande échelle à partir des années trente dans les usines de la Swann Chemical Company (devenu Monsanto en 1935). D'abord utilisés dans les transformateurs électriques, les PCB s'invitent ensuite dans les maisons. Ils garnissent les appareils électriques comme les réfrigérateurs, ignifugent le bois, le plastique, sont ajoutés aux peintures et aux caoutchoucs, sont utiles dans la composition des insecticides. Jusqu'au jour où un chimiste danois, Sören Jensen, se met à mesurer la présence de DDT dans la nature. Pendant ses travaux, Jensen est constamment gêné par la présence d'un autre composé qu'il n'identifie pas, mais mesure partout : dans les dépouilles d'animaux conservés depuis trente ans, dans l'eau de mer, dans les cheveux de sa fille. En 1966, il l'identifie : il s'agit d'un PCB (6). Depuis, des centaines d'études ont détecté les PCB dans la nature. Comme tous les POP, les PCB sont non seulement capables de s'accumuler dans les organismes, mais peuvent aussi suivre un processus de bioamplification : plus on remonte la chaîne alimentaire, plus les concentrations du produit augmentent dans les organismes. Exemple bien étudié : la pollution de la faune et la flore du lac Ontario, aux États-Unis. Contaminé par l'eau, le plancton présente une concentration de PCB qui atteint l'indice 250. Il est mangé par une crevette (x 45 000) qui est avalée par un éperlan (x 835 000) qui est gobé par une truite (x 2 800 000) qui est happée par un goéland argenté (x 25 000 000). Le prédateur situé au sommet de la chaîne est le plus exposé. C'est la loi de la nature polluée. Dans cette chaîne alimentaire, le plus grand prédateur est le goéland. Mais dans une autre, il pourrait être un humain. Car le plus grand des superprédateurs de la planète, c'est l'homme. Les PCB sont interdits en Europe depuis 1979. En France depuis 1987. Mais ils courent toujours.

Désastre à la chaîne

À la fin des années quatre-vingt, un chercheur canadien va avoir l'occasion de mesurer l'ampleur du désastre. Aujourd'hui directeur de l'Unité de recherche en santé publique du centre hospitalier de l'Université du Québec, Éric Dewailly essaie alors d'évaluer le degré de contamination aux PCB des femmes qui vivent autour des Grands Lacs américains. Pour cela, il a besoin d'échantillons humains riches en graisses. Il se met donc à analyser le lait de ces femmes, qui sont aussi de jeunes mamans. Les taux qu'il constate le préoccupent. Mais il n'a aucun repère pour les comparer. Il se met alors en quête d'un groupe témoin, d'une population vierge de toute exposition chimique. Avec son équipe, Éric Dewailly s'éloigne des régions industrielles et part aux confins du cercle polaire, sur l'île de Broughton, dans un village d'Inuits – on peut difficilement faire plus reculé. Mais là, les concentrations de PCB dans le lait maternel sont proprement ahurissantes. Sa population, qu'il voulait témoin, présente des taux cinq fois supérieurs à ceux des autres femmes. En fait, le taux est pire que partout ailleurs dans le monde (7). L'explication se trouve dans la nourriture des Inuits. Les experts estiment que l'exposition aux POP provient à 90 % de l'alimentation. En particulier les aliments riches en gras animal : viande, poisson et produits laitiers. Superprédateurs dans la chaîne alimentaire, les Inuits se nourrissent traditionnellement de la chasse et de la pêche. Or, la faune arctique – comme tous les animaux des régions froides – est fortement contaminée par les POP. Oiseaux de mer, poissons, phoques, belugas, morses, caribous et ours blancs : tous accumulent les polluants dans leurs tissus. Et de ce fait, l'ensemble des peuples du Grand Nord dépasse les seuils toxiques pour un grand nombre de métaux lourds, POP et aspirants POP. C'est dans les régions les plus septentrionales, où les gens mangent les animaux à plus forte teneur en gras (baleines, phoques, narvals, morses, ours), que les taux de PCB sont les plus élevés. La situation est comparable au Groenland et dans les îles Féroé.

Les POP mettent les sociétés arctiques à l'épreuve. Devenus des pestiférés aux yeux des autres peuples inuits, ceux de l'île de Broughton, avec leurs taux record de PCB, ne sont plus demandés en mariage. Plus grave : les POP rendent malades les populations du cercle arctique. Le système immunitaire des petits Inuits est affaibli. Ils multiplient les infections de l'oreille, du système respiratoire, de l'intestin. Les femmes qui ont des taux élevés de PCB dans le sang donnent naissance à des nourrissons légèrement plus petits que la moyenne (8). Le gouvernement canadien a bien envisagé d'interdire la consommation des animaux les plus contaminés. Mais l'application d'une telle mesure aurait de lourdes conséquences sur la vie de ces populations. Dans les régions arctiques, la chasse et la pêche ne sont pas seulement des questions d'alimentation ou de tradition. La culture et le lien social, qui reposent entièrement sur ces activités, sont déstabilisés par la pollution chimique. Quand on a tué un phoque, on le partage au cours de rituels spirituels, entretenant un lien avec les ancêtres, maintenant la solidarité entre les gens. Il ne s'agit pas de balivernes naturalistes, mais du constat officiel des autorités canadiennes sur la situation. La plupart des peuples du Grand Nord – Inuits, Premières Nations du Yukon, Dénés et Métis – disent qu'ils seraient *« incapables de nourrir leur famille s'ils devaient acheter tous les aliments en magasin »* (9).

Désormais, le gouvernement canadien essaie de développer des stratégies pour faire baisser les concentrations de PCB dans le lait maternel. Selon le Département des affaires indiennes et du Nord Canada, elles se situent toujours au-dessus des seuils maximums. Des recommandations officielles conseillent aux femmes enceintes de réduire leur consommation de viandes riches en gras. Le lait maternel a été mis sous surveillance. *« L'allaitement continue à être reconnu comme une pratique qui bénéficie tant à la mère qu'à l'enfant. Néanmoins, si le niveau de contaminants augmente, ou si des informations supplémentaires indiquent un risque accru, le besoin potentiel de restrictions doit continuer à être évalué »* écrit-on dans le programme de surveillance de l'Arctique. En langage moins administratif, les autorités envisagent sérieusement que le lait maternel se révèle tellement contaminé par des polluants qu'il en deviendrait nocif pour les bébés. *« Les PCB ont été interdits il y a 30 ans. Mais ils sont toujours présents dans l'air que nous respirons, dans l'eau que nous buvons, mais aussi dans notre nourriture,* explique

Kurunthachalam Kannan, spécialiste des POP au département de la santé de l'État de New York, aux États-Unis. *C'est ça le problème avec les produits chimiques persistants : ils ne partiront jamais. Il pourrait s'écouler beaucoup de temps avant que les niveaux ne baissent dans nos corps.* » Nul besoin, d'aillleurs, de se rendre jusqu'en Arctique pour mesurer l'actualité de la pollution par les PCB. En 2007, la France constatait, catastrophée, que le Rhône était contaminé par de grandes concentrations de PCB. Les préfectures des Bouches-du-Rhône, du Gard et du Vaucluse décidaient d'interdire la vente et la consommation de tout poisson pêché dans le fleuve.

Les destins des PCB et des paraffines chlorées à chaîne courte sont curieusement liés. Les paraffines chlorées ont servi de remplaçantes dans un certain nombre d'applications dédiées aux PCB avant leur interdiction. On va peut-être les reconnaître comme POP officiels. Et on les détecte dans le lait maternel. Chercheur à l'Université de Lancaster, Gareth Thomas a analysé le lait de 18 femmes britanniques en 2005. À l'exception de quatre échantillons, tous contenaient des paraffines chlorées à chaîne courte. « *Les paraffines se trouvent partout dans l'environnement,* dit-il. *Alors nous n'avons pas été très surpris de voir qu'elles ont été transférées dans le lait maternel humain.* » Gareth Thomas ne constate aucune différence entre les femmes vivant en milieu urbain (Londres) et celles vivant dans une région plus rurale (campagne des alentours de Lancaster). Mais les concentrations varient considérablement d'une femme à l'autre : de 49 à 820 µg par kilogramme de matière grasse, des concentrations élevées qui, elles, l'ont surpris. Mais est-ce beaucoup ? « *Nous ne savons pas ce qui est normal !* » répond le chercheur. Plus frappant encore, il constate une variation des concentrations de paraffines dans des échantillons relevés à des moments différents chez les mêmes femmes (10). « *Il doit y avoir des sources de brèves expositions,* suppose-t-il. *Quand une personne mène une activité particulière, elle est peut-être exposée à ces produits chimiques. Selon ses différentes activités d'un jour sur l'autre, elle peut avoir des concentrations qui varient.* » D'autres études le confirment : les paraffines contaminent le lait maternel. Les humains y sont donc exposés. Mais comment ?

La pollution scénarisée

En 2002 et 2003, l'organisation écologiste Greenpeace passe l'aspirateur à travers toute l'Europe. Une opération intitulée *Dépoussiérons l'industrie chimique !* au cours de laquelle les militants récoltent les moutons de poussière dans une centaine de maisons et appartements en Allemagne, Espagne, Grande-Bretagne, Italie, Slovaquie. En France, 51 prélèvements sont effectués à Lille, Toulouse, Lyon, Nantes et Paris (11). L'Observatoire de la qualité de l'air intérieur valide la méthodologie. Car la poussière est encore plus sale qu'on ne le pense. Les polluants peuvent se désolidariser de l'objet dont ils font partie. Ils s'échappent dans l'air et s'accrochent alors aux poussières, qui sont un très bon indicateur de la contamination chimique à l'intérieur d'un logement. Elles permettent d'évaluer le degré d'exposition de ses habitants. Parce que les humains consomment beaucoup de poussière. Ils en respirent les particules en suspension dans les airs et en avalent sans le savoir, surtout les bébés, qui, vivant au ras du sol, découvrent le monde en le portant à leur bouche. Cette activité porte même un nom savant : réflexe pica (du mot « pie »). Les petits avalent en moyenne 100 milligrammes de poussière chaque jour (12). *« Nous avons repris la liste des substances sur lesquelles on travaillait en tant que polluants de l'environnement, mais cette fois-ci en les regardant en tant qu'ingrédients des produits de consommation,* raconte Yannick Vicaire, responsable de l'opération à Greenpeace France. *Nous avons remarqué que, systématiquement, ces ingrédients de produits de consommation étaient en fait présents dans notre environnement intérieur, ce qui pose la question de la toxicité chronique sur le long terme. »* Les poussières recueillies par l'organisation contiennent une grande diversité de substances toxiques, parmi lesquelles des paraffines chlorées à chaîne courte. Greenpeace en mesure de 30 à 95 parties par million (ppm). C'est-à-dire que sur un million de particules, entre 30 et 95 étaient des paraffines. L'étonnant, dans ce résultat, c'est que les paraffines ne sont pas franchement censées se retrouver dans les maisons.

Si l'on en croit la liste des usages de ces substances, fournie par les industriels, il n'existe en effet que très peu d'applications pour les paraffines chlorées à chaîne courte dans les objets de consommation courante. Or, leurs concentrations sont plus élevées à l'intérieur qu'à l'extérieur des bâtiments. *« C'est quelque chose que l'on voit aussi avec des substances chimiques industrielles comme les PCB »* explique Gareth Thomas qui s'est également intéressé à la quantité de paraffines chlorées que l'on pouvait détecter dans l'air de son pays. À l'intérieur des bâtiments, il relève les plus fortes concentrations dans des lieux professionnels : atelier, laboratoire, bureau, les plus faibles dans une maison d'habitation (13). Des niveaux qui, selon lui, suffisent largement à expliquer les concentrations retrouvées dans le lait maternel. « *En fait, les produits chimiques de cette nature ont souvent été utilisés, par le passé, à l'intérieur des bâtiments, que ce soit dans l'équipement électrique ou dans les matériaux de construction du bâtiment lui-même. On voit communément les PCB dans les bâtiments vieux de plus de vingt ans, avant qu'ils aient été interdits. Dans les bâtiments qui ont été construits dans les années cinquante, soixante et soixante-dix, ou rénovés à cette époque, les niveaux de PCB sont bien plus élevés à l'intérieur qu'à l'extérieur, parce qu'on les utilisait dans beaucoup de choses différentes comme les mastics de fenêtres et les peintures. La même chose est probablement en train d'arriver avec les paraffines chlorées. Dans le passé, on les a utilisées comme plastifiants, retardateurs de flammes. Alors elles peuvent se trouver dans beaucoup de choses à l'intérieur d'un bâtiment.* »

C'est à la fin des années quatre-vingt-dix que les autorités commencent à se soucier des paraffines chlorées. Dans la nature et la faune, on les détecte partout. Dans les sédiments du lac Ontario, il y a plus de paraffines chlorées que de DDT. Elles coulent dans les rivières allemandes et canadiennes, elles se concentrent dans les mammifères marins de l'Arctique, bien sûr, dans les phoques islandais, les lapins suédois (14). Quand une substance est jugée prioritaire, la Commission européenne rédige des rapports d'évaluation des risques *(risk assessment reports)*. Ces pavés de parfois plusieurs centaines de pages, à la lecture aussi plaisante que celle d'un bottin téléphonique, recensent toutes les données économiques, industrielles, écologiques, toxicologiques disponibles sur une substance donnée. En cas de conclusion négative, des mesures de restriction peuvent être recommandées, et seront concrétisées par des directives de la Commission. On y calcule les expositions théoriques de la population aux substances avec lesquelles elle peut entrer en contact, notamment par les objets de consommation courante. Divers paramètres sont pris en compte afin de déterminer, au final, un *« scénario pire cas »*. Exemple avec le scénario d'exposition des pieds britanniques aux paraffines chlorées *via* leurs pantoufles. La solution de traitement du cuir destinée auxdits chaussons comporte des paraffines chlorées à chaîne courte à hauteur de 1 à 2 %. Après avoir baigné dans l'acide formique pour fixer la couleur, le cuir est traité pendant 10 minutes dans cette solution, un temps estimé insuffisant pour que la substance pénètre au-delà de la surface du cuir. *« En supposant que les pantoufles pèsent 1 000 grammes, elles contiendront un maximum de 3 g de paraffines chlorées. En supposant que la totalité migre hors des pantoufles sur une période d'un an, l'exposition journalière maximum sera de moins de 10 mg/jour »* conclut le rapport. Si de telles précautions sont prises, si le pire des cas est systématiquement examiné, si même l'exposition à une vulgaire savate est envisagée avec le plus grand sérieux, c'est que les Européens sont bien protégés, peut-on penser. Ce n'est pas du tout l'avis de Vyvyan Howard, professeur à l'Université d'Ulster et spécialiste de la toxicité des polluants sur l'enfant. Selon lui, la méthode de l'évaluation des risques a été jadis modélisée par des ingénieurs en mécanique ou en construction. À une époque où l'on essayait de s'assurer qu'un bâtiment ne s'effondrerait pas avant qu'il ne soit construit. *« Là, il s'agit de biologie, pas de mécanique,* commente-t-il, acerbe. *Il est très louable de vouloir anticiper les dangers. Alors maintenant, quand les gens veulent développer quelque chose, ils doivent faire une évaluation des risques. Et l'évaluation des risques est devenue une véritable industrie où des gens font tourner des modélisations pour toutes sortes de choses sur un ordinateur. Mais quand on a affaire à des choses aussi complexes que des écosystèmes, il y aura clairement bien plus d'inconnues. Ce n'est pas un simple problème d'ingénieurs. »*

Et les inconnues, avec les paraffines chlorées à chaîne courte, sont nombreuses. Même si l'on sait qu'elles sont persistantes et bioaccumulables, la science n'est pas vraiment au point en ce qui les concerne. Les chercheurs qui travaillent sur ces substances sont rares. Une grande complexité moléculaire explique en partie ce manque de popularité. Les paraffines chlorées sont constituées de très longues séries de chaînes de carbone et de chlore et, selon leur origine, leur structure chimique n'est pas toujours ordonnée de la même manière. Elles peuvent ainsi se présenter sous la forme de plusieurs milliers de combinaisons possibles (15). Pour les étudier, les chercheurs sont aussi embarrassés qu'un chaton confronté à un Rubik's Cube. Bien entendu, il n'existe pas de valeur guide, pas plus que de seuil de toxicité connu. Pour les déterminer, il faudrait disposer d'un certain nombre d'études sur des animaux de laboratoire. Or, seule une poignée existent. Les paraffines chlorées donnent aux rats et aux souris des tumeurs du foie et de la thyroïde. Mais les mécanismes qui provoquent ces cancers n'ont, semble-t-il, pas d'équivalent chez l'homme. C'est pourquoi le Centre international de recherche sur le cancer les a classées cancérogènes possibles pour l'homme (Catégorie 2B) dès 1990 (16). Quand, en 2000, la Commission européenne publie son évaluation des risques sur les paraffines chlorées à chaîne courte, elle considère l'exposition aux paraffines comme *« négligeable »* pour les *« consommateurs »* (car, dans les rapports, l'Union européenne est peuplée de *« consommateurs »*). La Commission conclut que les paraffines ne posent aucun risque pour la santé humaine, alors qu'elle n'a à sa disposition aucune donnée sur leur toxicité pour l'homme, encore moins d'études épidémiologiques, et une très vague idée de l'exposition réelle de la population. En fait, elle base sa conclusion sur une absence d'études. Une façon de procéder qui est typique, selon Vyvyan Howard, des évaluations des risques. *« Les hypothèses des modélisations peuvent être très subjectives et aider à démontrer un point de vue. Et c'est exactement ce qui arrive dans un certain nombre de situations où des gens font une évaluation des risques – il peut n'y avoir aucune donnée, et seulement une modélisation informatique – et à la fin, ils disent : ce produit sera sans danger. Mais vous devez comprendre qu'il s'agit de l'opinion de quelqu'un déguisée en document pseudo-scientifique. »*

Quatre ans après le rapport, cependant, l'Union européenne interdit la mise sur le marché de produits contenant des paraffines à chaîne courte en concentrations supérieures à 1 % (17). La décision concerne uniquement les utilisations dans l'industrie des métaux et du cuir. Elle a pour but de préserver les organismes aquatiques vivant en aval des usines, pour lesquels elles sont très toxiques. Aucune restriction n'est en revanche imposée pour les autres usages. *« Les paraffines chlorées à chaîne courte ne sont pas utilisées dans le type de peintures, mastics et adhésifs achetés couramment par les consommateurs »* estimait le rapport d'évaluation de risques. La Commission n'avait donc pas jugé nécessaire de définir un « scénario pire cas » comme elle l'avait fait pour les pantoufles. Mais le consommateur n'est-il réellement pas exposé *via* ces produits ? Comment expliquer, alors, que les paraffines se trouvent dans les poussières des maisons et le lait des jeunes mères ? D'abord, il ne semble traverser l'esprit de personne que c'est notamment chez les gens, pardon les consommateurs, que les professionnels utilisent ces matériaux. Que ces consommateurs vont à l'occasion travailler dans des bâtiments dont certains matériaux contiennent peut-être des paraffines chlorées à chaîne courte. Elles peuvent se trouver dans les plastiques, des chercheurs les ont détectées dans des joints de portes et de fenêtres à l'intérieur de bureaux, dans des peintures pour piscines et garages chez des particuliers. Des médecins urgentistes en ont même dépisté dans une lampe à lave – ces luminaires transparents où voguent des bulles grasses et colorées dans un liquide fluorescent – après qu'un sexagénaire alcoolique en a avalé le contenu (18). Pour la Commission européenne, c'est en fait la nourriture qui représente la principale source d'exposition pour les humains. Les POP s'accumulant dans les graisses, c'est sans grande surprise que des chercheurs japonais en ont mesuré les concentrations les plus élevées dans l'huile, la mayonnaise, le beurre, les graisses animales, les poissons et les coquillages (19). Ainsi, dans un « raisonnable scénario pire cas » réunissant tous les « scénarios pires cas », les humains absorberaient 20 microgrammes de paraffines chlorées à chaîne courte, tous les jours, et par kilo de poids corporel (20 µg/kg/jour). C'est-à-dire qu'un homme pesant 70 kg en ingèrerait 1 400 µg par jour. C'est doublement trop selon l'Organisation mondiale de la santé (OMS) qui estime que la dose journalière de la population générale ne devrait pas dépasser 11µg/kg. Les Canadiens n'admettent même pas de limite tolérable. Ils ont classé les paraffines chlorées à chaîne courte comme « *toxiques sans seuil – substances pour lesquelles il existe un risque probable pour les effets critiques quel que soit le niveau d'exposition* » (20).

Les autoroutes de la désinformation

Dans quoi sont réellement utilisées les paraffines chlorées aujourd'hui ? Peut-on réunir plus de détails sur ces peintures de piscine et de garage ? Ces substances classées cancérogènes possibles entrent-elles dans la composition des joints des salles de bains ? Commence alors une longue et vaine recherche d'information. En quête légitime de réponses, le citoyen européen se tourne, pour son plus grand malheur, vers l'Institution. L'Union européenne, ses numéros de CAS, son répertoire Einecs[1], ses listes de priorité 1 ou 2, ses rapports aux conclusions I, II, III, critiquées par le CSTEE ou validées par le SCCP, sans jamais personne pour lui expliquer à quoi cela correspond. Parfois, l'évaluation des risques n'est pas définitive. Parfois, des discussions sont en cours. Mais comment le savoir ? Mystère. La législation européenne sur les produits chimiques est « *labyrinthique* » résume, à Greenpeace, Yannick Vicaire. Les pesticides par exemple, sont concernés par 26 directives, elles-mêmes constamment modifiées (jusqu'à 43 fois pour l'une d'elles) et pas systématiquement appliquées. Sur Internet, les bases de données de l'Union européenne relèvent du

[1] European INventory of Existing Commercial Chemical Substances, Inventaire européen des produits chimiques commercialisés.

Sudoku niveau expert. S'adresser à une personne humaine ? Mais qui ? Les fonctionnaires européens ne le savent pas très bien eux-mêmes. Des messages que personne n'écoutera jamais sont laissés sur des boîtes vocales anonymes, des interlocuteurs partent en congés, visiblement pour toujours, on se défausse et se renvoie la balle à une échelle et à une lenteur tout à fait remarquables. Une banale demande de chiffres à propos d'une dizaine de substances chimiques, adressée à la direction Entreprise, se transforme en un *running gag, forwardé* dans le dédale de l'intranet de l'Union, de directions en service de la communication, pour aboutir, après plus de deux mois, sur le porte-parole de la même direction Entreprise, qui envoie finalement un long document où figurent des données à la pointe de la péremption. Pour certaines substances, les chiffres datent même de 1997, voire 1994 ! Le porte-parole, Ton van Lierop, explique que les « experts » de la Commission européenne ont en main des chiffres plus récents, fournis par une société privée de *consulting*. Relevant de la propriété intellectuelle, ils ne peuvent être divulgués. *« L'Union européenne est un de nos clients. Ils peuvent utiliser nos données, mais ne peuvent pas les rendre publiques »* explique-t-on avec une extrême politesse à SRI Consulting, société basée à Zürich.

Autre source d'information sur les substances chimiques, un organisme chargé de surveiller la pollution des milieux marins, l'OSPAR (Convention pour la protection de l'environnement marin de l'Atlantique du nord-est). Aux aguets sur les questions de harengs tumoreux et de moules en perdition, l'OSPAR est aux avants-postes de la pollution chimique. Depuis sa création en 1998, une trentaine de substances ont été inscrites sur la *« liste*

OSPAR des substances chimiques devant faire l'objet de mesures prioritaires ». Les paraffines chlorées à chaîne courte y figurent depuis 2001. L'OSPAR avait d'ailleurs exigé l'abandon, avant fin 1999, de l'utilisation des paraffines chlorées à chaîne courte comme plastifiants dans les peintures, les revêtements, les produits d'étanchéité et comme retardateurs de flammes dans le caoutchouc, les plastiques et les textiles. Soit toutes les applications que la directive européenne exclut (21).

Selon les documents de l'OSPAR, la consommation de paraffines chlorées à chaînes courtes s'élevait à 13 208 tonnes en 1994 en Europe et tombait à 4 075 tonnes en 1998. Selon l'UE, moins de 600 tonnes auraient été utilisées, toutes applications confondues, en 2004. Cette estimation ne tient pas compte des produits importés fabriqués en dehors de l'UE : le chiffre est inconnu. Quelles quantités de paraffines chlorées sont-elles encore effectivement produites et consommées en Europe, et pour quels usages ? À l'association des industriels du chlore, sobrement dénommée Eurochlor, on explique que les chiffres de production européens sont « *confidentiels* ». La raison : au sein de l'association, il n'existe plus que trois producteurs de paraffines chlorées, deux en Europe, un aux États-Unis. Livrer un seul chiffre, c'est donner l'occasion à chaque concurrent de percer les « secrets industriels » des autres. Quant aux applications, la moitié des paraffines produites en Europe serviraient comme retardateurs de flammes dans les caoutchoucs pour l'industrie (les tapis roulants des usines par exemple), 15 % dans les mastics, joints et adhésifs. Le reste, qualifié d'applications « *mineures* » (qui représentent tout de même 35 %), concerne les peintures, les textiles et d'autres utilisations pas vraiment identifiées mais qui, on le certifie, *« se retrouvent chez les professionnels, pas chez les consommateurs »*. Pas vraiment identifiées parce que les fabricants vendent les paraffines à leurs clients, mais n'ont aucune idée de la véritable utilisation qui en est faite, selon André Ordan, manager délégué à Eurochlor. Aux États-Unis, où les restrictions d'utilisation n'existent pas, *« les paraffines à chaîne courte ont encore un bel avenir devant elles »* dit-il. En Europe, contraints par la législation, les industriels les remplacent par des… paraffines à chaîne moyenne. Si les paraffines chlorées à chaîne courte s'appellent *« à chaîne courte »*, c'est parce qu'il existe aussi les paraffines chlorées à chaîne moyenne et à chaîne longue. Une distinction faite selon la taille des molécules. Les chaînes moyennes et longues ne sont concernées ni par la directive européenne ni par la liste OSPAR. Mais une évaluation des risques est en cours à la Commission européenne. D'après Eurochlor, elle devrait pourtant elle aussi déboucher sur des restrictions. En attendant, la production de chaînes moyennes progresse. Elles sont majoritairement utilisées dans le PVC, moins dans les mastics, joints et adhésifs. En fait, environ 250 000 tonnes de paraffines courtes, moyennes et longues auraient été produites dans le monde en 2006, dont la moitié en Chine et en Inde.

À Lancaster et à Londres, le chercheur Gareth Thomas avait également trouvé des chaînes moyennes dans le lait des jeunes mères. Moins, mais il y en avait. Les chaînes moyennes et longues sont-elles vraiment différentes ? *« La distinction est artificielle »* dit Gareth Thomas. Certes, il existe une gradation dans leur taille moléculaire. Plus les chaînes sont longues, moins les paraffines seraient susceptibles de s'accumuler dans l'environnement et les organismes, et moins elles seraient susceptibles d'être toxiques. « *Pour chaque paraffine prise individuellement, les concentrations sont probablement très basses. Mais si on les prend toutes ensemble – car c'est ainsi que nous devons les mesurer en tout cas – je dirais que les niveaux sont comparables à ceux de produits chimiques de nature similaire* » explique le chercheur britannique. Les lignes de démarcation entre les trois types de paraffines sont, selon lui, « *très arbitraires* ». En clair, la plus courte des chaînes moyennes pourrait aussi être considérée comme la plus longue des chaînes courtes. « *La ligne a plus été tracée pour des raisons de commodité qu'autre chose.* » C'est également l'opinion du gouvernement canadien, très inquiet de voir le grand Nord contaminé par les paraffines chlorées. « *Il y a des raisons de suspecter que les paraffines chlorées à chaînes moyennes et longues sont "toxiques" pour la santé humaine* » ont tranché les autorités canadiennes (22).

The Matrix

À l'instar des PCB et des paraffines, des dizaines de milliers de substances chimiques ont été créées et incorporées dans des produits de consommation courante pendant des décennies sans qu'il ait jamais été envisagé qu'elles puissent se révéler toxiques. « *Mais il a toujours été présumé que, si elles avaient été testées par des cols blancs et qu'elles étaient autorisées, c'est que tout allait bien. Eh bien non, ce n'est pas le cas* » déplore Vyvyan Howard. Plus de 100 000 substances chimiques existent aujourd'hui sur le marché. L'UE opère une distinction entre les « substances existantes » –

identifiées avant septembre 1981 – au nombre de 100 106, et les 4 000 « nouvelles substances » identifiées après cette date. La toxicité des premières n'a fait l'objet que d'un examen très superficiel. Les secondes sont, elles, soumises, à un processus systématique d'évaluation des risques. Et quand on sait que 70 % d'entre elles sont classées comme substances dangereuses, la perspective des 100 000 autres, jamais étudiées, fait frémir. Il faut ajouter que les petites nouvelles ne représentent, en termes de tonnage, que 1 % des produits chimiques sur le marché. Cent moins un : les données sont « rudimentaires » pour 99 % des substances avec lesquelles la population peut entrer en contact (23).

« Il y a une méconnaissance générale des propriétés et des utilisations des substances existantes. [...] *Le manque de connaissances concernant les effets de nombreux produits chimiques sur la santé humaine et l'environnement est une source de préoccupation. »* Ce constat, dressé en 2001 par la Commission européenne, posait les bases de la législation la plus contraignante jamais prise à l'encontre de l'industrie, REACH. REACH pour *Registration, Evaluation, Autorisation of CHemicals* (Enregistrement, évaluation et autorisation des substances chimiques). Dans son Livre blanc, la Commission esquisse alors un projet de refonte complète de la législation et de l'évaluation toxicologique des produits chimiques au sein de l'Union européenne (24). *« En gros, l'attitude de l'industrie consiste à dire : "Moi, je mets ce que je veux sur le marché et je ne veux pas en porter la responsabilité"*, ironise Yannick Vicaire. *Tout ce que dit* REACH, *c'est : OK, vous pouvez mettre ce que vous voulez sur le marché, à l'exception de ces quelques propriétés qui posent problème à l'ensemble de la société. En revanche, vous*

portez une responsabilité sur ce que vous mettez sur le marché, comme n'importe quelle industrie. Lorsque vous prenez l'avion, l'avionneur est responsable de vous transporter en toute sécurité. » Dans le projet originel de la Commission, REACH prévoit que chaque producteur et importateur d'une substance – qu'elle soit existante ou nouvelle – dont la quantité dépasse 1 tonne par an doit en faire répertorier les propriétés, les usages et les risques. Près de 30 000 substances sont concernées par cette phase d'« Enregistrement ». Pour les 5 000 substances qui dépassent les 100 tonnes par an, les informations fournies par les industriels doivent être soumises à une « Évaluation ». En cas de doute, certaines substances produites en moindres quantités sont susceptibles d'entrer dans le processus. Enfin, la commercialisation de substances pudiquement désignées comme « *problématiques* » nécessitera une « Autorisation ». Désormais, plus question de vendre l'une des 1 400 substances toxiques connues sans avoir obtenu une dérogation. Parmi elles, les produits persistants, bioaccumulables et toxiques (PBT), cousins des POP. Mais aussi 850 produits cancérogènes, mutagènes (qui peuvent causer des altérations génétiques) ou toxiques pour la reproduction, les CMR. Ainsi que les 500 produits soupçonnés de l'être aussi. Tous sur le marché. REACH instaure pour la première fois à une échelle européenne le concept anglo-américain du renversement de la charge de la preuve. Les industriels doivent désormais prouver que leurs produits, présumés coupables, sont sans danger pour la santé humaine et l'environnement.

Le monde qui nous entoure est chimique. En prendre pleinement conscience, c'est un peu se retrouver dans la peau de Neo, le héros du film *Matrix*, capable de distinguer les parois de la réalité telles qu'elles sont : des plaques de codes informatiques qui constituent le monde. Les objets et gestes quotidiens prennent un tout autre sens. Le monde qui nous entoure est chimique et ce n'est pas forcément grave. Mais le niveau de connaissances sur les substances contenues dans les objets que nous touchons, dans la nourriture que nous ingérons, libérées dans l'air que nous respirons, tous les jours, est proche de *ground zero*. Censée rattraper plusieurs décennies d'ignorance et d'incurie, la réglementation REACH a été adoptée au Parlement européen le 13 décembre 2006. Elle est entrée en vigueur le 1er juin 2007. Mais entre les bonnes intentions du Livre blanc et la version définitive, des *lobbies* ont passé sous les ponts.

*****

Type de produits pouvant contenir des paraffines chlorées et estimations des usages.

– Chaînes courtes :

Caoutchoucs à usage industriel comme les tapis roulants (50 %). Mastics, joints d'étanchéité, scellants et adhésifs (15 %). Peintures techniques pour bateaux et usages professionnels, peintures pour piscines et garages. Textiles techniques pour la marine et les vêtements de protection professionnels. Autres usages (15 %) dont, identifiés : pantoufles fabriquées en Grande-Bretagne, semelles de chaussures, lampes à lave.

– Chaînes moyennes :

PVC (50 %). Adhésifs et mastics (15 %). Caoutchouc (15 %). Travail des métaux (15 %).

– Chaînes longues :

Peintures (50 %).

Sources : 2, 14 18. Environment Canada. Eurochlor.

Une conception maculée

Textiles, ustensiles de cuisine, détergents, cosmétiques, emballages alimentaires, vêtements

À quelques centaines de mètres sous terre, dans les environs du XIXe siècle, les gueules noires atteignent la fosse. Ils sont équipés de leurs outils et d'un animal en cage, jaune et minuscule : un canari. Quand le canari tombe, asphyxié, le coup de grisou est proche, les mineurs remontent. C'est que le gaz a empli les galeries et que le mineur est le prochain sur la liste des victimes. Aux alentours de notre début de XXIe siècle, l'ensemble des animaux sauvages qui folâtrent sur la planète sont devenus nos canaris à tous. Sentinelles malgré elles, les espèces animales guettent la dispersion des substances chimiques dans la nature. Quand elles en sont imprégnées, la nature l'est aussi. Et il y a fort à parier que l'homme est atteint.

Le geste écologique

Assurément, Patsy Sherman ne pouvait pas imaginer une seconde que sa contribution au perfectionnement du confort de l'humanité serait un jour sondé dans le sang des otaries du Pacifique. En 1953, toute jeune chimiste, Patsy Sherman vient d'être embauchée par le futur géant chimique 3M. Dans les laboratoires du berceau historique de 3M, à Saint-Paul, dans le Minnesota (États-Unis), elle s'attelle à l'excitante besogne de développer un nouveau type de caoutchouc pour les conduites de carburant des avions. Au cours des recherches, un récipient plein d'une de ses préparations laiteuses glisse des mains d'une assistante. Le liquide éclabousse ses tennis de toile blanche. Frictions à l'eau, au savon, aux solvants, huile de coude, rien n'y fait. Impossible d'ôter le produit des chaussures de la jeune femme qui, en dépit d'un embarras certain, vient pourtant de donner un coup de chance à une grande découverte (1).

Commercialisé en 1956, le fruit de cette maladresse devient en quelques années le produit phare de 3M. Anti-tache, imperméable à l'eau et à l'huile : le Scotchgard est né. Il devient le célèbre traitement connu de tous, sous la forme de bombes imperméabilisantes ou celle de logos garantissant la résistance aux taches des canapés, moquettes et autres tissus. Ses propriétés tensioactives (ou surfactantes) – il disperse les corps gras dans l'eau et facilite l'étalement des liquides – lui valent d'être ajouté dans les détergents et les shampoings. Il est dans les emballages de pizza, les uniformes, les peintures, les tentes, les serviettes de table, les fermetures Éclair. En tout, plus de 200 applications industrielles ou destinées aux consommateurs, connues sous différents noms : Baygard, Zonyl, Stainmaster. En 2000, la production annuelle globale de 3M s'élève à plus de 300 000 tonnes. Chiffre auquel il faut ajouter les 200 000 tonnes produites par une douzaine d'autres usines dans le monde (2,3). Le Scotchgard est pratique et populaire. Tout le monde en a chez soi. Y compris les animaux. Car il y a du Scotchgard jusque dans les poissons belges.

C'est sous son véritable nom de sulfonate de perfluorooctane – PFOS – que les animaux connaissent désormais le produit magique dans leur intimité. En 2001, 3M commande une étude à deux chercheurs indépendants, John Giesy et Kurunthachalam Kannan. Ils seront les premiers à rapporter la présence ubiquitaire du PFOS dans l'environnement. Ils en détectent dans les dauphins du Gange, les goélands à queue noire du Japon, les cormorans d'Italie, les grenouilles du Michigan et jusqu'aux ours polaires de l'Alaska (4). Les années suivantes, leur découverte est confirmée et même amplifiée. Le PFOS est décelé *« dans des échantillons d'eau de pluie, dans des lacs, dans des eaux côtières, dans les eaux et les boues des égouts, dans les effluents des décharges à ordures, dans des sédiments, chez les poissons d'eau douce et de mer, chez des mammifères marins, chez les ours polaires, chez des oiseaux, des reptiles et des amphibiens dans le monde entier, y compris dans des zones marines lointaines telles que la région polaire »* (3). Rien de tel que le texte officiel de l'OSPAR pour se mettre les idées en place. Le PFOS baguenaude par mille mètres de fond dans le Pacifique, dans le sang et le foie des dauphins de Floride, des phoques et otaries de Californie, des albatros du milieu du Pacifique et des gens du monde entier. Sur les cinq continents, les êtres humains sont équipés d'un traitement anti-tache. Des Coréens aux Américains en passant par les Polonais.

Comment diable le PFOS s'est-il retrouvé là ? *« C'est une question très intéressante,* opine sans rire le directeur médical de 3M interrogé par le *New York Times. Nous ne pouvons pas dire comment le PFOS se retrouve dans le sang humain. »* (5) Le 16 mai 2000, un an avant l'étude de Giesy et Kannan, la compagnie 3M annonçait à la surprise générale qu'elle arrêterait dans un délai de deux ans sa production de PFOS ainsi que celle des produits qui en contenaient. *« Même si cette chimie a servi utilement pendant plus de 40 ans et même si nos produits sont sans danger, notre décision d'arrêter progressivement la production est basée sur nos principes de gestion responsable de l'environnement »* clame 3M. Le géant chimique est salué pour ce geste écologique volontaire qui le prive alors d'un business de 320 millions de dollars par an (à cette époque environ 351 millions d'euros) (5). Il faut bien reconnaître à 3M que la grande majorité des industriels ne manifestent guère d'empressement à arrêter tout net leur production en cas de danger. Le géant chimique soutient alors que *« toutes les connaissances scientifiques existantes indiquent que la présence de ces matériaux à de très faibles niveaux ne comporte pas de risques pour la santé humaine ou l'environnement »*. Le sacrifice de 3M est en fait tout relatif. L'arrêt du PFOS l'ampute de *seulement* 2 % de ses 17 milliards d'euros de ventes annuelles. Et son geste écologique a été accompli de bien mauvaise grâce, contraint par l'Agence américaine de protection de l'environnement (EPA) qui n'a pas exactement le même discours tranquillisant : *« La manufacture et l'usage du PFOS représentent une technologie inacceptable qui devrait être éliminée afin de protéger la santé humaine et l'environnement de conséquences potentiellement sévères à long terme »*, écrit le directeur de l'EPA, Charles Auer (6).

Avant d'en arriver à ce jugement cinglant, les membres de l'EPA ont eu l'occasion de feuilleter les quelques centaines de documents que, étant donné l'étendue des dégâts, 3M ne pouvait faire autrement que de partager. Près de 30 000 pages de rapports montrant que 3M s'inquiétait du potentiel persistant et toxique du PFOS depuis qu'il s'était aperçu que le produit se promenait dans la nature, à la fin des années soixante-dix. La première alerte date de mai 1979. 3M détecte alors des composés perfluorés dans des poissons-chats du fleuve Tennessee, en aval de son usine de Decatur (Alabama). En interne, on soulève déjà la question de la bioaccumulation. 3M entreprend d'ailleurs de réduire les émissions de cette usine et celle qu'elle possède à Anvers, en Belgique (7). En 1999, la firme dépêche des hommes aux quatre coins des États-Unis pour réaliser des mesures dans les eaux (robinets, rivières, etc.) et dans la nourriture (pain, viande, œufs, poissons, fruits). La dénomination du projet – « *Évaluation de l'exposition humaine empirique* » – est limpide. Il s'agit pour 3M de dépasser le simple constat de la contamination de la nature et de calculer l'éventuelle exposition de la population générale. 3M suppose que le PFOS risque potentiellement de s'échapper de tous les objets dont il a partagé l'existence. D'ailleurs, il donne à ses envoyés spéciaux une liste de recommandations. Un grand nombre d'objets sont proscrits sur le terrain : *post-its*, accumulateurs de froid pour glacières, vêtements imperméables et combinaisons en Tyvek, vêtements neufs. Les tenues portées doivent avoir été lavées au moins six fois depuis leur achat. Il est interdit aux membres du personnel de retourner travailler sans s'être scrupuleusement lavé les mains dans le cas où ils auraient avalé des sandwichs de *fast-food* et les frites qui vont avec, mais aussi pizzas, articles de boulangerie, boissons, sucreries et biscuits. Et même : lors des prélèvements, ils ne doivent pas se trouver en possession de snacks ni de nourriture emballée. Tous ces articles peuvent contenir du PFOS. Une contamination accidentelle avec l'un d'eux, et tous les résultats risquent d'être faussés (8).

La compagnie surveille les concentrations de PFOS dans le sang de ses employés depuis vingt ans. C'est le concept de « l'ouvrier canari », du subordonné sentinelle, appliqué dans les usines chimiques par une cynique force des choses. Et qui a permis à 3M de développer les techniques de mesure du PFOS. Lesquelles contribuent, en 1998, à révéler une mauvaise surprise : la détection de PFOS dans les banques de sang de la Croix-Rouge américaine (9) ! Le PFOS est bel et bien partout. Même dans le corps des rats de laboratoire auxquels on n'a encore rien fait. Leurs aliments, à base de poisson, ont apporté le PFOS dans leur organisme. L'industriel s'est bien entendu posé des questions sur la toxicité de son produit. Au moment où il annonce l'arrêt de la production du PFOS, ses scientifiques maison viennent d'ailleurs de terminer une expérience menée sur des macaques. Soumis à des doses relativement faibles de PFOS, les animaux perdent l'appétit, ont du mal à respirer, sont apathiques, leurs foies sont terriblement endommagés. Ils meurent, péniblement (10). Dans une étude sur plusieurs générations de rats, la majorité des ratons trépasse. Même les bébés des rares survivants meurent à leur tour. Ce n'est donc pas sans fondement que le directeur de l'EPA, Charles Auer, se permet d'insister : le PFOS *« semble combiner des propriétés de persistance, de bioaccumulation et de toxicité à un degré extraordinaire »*.

Surexposition universelle

Si le PFOS possède des propriétés uniques en tant que substance industrielle, il est aussi un polluant hors norme. Personne ne comprend comment il peut à ce point contaminer la neige et la glace dans l'Arctique. Contrairement aux POP « classiques », il n'est pas volatile, et donc pas vraiment destiné aux grands voyages dans les courants atmosphériques. De plus, la nature ne parvient pas du tout à le dégrader. Certains chercheurs pensent même qu'il est là pour toujours. Autre particularité, et contrairement, là encore, aux autres produits persistants, le PFOS ne s'accumule pas dans les tissus graisseux des êtres vivants. Il s'attache aux protéines du sang et s'accumule dans les organes, en particulier le foie. Chez les humains notamment.

Indien hyperactif à nœud papillon, Kurunthachalam Kannan est un *serial* mesureur. Œuvrant à partir du Wadsworth Center, au département de la santé de l'État de New York, il mesure les concentrations de polluants à travers le monde, que ce soit dans les sédiments, les baleines ou les bipèdes. Après la publication, en 2001, du premier article sur la contamination de la faune, il s'interroge sur les concentrations de PFOS dans le sang de la population générale. À l'époque, on ne connaît que les chiffres des banques de sang de la Croix-Rouge américaine et il se demande si cette exposition est spécifique aux États-Unis. Il réunit alors 511 échantillons américains, colombiens, brésiliens, italiens, belges, polonais, indiens, malais, coréens et japonais. Le PFOS est partout. Mais les différences sont notables d'un endroit à l'autre. Quatre parties par billion (ppb) en Italie, 10 en Colombie. Les plus fortes concentrations sont mesurées aux États-Unis et en Pologne avec plus de 30 ppb. Les plus faibles en

Inde (1 ppb) (11). *« Cet écart pourrait s'expliquer par une différence dans les sources d'exposition. Dans des pays comme l'Inde, on utilise peu de moquette »* explique-t-il. Est-ce beaucoup ? Sait-on même ce qu'est une concentration élevée de PFOS ? *« Non !* répond Kurunthachalam Kannan. *Ce qui est élevé pour quelqu'un peut être bas pour quelqu'un d'autre. Si l'on met un chiffre dans le contexte d'une dose toxicologique de référence, on peut alors dire s'il est plus élevé que la dose de référence. Mais aujourd'hui, nous n'avons pas de dose de référence, c'est-à-dire un niveau à partir duquel on peut voir des effets chez les humains. »* Il n'existe aucun repère qui permettrait de savoir si ces niveaux sont potentiellement toxiques pour l'homme. Le Dr Kannan ne cache pas son inquiétude. La moyenne américaine pour le PFOS se situe à environ 30 ppb, *« une quantité considérable pour un niveau d'exposition humaine »* si on la compare aux niveaux de PCB, plutôt autour de 5 ppb. Les employés de 3M qui, eux, présentent des concentrations qui se mesurent en parties par *million*, et non par billion, sont sous surveillance. À ce jour, il semblerait qu'aucun d'entre eux n'ait manifesté de troubles notables. C'est pour la faune que Kurunthachalam Kannan exprime le plus de crainte. *« Chez certaines espèces et dans certains endroits, les niveaux ont presque atteint ceux où l'on pourrait observer des effets sur la santé. »* Si les poissons montrent de faibles concentrations, les visons et les aigles pyrargues à tête blanche, avec jusqu'à 6 parties par million de PFOS, sont les plus touchés. Dans les zones les plus polluées des Grands Lacs américains, où certains animaux atteignent aussi ces niveaux, les oiseaux pourraient être les premiers à manifester des signes d'une santé altérée.

3M a totalement cessé sa production de PFOS en 2002. Depuis, les concentrations dans le sang américain ont chuté de 30 à 20 ppb (12). En 2003, le PFOS a été inscrit sur la liste OSPAR des produits chimiques devant faire l'objet de mesures prioritaires. Depuis 2005, des discussions sont en cours pour ajouter la substance sur la liste des 12 salopards de Stockholm. Fin 2006, l'Union européenne a décidé la quasi interdiction de l'usage et de la mise sur le marché du PFOS. Une décision appliquée rapidement, dès juin 2008. Mais des dérogations sont accordées quand les alternatives n'existent pas (13). La production est presque arrêtée, mais qu'advient-il des gens qui ont chez eux des objets contenant du PFOS, c'est-à-dire la quasi-totalité des habitants des pays riches ? Sont-ils exposés à domicile ? Comment sont-ils exposés tout court ? *« Désormais, la grande question à laquelle nous n'avons toujours pas répondu est la suivante : quelle est la source majeure ? Nous ne le savons pas, même pour les États-Unis »* constate Kurunthachalam Kannan.

Les poussières domestiques japonaises en tout cas sont peuplées de PFOS : elles en contiennent jusqu'à 2 500 microgrammes par kilogramme de poussière, la moyenne se situant à 200 µg/kg. L'air, à l'intérieur des maisons, en contient 25 à 100 fois plus que l'air extérieur (14). Une équipe canadienne est allée plonger ses instruments de mesure dans la nourriture. Poisson, fruits de mer, viande, poulet, plats surgelés, *fast-food* et pop-corn micro-ondable. Le tout conservé dans une banque de données de l'alimentation, sorte de bouffothèque où l'on peut consulter des échantillons de nourriture de temps révolus. Le PFOS se trouvait dans la plupart des aliments, qu'ils soient millésimés 1992 ou 2004, les plus contaminées étant les aliments d'antan comme les pizzas avec leurs 23 nanogrammes de PFOS par kilo de *junk food*. Selon les chercheurs canadiens, la nourriture constituerait une importante source d'exposition pour les humains (15). « *Personnellement, je crois qu'il existe bien d'autres sources d'exposition qui ont besoin d'être caractérisées avant qu'on puisse affirmer quoi que ce soit,* estime le Dr Kannan. *C'est un domaine qui nécessite des recherches très vite. Malheureusement, c'est aussi un domaine qui n'est pas du tout investigué, pour des raisons de financement. Les gouvernements doivent débloquer des financements aux scientifiques afin de déterminer quelle est la source majeure d'exposition pour les humains. Nous ne savons toujours pas si c'est l'air intérieur, les moquettes, les téléviseurs, les ordinateurs, ou même la nourriture, les casseroles, les sacs de pop-corn micro-ondable. Et tant que nous ne pourrons pas déterminer la source majeure d'exposition pour les humains, nous ne pourrons prendre aucune décision réglementaire.* » D'autant plus que le PFOS n'est pas seul. Il fait partie d'une famille nombreuse. Les composés perfluorés sont en fait 175. Et l'un d'entre eux est embusqué dans la plupart des cuisines du monde.

Poêle tragique

Watson est mort. Le constat est sans appel. Il n'y a plus rien à faire pour l'ara bleu et or, tout raide dans les mains de Theresa K. en larmes. Dans la cuisine, une plaque électrique court-circuitée continue de chauffer. L'eau s'est évaporée de la casserole anti-adhésive et le revêtement atteint des températures infernales. Il dégage une fine fumée. Quelques heures plus tard, c'est Caleb qui tombe, puis Dee-Dee et Max, et presque tous les autres. En cette nuit de décembre 2002, Theresa K. perd plus de 50 de ses chers oiseaux. Son histoire et des dizaines d'autres sont racontées dans une insolite galerie du souvenir consacrée à la mémoire de volatiles morts, intoxiqués par les vapeurs et dégagements de revêtements anti-adhésifs. Des témoignages collectés par une puissante organisation environnementale américaine, *Environmental Working Group* (EWG). Depuis des mois, EWG est en lutte contre un produit de consommation courante dont nous avons tous, peu ou prou, un échantillon à la maison : le Teflon. Particulièrement déterminé sur le dossier, EWG est acteur à part entière dans une controverse plus que houleuse. Le principal industriel du secteur aux États-Unis, DuPont, est attaqué de toute part. Par l'EPA. Par les médias. Les Américains, eux, jettent leurs poêles. Et dans cette histoire, la destinée tragique de feu Dee-Dee et Max n'est qu'un détail. D'ailleurs, les fabricants recommandent officiellement de *« ne pas avoir d'oiseaux dans la cuisine »*.

DuPont le rappelle systématiquement. Ce n'est pas le Teflon même qui est en cause, mais l'une des substances utilisées comme intermédiaires dans sa manufacture : l'acide de perfluorooctane ou PFOA. Le PFOA n'est donc pas un ingrédient du Teflon à proprement parler. Mais dans une poêle, des résidus de PFOA peuvent se détacher de la structure et s'échapper au fur et à mesure de leur utilisation. Le PFOA peut aussi surgir comme produit de dégradation, c'est-à-dire qu'il se forme à partir d'autres composés qui sont pour leur part des ingrédients du Teflon. Le Teflon en soi à été découvert en 1938 dans les laboratoires du géant chimique américain DuPont. Son véritable nom chimique est le polytetrafluoroéthylène (PFTE).

Cette matière, une mixture de composés perfluorés, possède des propriétés uniques qui lui font vite partager le destin de nombreux articles de consommation courante. Non poreuse, elle est imperméable, anti-graisse et anti-adhésive. Sous le nom de Tefal, elle est autorisée à recouvrir les poêles françaises en 1954. Sous celui de Zonyl, elle intègre les emballages alimentaires américains en 1967. Elle existe aussi sous d'autres noms de marques comme Fluon, Polyflon, Vaflon, la plus connue de toutes étant le Teflon® avec son petit ® excroissant. Ce matériau se niche aujourd'hui dans un nombre incalculable d'objets. Outre le matériel de cuisine, il est utilisé dans les moquettes, les fils dentaires, les colliers pour chien. Le Gore-Tex, c'est lui. Il y en a même dans les crèmes anti-rides (16).

Lorsque la compagnie 3M annonce l'arrêt de sa production de PFOS, en mai 2000, l'EPA s'intéresse déjà au PFOA. 3M en est l'un des principaux fabricants et fournit DuPont pour sa fabrication de Teflon. Dans les documents fournis par 3M, l'EPA relève que la compagnie avait repéré la présence de PFOA dans le sang de ses employés en 1976. *« Il devrait être noté, cependant, que le PFOA est une substance différente et sans aucun rapport »* souligne alors 3M qui tente de surseoir à la question du PFOA pour encore quelques mois ou années. 3M parvient à obtenir de l'EPA que le PFOA fasse l'objet de discussions séparées. Mais au fil de leurs lectures des documents fournis par 3M, puis DuPont, sur le PFOA, les responsables de l'EPA découvrent une version plus complète de l'histoire. Dès la fin des années soixante-dix, 3M avait alerté DuPont. Chez DuPont, l'inquiétude, immédiate, avait déclenché une série d'études en interne sur le PFOA, sa dispersion dans l'environnement, son devenir dans la nature, sa présence dans le corps de ses employés. En 1981, DuPont était au courant qu'une étude menée dans les laboratoires de 3M avait montré des effets délétères sur des bébés rats exposés au PFOA pendant la gestation. La même année, DuPont constatait la présence de PFOA dans le sang de femmes enceintes, employées dans son usine de Teflon de Washington Works, en Virginie de l'Ouest. Plus grave : l'une des mères avait transmis le PFOA à son enfant. Quelques années plus tard, DuPont mesurait le PFOA dans l'eau destinée à la consommation, dans les environs de cette même usine. En 1991, les taux dépassaient les valeurs maximales fixées en interne. En 2004, DuPont apprenait que les concentrations de PFOA dans le sang de plusieurs personnes vivant à proximité de l'usine étaient 13 fois plus élevées que celles relevées dans la population générale (67 ppb contre 5 ppb). En fait, le PFOA partage avec le PFOS de fâcheuses caractéristiques de persistance. Il n'est pas biodégradable et s'accumule dans les organismes et la nature.

Depuis plus de vingt ans, DuPont détenait suffisamment d'éléments pour nourrir une inquiétude justifiée et alerter les autorités. C'est la conclusion de l'EPA, qui porte plainte en 2004 contre DuPont pour avoir dissimulé des informations sur les risques potentiels du PFOA pour la santé et l'environnement. Le géant chimique doit s'acquitter d'une amende historique : 16,5 millions de dollars (environ 13,7 millions d'euros). Discutée à l'amiable, cette amende ne couvre cependant pas la totalité des charges à l'encontre de DuPont. La firme faisait aussi l'objet d'une enquête criminelle que le département américain de la Justice a finalement abandonnée en octobre 2007 (17). DuPont, aujourd'hui 6e groupe chimique mondial, déploie des trésors de tactique et de relations publiques pour sauver sa batterie de cuisine et d'applications. Le groupe s'offre de grandes pages dans les principaux journaux américains, invitant sur fond beige les consommateurs à *« écouter les experts, puis décider pour eux-mêmes »*. Oui, écoutons donc les experts.

Pollueur payeur

Quand il s'était intéressé aux PFOS dans les veines des habitants des cinq continents, Kurunthachalam Kannan avait profité de l'occasion pour relever les concentrations de PFOA. Indétectable à Sienne en Italie, présent dans un seul des 45 échantillons indiens, mais partout ailleurs. Les niveaux sont 2 à 7 fois inférieurs à ceux du PFOS. Comme pour le PFOS, on ignore quelles peuvent être les sources d'exposition. *« L'EPA ne comprend pas pleinement la manière dont les gens sont exposés au PFOA »* confesse, polie, l'agence américaine dans sa fiche d'information destinée au grand public. La somme de connaissances sur le PFOA est mince. D'autant que les experts qui s'y intéressent et parviennent à réunir des budgets pour l'étudier ne sont pas légion. Une équipe canadienne a entrepris de mesurer les quantités de PFOA dans l'air et les poussières des habitations d'Ottawa. Cent, 400, 450 ppb : les concentrations sont 10 à 20 fois plus importantes à l'intérieur qu'à l'extérieur des maisons. Un constat qui l'amène à supposer que c'est l'air intérieur qui contamine l'air extérieur. Les chercheurs ont ensuite calculé la quantité de PFOA absorbée par les occupants. En avalant de la poussière (involontairement) et en respirant l'air (par nécessité). Selon eux, les enfants, qui boulottent (volontairement mais en toute inconscience) plus de poussières que les adultes, absorbent en moyenne 44 nanogrammes de PFOA tous les jours (18).

Kurunthachalam Kannan, lui, s'est mis aux fourneaux. Avec en tête, l'idée de savoir si, oui ou non, les poêles en Teflon émettaient du PFOA. Bien entendu, cette question est cruciale dans le débat. Pour sa part, DuPont soutient que ses laboratoires ont mené tous les tests nécessaires, en utilisant des méthodes standard approuvées par les autorités américaines. *« Aucune étude n'a détecté de quantité significative de* PFOA *dans le matériel de cuisine à revêtement en Teflon »* affirme le fabricant. Seules des *« conditions extrêmes »* de température peuvent déclencher des émissions de gaz et de particules toxiques (315° C). Ce n'est pas ce qu'observe le Dr Kannan dans sa cuisine expérimentale, face à quatre poêles numérotées et de marques différentes. Dans des *« conditions normales de cuisson »* (179 à 233° C), il relève des émissions allant de 7 à 337 nanogrammes de PFOA selon la poêle. Autre question, grave en Amérique du Nord : est-ce aussi le cas pour les sacs de pop-corn micro-ondable ? Dans les vapeurs de cette exquise invention, le PFOA est présent à hauteur de 16 ng. Son expérience, comme plusieurs études indépendantes, suggère que la température libère le PFOA de la surface des objets (19). Le *« Teflon ne supporte pas la chaleur »* ironise l'organisation Environmental Working Group.

DuPont, désormais seul producteur de PFOA aux États-Unis, croule sous les procès. Le géant chimique est confronté à pas moins de 22 *class-actions* dans huit États[1]. Elles sont menés par des consommateurs qui l'accusent de les avoir trompés sur la sécurité du Teflon. Cinq milliards de dollars (3,6 milliards d'euros) seraient en jeu. Plus au nord, la Cour supérieure de la

[1] Ce type d'action légale, qui n'existe pas en France, permet à un grand nombre de personnes victimes du même préjudice de se regrouper et de demander réparation avec les mêmes avocats.

province du Québec a entrepris des démarches juridiques afin d'obtenir le droit de poursuivre DuPont de l'autre côté de la frontière, au nom de l'ensemble des consommateurs québécois. Ils protestent contre l'absence d'information sur les risques du Teflon et du Zonyl qui est utilisé dans les emballages alimentaires. En sus de ces actions légales, des autorités locales américaines prennent des mesures contre le PFOA. En février 2006, une coalition de groupes environnementaux et de syndicats a demandé au gouvernement de Californie d'inscrire le PFOA sur la liste des polluants de l'eau destinée à la consommation. Cette liste ne comporte que des substances pouvant provoquer des cancers, des malformations congénitales ou qui sont toxiques pour la reproduction.

L'ampleur de la pollution des eaux par le PFOA commence tout juste à être mesurée. C'est peut-être même là qu'il faut chercher la source d'exposition principale de la population. Dans les rivières japonaises, des chercheurs de l'Université de Kyoto en ont trouvé des quantités record : jusqu'à 87 microgrammes par litre dans l'Ai. À Osaka, l'eau du robinet contenait des taux 300 fois supérieurs à ceux d'autres villes, selon le *Japan Times*. Les chercheurs n'ont aucune hypothèse pour expliquer comment le PFOA est arrivé dans les robinets. Plus facile, en revanche, de remonter à la source de la pollution aux États-Unis. Les usines de DuPont y ont souillé les cours d'eau dans plusieurs États. En aval de l'une d'entre elles, en Virginie de l'Ouest, les habitants ont 386 ppb de PFOA dans le sang. Des concentrations 70 fois plus importantes que la moyenne américaine, et qui semblent liées à la forte présence de PFOA dans l'eau de consommation (20). Ces habitants et ceux de l'Ohio, État voisin également touché par les émissions de l'usine, se sont regroupés pour mener une *class-action* à l'encontre de DuPont. En février 2006, la compagnie a dû se délester de 108 millions de dollars (près de 83 millions d'euros) en frais de règlement à l'amiable. Dans l'État du Minnesota, le département de la Santé a revu à la baisse les seuils autorisés dans l'eau pour le PFOA et le PFOS. Encore plus radical, l'État du New Jersey a décidé, en février 2007, de fixer un seuil maximum de 0,04 ppb dans l'eau destinée à la consommation, estimant que sa qualité n'était pas acceptable en termes de santé humaine. La majorité de ses usines de traitement de l'eau sont contaminées par le PFOS et le PFOA. Selon les chercheurs du département de la Protection de l'environnement du New Jersey, l'eau pourrait à elle seule représenter un cinquième de l'exposition totale de la population au PFOA (21).

Il faut dire que, entre-temps, l'EPA a poursuivi ses travaux et franchi un pas décisif. En 2004, elle considérait le PFOA comme cancérogène possible pour l'homme. Deux ans plus tard, le comité scientifique de l'agence décide de le classer cancérogène probable (22). Sur son site Internet qui regorge d'informations abondamment caviardées, DuPont écrit encore aujourd'hui : « *Les produits de DuPont faits avec du PFOA ou contenant des traces résiduelles de PFOA sont sans danger pour les consommateurs.* » Avec un aplomb singulier, la compagnie maintient à longueur de paragraphes : « *En se basant sur les études sanitaires et toxicologiques conduites par DuPont et d'autres chercheurs, DuPont croit que le poids des preuves indique que l'exposition au PFOA ne comporte aucun risque pour la santé du grand public.* »

Le trou noir

Tandis que DuPont « *croit* », les scientifiques travaillent. Et continuent à se poser des questions. Comment le PFOS et le PFOA pénètrent-ils dans les organismes ? Comment agissent-ils une fois accrochés dans le sang, le foie ? Sont-ils toxiques, et à quelle dose ? Comment évaluer l'impact de cette exposition généralisée sur la population ? « *Je pense qu'il n'y a rien dont nous puissions être sûrs. C'est bien le problème* » soupire Christopher Lau, l'un des toxicologues les plus en pointe sur les composés perfluorés, et qui travaille dans les laboratoires de l'EPA[1]. « *La plupart des choses que j'avance sont à considérer avec des points d'interrogation.* » Un demi-siècle après la mise sur le marché du PFOS et du PFOA, leur étude en est à ses balbutiements. Étudiés en famille, ils laissent chimistes et biologistes perplexes. Exposées au PFOS et au PFOA, les espèces animales réagissent de manière différente. Une singularité qui empêche de décortiquer aisément leurs mécanismes de toxicité. De nouvelles études paraissent quasiment toutes les semaines. Christopher Lau estime qu'il faudra encore au moins deux années avant de savoir à quoi s'en tenir.

Embedded dans les laboratoires où l'on cherche des réponses, les rongeurs n'ont pas une vie des plus douces. Adultes, bébés, sur une, deux générations : on les expose à des doses plus ou moins massives de composés perfluorés. Premier « *trou noir* », selon Christopher Lau, la durée de demi-vie des substances, c'est-à-dire le temps que le corps met à les éliminer. Les femelles rats les évincent en quelques heures à peine. Les mâles mettent

[1] Christopher Lau s'exprime en son nom propre, et non en celui de l'EPA.

plusieurs jours. Les humains, eux, ont besoin de plus de 5 ans en moyenne pour se débarrasser du PFOS et de près de 4 ans pour le PFOA (23). *« Nous n'avons même pas d'hypothèse pour expliquer pourquoi. »* PFOS et PFOA ont la graisse en horreur puisqu'il s'agit de leur propriété chimique : ils se fixent aux protéines du sang et, ainsi véhiculés, musardent en direction d'organes comme les reins, la rate, avec une prédilection pour le foie, auquel ils donnent des tumeurs. Dans les testicules, ils peuvent causer des tumeurs aux cellules de Leydig. Dans de très rares cas, le pancréas peut aussi devenir cancéreux.

Mais le plus dramatique des effets s'observe chez les bébés souris exposés pendant la grossesse. Christopher Lau et son équipe ont administré différentes doses de PFOA et de PFOS à des souris en gestation. Dans l'heure qui suit la naissance, voire juste une demi-heure après, les souriceaux deviennent tout pâles, complètement apathiques et meurent. Exposés à des doses moins importantes, ils ne parviennent qu'à grappiller quelques heures de plus. Quelques jours pour les plus costauds. *« Tant que le produit chimique s'accumule chez la mère, on voit cet effet,* commente Christopher Lau. *Je pense que ce qui compte vraiment, c'est la quantité de produit dans le corps, car sa durée de demi-vie est très longue. Si vous traitez l'animal à partir du premier jour de la gestation, vous construisez une sorte de charge corporelle. »* Et cette charge corporelle de perfluorés tue. Mais comment ? Quelle est la cause ? Le chercheur pense que les animaux n'arrivent plus à respirer. Leurs poumons sont pourtant normaux, ni malformés ni trop petits. L'hypothèse sur laquelle travaille Christopher Lau est saisissante. Ces produits chimiques sont des surfactants.

C'est-à-dire que leurs propriétés tensioactives dispersent les corps gras dans l'eau et facilitent l'étalement des liquides. Alors « *serait-il possible qu'ils interfèrent avec le surfactant naturel que fabrique le poumon ?* » En clair, fidèles à leurs propriétés physique et chimique, ces substances agiraient sur la dispersion du surfactant naturel du poumon sur la surface interne de l'organe, l'empêchant de remplir sa fonction vitale. Les perfluorés agissent comme tensioactifs dans un détergent, pourquoi ne continueraient-ils pas à le faire dans un poumon d'un demi-centimètre ?

Bébés anti-adhésifs et anti-taches

Les effets sur ces animaux de laboratoire sont observés à de fortes doses, incomparables avec les concentrations que l'on trouve dans les veines de l'humanité. Alors comment rapprocher ces études du degré d'exposition humaine ? Depuis le début de l'année 2007, des ébauches de réponse apparaissent dans les revues scientifiques. Et les nouvelles ne sont pas très bonnes. En quête de pertinence, plusieurs chercheurs se sont intéressés à l'exposition des bébés humains dans le ventre de leur mère. Chez les souris, les effets toxiques les plus frappants se manifestent chez les petits exposés pendant la grossesse. La « charge corporelle » de perfluorés affecte la progéniture. Puisque les perfluorés courent dans le sang de la population, les futures mamans transmettent-elles ce patrimoine chimique à leurs bébés ? Oui, répondent des scientifiques de l'Université d'Erlangen-Nüremberg, en Allemagne. Onze mères recrutées pour une étude avaient toutes du PFOS et du PFOA dans le sang. Les onze cordons ombilicaux en contenaient également. Les concentrations de PFOS diminuaient lors de leur passage de la mère à l'enfant. Mais, curieusement, celles de PFOA « *traversaient la barrière placentaire manifestement sans encombre* ». Étudier les conséquences pour la santé humaine est « *indispensable* », alertent les chercheurs allemands (24). L'idée de la « barrière placentaire », censée protéger le fœtus de toutes les mauvaises choses en circulation dans le sang de sa mère, n'existe plus depuis longtemps pour la médecine. Elle s'est évanouie dans les années soixante avec le drame de la Thalidomide. Ce médicament avait été prescrit pour combattre les nausées et les troubles de sommeil de la grossesse, à la fin des années cinquante et au début des années soixante. Plus de 15 000 enfants étaient nés avec des malformations et atrophies effroyables des membres (25).

La suite des réponses se trouve à l'hôpital de Baltimore, près de Washington. Là, une grande équipe de scientifiques de l'Université Johns Hopkins et des Centers for Disease Control (CDC) a collecté les cordons ombilicaux de 299 nouveaux-nés. Puis en a analysé le sang. Le PFOS est présent dans 99 % des échantillons et le PFOA dans la totalité d'entre eux. Les niveaux varient de l'à peine détectable jusqu'à 34,8 ppb pour le PFOS (avec une moyenne de 4,9 ppb). Les concentrations moyennes de PFOA tournent autour de 1,6 ppb. À cela s'ajoutent plusieurs observations remarquables : les concentrations de perfluorés sont plus élevées chez les petits garçons que chez les fillettes, plus importantes chez les Asiatiques et les Noirs que chez les Blancs. Il n'y avait aucun lien entre les concentrations de perfluorés des enfants et le niveau socioéconomique des mères, leur âge, ou même leur lieu de résidence. Mais les concentrations de PFOS et de PFOA vont de pair. Quand l'un est élevé, l'autre l'est aussi. Selon les chercheurs, ces indices suggéreraient que les sources d'exposition pourraient être communes pour les deux substances. Ils auraient sans doute aimé s'en tenir là. Mais ce n'est pas le cas. Nés un peu plus tard, les bébés les plus exposés sont aussi légèrement différents des autres. Non seulement leur poids de naissance et la circonférence de leur tête sont inférieurs à la moyenne, mais l'évolution de leur poids semble affectée par la concentration du produit chimique (26). Et l'on sait, par d'autres études, qu'un faible poids à la naissance n'est pas un cadeau pour la vie. Il prédispose au diabète, aux maladies cardiovasculaires et à l'obésité. Sans compter que, une fois venus au monde, les bébés continuent d'être exposés au PFOA et au PFOS *via* l'allaitement, à raison de 200 ng par jour (27).

Les scientifiques sont, de leur propre aveu, plongés dans le noir sur les potentiels effets des composés perfluorés sur les humains. Ces substances s'accumulent et pourraient potentiellement augmenter d'une génération à l'autre. Pour DuPont, le PFOA est sans risques. L'industriel en veut pour preuve qu'aucun effet n'a encore été constaté chez ses « canaris », les employés. Mais est-ce vraiment le cas ? DuPont a mené une enquête en interne sur les causes de décès de 6 000 anciens employés de son usine de Washington Works. Achevée en 2006, cette étude constatait une *« légère augmentation »* de la mortalité par maladie cardiaque coronarienne, une *« augmentation statistiquement non significative »* de la mortalité par cancer du rein, et une *« augmentation statistiquement significative »* de la mortalité par diabète. *« Ces associations n'apparaissent pas reliées à une exposition au PFOA, mais il y avait trop peu de cas pour tirer une conclusion définitive »* explique DuPont. Une autre étude sur la santé des personnes vivant aux alentours de l'usine, cette fois-ci, est actuellement en cours. Ce sont des fuites dans la presse qui révèlent, en mars 2007, les premières observations des enquêteurs commissionnés par les habitants. Les cas de cancers de la prostate, de cancers de l'appareil reproducteur chez les femmes, et de lymphomes non hodgkiniens seraient en augmentation parmi la population exposée au PFOA (28). Au même moment, l'EPA annonce dans un langage administratif à souhait qu'elle *« ne peut plus affirmer »* que les substances du type du PFOA *« ne présenteront pas de risque déraisonnable pour la santé humaine et l'environnement. »*

Le banc des remplaçants

En 2002, le PFOS était encore produit dans 13 usines à travers le monde. En Europe, au Japon, au Brésil, dans la Fédération de Russie, en Inde et en Chine (29). Dans quels objets est-il toujours utilisé ? Et en quelles quantités ? À partir de juillet 2008, le PFOS ne devrait plus se trouver dans les objets achetés en Europe. Mais seulement s'ils sont fabriqués en Europe. Qu'en est-il des objets importés de pays qui ne sont pas soumis aux mêmes restrictions ? *« Cela fait peut-être "bien", dans certains pays, de dire que ces produits sont interdits, qu'ils ne sont plus fabriqués ou utilisés. Mais nous sommes exposés d'une autre manière. C'est un gros problème. Nous avons besoin de standards internationaux »* s'insurge Kurunthachalam Kannan. En Chine, on a frisé la panique. Au cours de l'été 2004, après que l'EPA a associé le PFOA au mot « cancérigène », les ventes de poêles à revêtement anti-adhésif s'effondrent littéralement dans le pays. Les magasins retirent d'eux-mêmes les casseroles et autres *rice-cookers* en Teflon des rayonnages. Mais rien de très inquiétant pour les fabricants chinois comme Aishida, l'un des plus importants du pays : 90 % des ustensiles de cuisine qu'il fabrique sont en effet destinés à l'exportation.

Il fait peu de doutes que le PFOA ne réussira pas l'examen de passage de REACH. Il est considéré par l'Union européenne comme toxique pour la reproduction, catégorie 2, et cancérogène de catégorie 3. Aux États-Unis, il est encore utilisé par plusieurs industriels. Huit d'entre eux – Arkema, Asahi, Ciba, Clariant, Daikin, DuPont, 3M/Dyneon et Solvay Solexis – ont accepté une proposition de l'EPA de réduire de 95 % leurs émissions de PFOA ainsi que son niveau dans les produits qu'ils fabriquent d'ici à 2010. Son usage doit être éliminé en 2015 (30). Soumise à des pressions croissantes, l'industrie remplace. Le PFOS et le PFOA sont interchangés avec des produits qui appartiennent à la même famille. Au même groupe que le PFOS (sulfonates perfluoroalkyles), que le PFOA (carboxylates perfluoroalkyles), ou encore celui des télomères fluorés. Et ce, alors même que les chercheurs sont de plus en plus convaincus que le degré de contamination du globe ne peut s'expliquer que d'une seule manière : ce sont les autres perfluorés qui, en se dégradant, produiraient de telles quantités de PFOS et de PFOA. Ce processus peut aussi se dérouler au sein de l'organisme. Le polyfluoroalkyle phosphate par exemple, administré à un rat de laboratoire, est « cassé » par l'organisme de l'animal et transformé en plusieurs formes dégradées, parmi lesquelles du PFOA, qui n'était pourtant pas présent au départ (31). Toujours vendu sous ce même nom de marque, le Scotchgard a changé de composition. 3M a remplacé le PFOS par du perfluorobutanesulfonate (PFBS). Pour tous ces remplaçants, les risques pour la santé humaine et l'environnement sont inconnus. Un peu comme une surdité collective aux leçons, non pas de l'histoire, mais du présent même. La famille des perfluorés compte 175 membres. Outre le PFOS et le PFOA, 11 d'entre eux ont déjà été détectés dans des tissus humains. Et en 2004, de nombreux brevets continuaient pourtant à être accordés pour des produits utilisant le PFOS et le PFOA.

À cause de leurs propriétés uniques, les perfluorés remplissent parfois des fonctions critiques pour lesquelles il n'existe pas d'alternative. À ce jour, DuPont n'a pas trouvé de véritable alternative au PFOA. Le bon fonctionnement des trains d'atterrissage des avions repose notamment sur des huiles contenant du PFOS. Les mousses anti-feu des extincteurs sont remplis de PFOS et de PFOA. « *Vous laissez la maison brûler ou vous mettez un peu de PFOS dans la rivière ?* plaisante Christopher Lau pour caricaturer la complexité du casse-tête. *La société dans son ensemble doit se mettre d'accord à un moment donné. Les substances chimiques sont maintenant enchâssées dans notre style de vie. Voulons-nous retourner un siècle en arrière et vivre le même style de vie sans le bénéfice de ces produits chimiques ?* » Les perfluorés sont dans la nature, dans nos corps et ceux des bébés tout neufs. Mais au cas où l'on souhaiterait – pour une raison ou une autre – se séparer d'une poêle en Teflon tout en voulant prendre toutes les précautions nécessaires pour que ses particules ne se retrouvent pas un jour dans un ours polaire, ne compter sur personne. Rien n'est prévu. En France, le Teflon est un déchet comme les autres.

*****

– Type de produits pouvant contenir du PFOS :

Applications médicales : compresses, gants, masque, protection de plâtres et bandages, rideau et alèse, tenue chirurgicale. **Bureautique :** composants d'ordinateurs, formulaire, pièces électroniques, *post-it*, *toner* et encre d'imprimante. **Cosmétiques et produits d'hygiène :** lotion pour la peau et les cheveux, nettoyeur dentaire, mousse à raser, poudre cosmétique, shampoing. **Détergents :** agent anti-moisissures, antistatique, bombe imperméabilisante, cire et cirage, désinfectant, liquide vaisselle, nettoyant alcalin, nettoyeur de moquette et tapis. **Loisirs :** accumulateur de froid pour les glacières, chaussures de sport, housse de bateaux, lubrifiant pour vélo, matériel de camping (tentes), outils de jardinage, sac à dos, textile intérieur d'automobile, vêtement de ski et de golf. **Meubles et décoration :** canapé, chaise, couette, coussin, couvre-lit, housse pour meuble, fenêtre, linge de table et de lit, meuble de jardin, protège-matelas, rideau de douche, tapis, tissu d'ameublement. **Mousses d'extincteurs. Pesticides :** insecticide à usage industriel (autoroutes, chemin de fer, *pipelines*, ligne à haute tension), pièges à fourmis. **Photographie :** agent antistatique, pellicule, plaque, surfactant pour papier. **Protection des papiers :** assiette et récipient à nourriture jetables, carton, carton pliable, *container*, emballage alimentaire, emballage de pop-corn micro-ondable, sac. **Revêtements muraux :** peinture, pigment, revêtement mural en tissu. **Habillement :** bottes, chaussures, costume, fermeture Éclair, gants, sac à main, tissu, tissu technique, uniforme, vêtement de pluie, imperméable ou en cuir.

Sources : 2, 8, 29. Agence danoise de protection de l'environnement, EWG, OCDE.

– Type de produits pouvant contenir du PFOA :

Marques : Fluon, Gore-Tex, Polyflon, Teflon, Vaflon, Zonyl.

Dans les cosmétiques : « fluoro », « perfluoro » ou PFTE sur la liste des ingrédients.

Accessoires pour animaux domestiques (paniers, laisses, colliers et muselières), ampoule, bonnet, canapé, chaise, crème et gel à raser, crème et traitement anti-rides (injection sous-cutanées), emballage de *fast food* et de pizzas, emballage de médicaments, équipement et meuble de jardin, fer à friser et à défriser, fer à repasser, fil dentaire, gadget de cuisine, housse de tables à repasser, instruments chirurgicaux, lame de rasoir, lit et literie, lotion pour le corps, matériel de camping et d'extérieur, matériel d'isolation électrique, moquette, mousse anti-feu, oreiller, parapluie, partie d'avion (pièces, revêtements, extérieurs), peinture intérieure et extérieure, pesticide, poudre pressée, pièce de moteur automobile, prothèse médicale, puce d'ordinateur, revêtement de panneaux solaires, sac de voyage, sèche-cheveux, tapis, tissu d'ameublement, traitement anti-tache, ustensile de cuisine (casserole, poêle), vernis et durcisseur à ongles, verres de lunettes traités contre les rayures, vêtement pour adultes, enfants et bébés, en Gore-Tex, en cuir, vêtement de pluie.

Source : 16.

La fée du logis est un imposteur

Détergents et plastiques

Depuis qu'elle accumule des données, la zoologue Theo Colborn le voit bien : aux quatre coins du pays, quelque chose ne tourne plus rond dans le règne animal. Dans les élevages de la région du lac Michigan, les visons sont presque tous devenus stériles. Plus à l'est, près du Lac Ontario, les goélands argentés donnent naissance à des poussins sans yeux, difformes. Sur les côtes californiennes, les femelles goélands développent un penchant insolite pour le saphisme et couvent leurs œufs en couple. Plus de la moitié des alligators du lac Apopka, en Floride, sont équipés de pénis tellement sommaires que toute idée de reproduction est vouée à l'échec.

Spécialiste des animaux des Grands Lacs américains, Theo Colborn réunit obstinément, à la fin des années quatre-vingt, toute la littérature scientifique qui décrit ces anomalies inédites. C'est l'emblème des États-Unis qui a été le premier touché. Depuis les années cinquante, l'aigle pyrargue à tête blanche a la libido dans les serres. Devenus indifférents aux choses du sexe, 80 % des pyrargues sont devenus stériles. Trop fragiles pour être couvés, leurs rares œufs se brisent sous les mères. L'aigle pyrargue, Theo Colborn le sait alors, est tombé malade à cause du DDT répandu par centaines de kilolitres sur les cultures américaines jusqu'à son interdiction, en 1973. À l'intérieur des superprédateurs symboles de l'Amérique, le pesticide bloquait la synthèse de la coquille de leurs œufs. À l'approche de la décennie quatre-vingt-dix, le DDT n'est plus utilisé depuis longtemps, les adultes semblent en bonne santé, mais leurs petits ne vont pas bien du tout. Même constat chez les autres animaux contaminés par le DDT, et d'autres insecticides comme le chlordane ou la diéldrine, ou encore des PCB : tous ces polluants semblent agir à retardement. Atteintes par différentes sources de pollution, ces espèces souffrent pourtant d'un effet commun. Que ce soit les anomalies du système reproducteur ou la croissance des petits pendant la grossesse, le développement de leur organisme est altéré. Dans les deux cas, les hormones jouent un rôle crucial. Or le DDT agit sur le système hormonal de plusieurs espèces. Et si ces produits chimiques parasitaient le système hormonal de tous ces animaux, et peut-être aussi celui des hommes ? se demande Theo Colborn soudain saisie d'une sensation eurêka au milieu de ses dossiers d'archives (1).

Unusual suspects

À la même époque, à l'école de médecine de l'Université de Tuffs, près de Boston, il se passe des choses étranges dans le laboratoire d'Ana Soto et Carlos Sonnenschein. Les deux scientifiques mènent des recherches complexes et avant-gardistes sur les mécanismes du cancer, en particulier ceux du cancer du sein. En ce jour de 1987, ils se livrent à une manipulation de routine. Dans leurs coupelles de laboratoire, ils préparent plusieurs échantillons de cellules cancéreuses issues de tumeurs du sein. Certaines sont mises en contact avec des doses plus ou moins élevées d'une hormone naturelle du corps humain, l'œstrogène, qui provoque la multiplication des cellules cancéreuses. Des échantillons témoins, prévus pour comparer les différences, ne contiennent pas d'œstrogènes. Quelques jours plus tard, quand Ana Soto et Carlos Sonnenschein se penchent à nouveau sur elles, les coupelles sont envahies de cellules qui se sont multipliées partout, y compris dans les échantillons témoins. Les cultures de cellules étant des opérations délicates, une erreur de manipulation a pu contaminer toutes les cultures. Ils supposent donc que des œstrogènes se sont retrouvés par erreur ou par négligence dans les échantillons témoins. Ils recommencent. La même chose se reproduit. Et encore, et encore. Ils ne comprennent rien. Pendant des mois, les deux chercheurs passent en revue toutes les hypothèses imaginables dans ce genre de situation. Mais l'air n'est pas contaminé, les coupelles sont bien lavées. Rien ne colle.

À court d'idée, et alors qu'ils utilisent le même matériel de laboratoire depuis des années, ils se servent de coupelles neuves achetées à un autre fournisseur. Et là, plus rien. Cela veut dire que quelque chose dans le plastique même du matériel est capable d'avoir le même effet que l'œstrogène. Ils s'adressent alors au fournisseur du matériel qui leur explique que la composition du plastique a été modifiée. Les codes des produits sont identiques, mais un autre type de résine est désormais utilisé. « *Secret de fabrication* » leur réplique-t-on quand ils demandent le nom du nouveau composant. À la fin de 1989, au prix de plus de deux ans de travail laborieux, ils parviennent enfin à identifier le responsable : le p-nonylphénol, membre de la famille des alkylphénols. En fait, Ana Soto et Carlos Sonnenschein viennent ni plus ni moins d'établir qu'un constituant du plastique peut agir comme une hormone du corps humain. Soit, en d'autres termes, que le plastique n'est pas une matière inerte, mais qu'il peut exercer une action biologique sur des cellules vivantes. Et donc, potentiellement, sur des organismes (1).

Comme chaque année, Ana Soto présente les résultats de leurs recherches, financées par l'Agence de protection de l'environnement américaine (EPA), devant un aréopage de scientifiques. À la fin de la réunion, une femme vient l'aborder. « *J'ai une amie qui va être très intéressée par vos travaux* » lui dit-elle. Quelques jours plus tard, elle reçoit un coup de fil de Theo Colborn. Ce qu'Ana Soto appelle « *l'incident* » va devenir une pièce maîtresse dans le grand puzzle dont Theo Colborn a réuni les morceaux au cours de ses années de recherche têtue. En juillet 1991, la zoologue réunit au centre de conférence de Wingspread, dans le Wisconsin, des spécialistes issus de domaines très divers. Il y a là John McLachlan qui étudie le développement du fœtus, Earl Gray, un toxicologue de l'EPA, Fred vom Saal, un endocrinologue qui observe l'influence des hormones sur le développement des souris, des zoologues, des anthropologues, des spécialistes de l'immunité, de la reproduction. *« Nous ne savions pas vraiment comment tout cela allait s'imbriquer. Et quand nous nous sommes tous retrouvés ensemble »* raconte Ana Soto qui se souvient de la conférence comme d'un *« moment très important »* de sa vie, *« nous avons immédiatement compris l'importance du sujet pour l'environnement et la santé humaine »*. Le constat des chercheurs a des implications possiblement dramatiques. Le p-nonylphénol contenu dans les plastiques n'est pas comme le DDT qui décime les populations d'aigles et de goélands, ou les insecticides qui ravagent les autres espèces animales. Il ne contient pas de chlore. Ce n'est pas un pesticide. Et surtout, il n'est pas interdit. Combien sont-ils, comme lui, disséminés dans la nature et dans les produits d'usage courant ? Combien de substances chimiques libérées dans l'environnement ont-elles la capacité d'interagir avec le système hormonal des êtres vivants ? Quelles conséquences si les hormones sont bousculées à des moments cruciaux comme le développement du fœtus ? Dans quelle mesure les êtres humains sont-ils exposés à ces perturbateurs hormonaux ?

Le système hormonal ou endocrinien est un réseau extrêmement complexe qui régule un grand nombre de fonctions à travers le corps. Il est constitué de plusieurs organes et glandes : l'hypothalamus et l'hypophyse dans le cerveau, la thyroïde dans la gorge, le pancréas dans l'abdomen, les surrénales qui coiffent les reins, et les organes sexuels, ovaires chez les femmes, testicules chez les hommes. Ces glandes envoient des informations à différents points du corps en sécrétant des messagers qui circulent dans le sang en infimes mais efficaces quantités, les hormones.

Quand elles parviennent à leur destination, les hormones s'emboîtent dans des récepteurs situés à la surface des cellules. Elles déclenchent alors une transmission de signaux qui modulent le fonctionnement des organes ciblés. C'est notamment par le biais des hormones que le corps gère des fonctions aussi variées que la reproduction, l'immunité, le comportement, la croissance et le développement, tout comme ses dépenses en énergie ou sa gestion du stress. Par exemple, le pancréas libère de l'insuline, l'hormone qui régule les taux de glucose dans le sang. La perturbation de ce réseau peut provoquer un diabète.

Les substances chimiques qui inquiètent les chercheurs réunis à Wingspread sont capables de s'introduire dans ce système en se faisant passer pour des hormones naturelles. Le corps confond ces imposteurs avec ses propres hormones. Ils peuvent donc interférer dans son système de communication et en parasiter le fonctionnement, d'où leur nom de « perturbateurs endocriniens ». Certains imitent les hormones naturelles : ils sont capables de s'amarrer à leurs récepteurs et de donner les mêmes instructions ou d'exagérer l'importance du message. D'autres se fixent sur les récepteurs mais bloquent le passage des hormones naturelles et les empêchent d'agir comme elles le devraient. Par d'autres biais, les imposteurs de l'intime peuvent jouer sur la sécrétion des hormones, leur transport ou même leur élimination. Tous ces différents modes d'action ont pour résultat une modification de la concentration d'hormones dans le corps. Or, en temps normal, les hormones ne sont pas envoyées dans le sang au petit bonheur la chance. Immiscés au cœur de manœuvres sophistiquées, où la notion de moment est cruciale, les perturbateurs endocriniens jouent sur le système hormonal avec autant de subtilité qu'un xylophoniste en moufles exécutant une suite de Bach. À Wingspread, les scientifiques décident d'interpeller leurs confrères, les autorités et l'opinion. *« De nombreux composés libérés dans l'environnement par les activités humaines sont capables de dérégler le système endocrinien des animaux, y compris l'homme. Les conséquences de tels dérèglements peuvent être graves, en raison du rôle de premier plan que les hormones jouent dans le développement de l'organisme »* écrivent-ils en préambule d'une longue déclaration. En ce début des années quatre-vingt-dix, les perturbateurs endocriniens s'annoncent comme un danger inédit mais aussi comme un champ de recherche presque vierge.

Dans les pays anglo-américains, les questionnements de Wingspread reçoivent beaucoup d'attention. En 1993, le Congrès américain auditionne Theo Colborn, John McLachlan, Ana Soto et Louis Guillette, spécialiste des alligators de Floride. L'EPA met en place des groupes de travail sur les perturbateurs endocriniens en 1995. L'année suivante, le Congrès amende les réglementations sur la nourriture et l'eau potable et demande à l'EPA de les tester pour la présence de perturbateurs endocriniens. En Europe, des auditions très médiatisées ont lieu à la Chambre des représentants en Grande-Bretagne, mais aussi à la Commission de Bruxelles. Auteur d'un rapport sur la question en 1997, le Parlement européen adopte en octobre 1998 une résolution demandant à la Commission de prendre des mesures spécifiques *« visant en particulier à améliorer le cadre législatif, à renforcer les efforts de recherche et à informer la population »*. Dès lors, une « stratégie communautaire » est mise en place au sein de l'Union européenne. En 1999, le comité scientifique de la toxicité, de l'écotoxicité et de l'environnement (CSTEE) de la Commission reconnaît l'existence de troubles de la reproduction et du développement chez de nombreuses espèces animales. Troubles qu'il impute à une exposition à des substances chimiques (2).

Avec deux coauteurs, Theo Colborn publie en 1996 *Our Stolen Future*, un livre remarquable qui vulgarise avec brio toute la problématique et frappe fortement l'opinion publique américaine. Il est préfacé par Al Gore, alors vice-président des États-Unis. En France, les enjeux soulevés dans le livre semblent n'intéresser aucun éditeur de premier plan et c'est une petite maison écologiste, Terre Vivante, qui publie l'ouvrage en 1997. *Our Stolen Future,* littéralement traduit, signifie « *Notre avenir confisqué* ». Il a pour sous-titre dans sa version originale « *Sommes-nous en train de mettre en danger notre fertilité, notre intelligence et notre survie ? Un polar scientifique.* » En France, Terre Vivante choisit le titre « *L'homme en voie de disparition ?* » Le livre ne suscite qu'un long silence. « *Ici, c'est le monde aveugle,* regrette Ana Soto, alors de passage à Paris. *Je viens de parler aujourd'hui avec un de mes collègues* [français] *et personne ne sait rien ici, même les scientifiques !* » Pays que le nuage radioactif de Tchernobyl n'a osé survoler, la France est visiblement avide d'explorer à fond le concept des guerres de retard en matière de santé publique. En 2005, l'Assemblée nationale considérait encore le concept de perturbateur endocrinien « *particulièrement flou* » (3). Combien de Français ont-ils entendu parler des perturbateurs endocriniens, tandis qu'ils font régulièrement la une des quotidiens américains ou danois ?

Depuis les années quatre-vingt-dix pourtant, ils sont encadrés par une définition officielle : « *Un perturbateur endocrinien est une substance ou un mélange exogène altérant les fonctions du système endocrinien et induisant donc des effets nocifs sur la santé d'un organisme intact, de ses descendants ou (sous) populations* » (4). Pour les 100 000 produits chimiques présents sur le marché, combien de perturbateurs endocriniens ? L'écrasante majorité d'entre eux n'ayant jamais été testée, la direction Environnement de l'Union européenne a demandé à différents bureaux d'experts de dresser une liste de candidats. En mai 2007, ils en recensaient 565. Dans la catégorie 1, 194 substances ont montré une action endocrinienne dans au moins une étude *in vivo* (sur un animal de laboratoire) ; dans la catégorie 2, 125 ont montré le même potentiel *in vitro* (sur des cellules dans un tube à essais). Mais la liste officielle n'a toujours pas été validée. Le processus est très en retard sur les travaux menés dans les laboratoires à travers le monde. « *Nous ignorons combien de substances chimiques présentes dans l'environnement possèdent une activité hormonale ou anti-hormonale,* explique Fred vom Saal, professeur d'endocrinologie et biologiste du développement à l'Université du Missouri. *Mais toute substance qui peut agir comme le ferait une hormone peut potentiellement montrer cet effet. Au moment même où je vous parle, certains estiment qu'un millier de substances peuvent posséder ces propriétés. Mais il s'agit d'une estimation parce que très peu de ces produits ont été testés.* » L'expert japonais Taisen Igushi évoque, lui, le chiffre de 2 000 substances soupçonnées de posséder les caractéristiques de perturbateurs endocriniens. Parmi eux, une pléthore de pesticides, des métaux lourds, les PCB, les dioxines, des substances contenues dans un grand nombre de produits de consommation courante, notamment dans certaines matières plastiques comme les phtalates, le bisphénol-A. Et, donc, les alkylphénols, qui imitent les œstrogènes. On les appelle ainsi des xenoœstrogènes, du grec *xenos* – étranger.

Priscilla, folle des rivières

Comme bien des familles de produits chimiques, celle des alkylphénols est un peu compliquée. On y trouve l'octylphénol qui sert surtout comme intermédiaire dans la fabrication de résines et de formaldéhyde, aux applications très diverses : pneus de voiture, vernis d'isolation électrique, encre d'impression, peintures. Il sert aussi, tel quel, dans les pesticides, les textiles et les cuirs, les peintures à base d'eau. Le nonylphénol (NP) et ses éthoxylates nonylphénoliques (NPE) ont des propriétés émulsifiantes et servent comme agents de dispersion et agents tensioactifs, tout particulièrement dans les pesticides et les détergents qui, non contents de représenter l'une, sinon la principale, source de polluants de l'air intérieur, contiennent une foultitude de substances chimiques. Le nonylphénol et ses dérivés sont aussi incorporés dans les plastiques (comme le matériel de laboratoire d'Ana Soto et Carlos Sonnenschein), les cuirs, et les produits cosmétiques et d'hygiène comme l'*eyeliner*, la mousse à raser ou encore les spermicides qui enduisent les préservatifs (5). Perturbateurs endocriniens, persistants dans l'environnement, bioaccumulables, l'octylphénol et le nonylphénol ont tendance à s'installer dans les sols, les sédiments et surtout dans l'eau. Le nonylphénol est très toxique pour les organismes aquatiques. Les éthoxylates nonylphénoliques, eux, se dégradent dans l'environnement… mais se transforment alors en nonylphénol (6).

Les cours d'eau, de nos jours, sont de véritables superettes. On y trouve des anti-douleurs, du parfum, de la caféine, des contraceptifs féminins. Soixante-dix pourcent des cours d'eau testés en 2002 par une agence fédérale américaine contenaient des produits de dégradation de détergents ménagers (7). Une grande partie des alkylphénols fait son chemin jusqu'à l'eau des rivières depuis les siphons et les chasses d'eau de monsieur et madame tout-le-monde, utilisateurs de détergents, de peintures ou de pesticides qui en contiennent. Près de 65 % des alkylphénols réchappent de leur passage à travers les filtres des stations d'épuration (8). Et, dans les rivières d'Amérique, du Canada, du Japon, d'Europe, faisant trempette dans un court-bouillon d'œstrogènes, les poissons changent de sexe. De l'extérieur, l'œil avisé reconnaît immédiatement un mâle avec tout ce qu'il faut chez ce gardon anglais. Mais en son for intérieur, ledit mâle produit à gros rendement de la vitellogénine, une protéine normalement fabriquée par les femelles pour les œufs. Ni faits ni à faire, ses testicules sont à moitié des ovaires. Ses spermatozoïdes sont moins mobiles, moins nombreux, moins efficaces. Plongé en eaux véritablement propres, le malgré-nous du transgenre finit par réduire sa production de vitellogénine, mais garde ses semi-ovaires pour la vie. En Angleterre et au Pays de Galles, tout a commencé dans les années quatre-vingt-dix avec les gardons, puis le phénomène a touché les gougeons, les daurades, les carpes et une espèce d'esturgeon. Au début focalisés sur quelques points en aval de stations d'épuration, les contrôles se sont étendus et ont relevé qu'un tiers des poissons mâles sont atteints au plus profond de leur virilité. La « féminisation » des poissons est désormais jugée suffisamment grave pour que l'Agence britannique de l'environnement décide de mettre en œuvre une stratégie de gestion de risque. Comme les pics de ces phénomènes sont corrélés avec la proportion de composants œstrogéniques, les perturbateurs endocriniens sont jugés responsables du problème. Encore faut-il identifier lesquels.

Il semblerait que la seule présence, en de fortes concentrations, d'hormones féminines naturelles d'origine humaine, comme le très puissant œstradiol, suffisent à expliquer le changement de sexe des poissons. L'Agence britannique de l'environnement estime cependant que les perturbateurs endocriniens d'origine chimique jouent aussi un rôle, que ce soit en exerçant une action œstrogénique ou en gênant les hormones masculines. Même si, dans les cours d'eau anglais, les concentrations de nonylphénol sont généralement très faibles (entre 1 et 3 µg/l), l'agence pense qu'il est l'un des responsables. Dans les publications scientifiques qui encadrent ces « mâles » de guillemets, les phénomènes de féminisation sont proportionnels à la durée d'exposition au nonylphénol. D'autre part, les chercheurs observent que les effets de l'œstradiol – l'hormone naturelle – et du nonylphénol se cumulent dans les poissons. Ces études montrent aussi qu'une exposition à ces substances pendant les premiers stades de la vie a des effets permanents. Aujourd'hui, la féminisation menace la reproduction et la survie de plusieurs espèces de poissons et de mollusques (9).

Les soucis génitaux des poissons ne peinaient certainement qu'une frange minoritaire de l'opinion, mais les autorités ne pouvaient décemment pas rester les bras ballants face à des dégâts d'une telle ampleur. À partir des années deux mille, un début de réglementation commence à s'imposer aux alkylphénols.

Premier concerné en tant que guetteur des menaces aquatiques, l'OSPAR inscrit dès 1998 le nonylphénol sur sa liste des produits chimiques devant faire l'objet de mesures prioritaires. En 2000, l'octylphénol le suit de près. Dès 1992 en fait, l'OSPAR avait exigé l'abandon total des éthoxylates nonylphénoliques dans les détergents à usage particulier (avant 1995) et industriel (à l'horizon 2000) (10). Mais en Europe, l'industrie prend le chemin de ce qu'on appelle un abandon « volontaire » pour les supprimer des détergents domestiques avant... 2000. La recommandation de l'OSPAR était manifestement restée lettre morte. Plus tendre, l'Union européenne adopte en 2000 une directive cadre sur l'eau qui entraîne le classement du nonylphénol comme substance dangereuse : ses rejets, émissions et pertes doivent être supprimés, dans un délai de 20 ans. Le nonylphénol et les éthoxylates nonylphénoliques font l'objet d'un rapport d'évaluation des risques de la Commission en 2002. En 2003, finalement, une directive inscrit ces deux derniers comme substances dangereuses et en interdit plusieurs utilisations dès janvier 2005. Dans les détergents d'abord, quels qu'ils soient (à usage domestique, industriel, institutionnel), pour le traitement des textiles et cuirs, dans les cosmétiques (les spermicides sont exemptés) ou encore dans les pesticides (mais pas tous : certains en contiendront jusqu'en 2015) (11). De son côté, la Grande-Bretagne s'arrange avec les fabricants d'alkylphénols en général, de détergents en particulier, pour qu'ils prennent l'initiative « volontaire » de retirer ces substances de leurs produits. Aux États-Unis, les alkylphénols ne sont pas réglementés, mais de gros groupes industriels comme Procter & Gamble, Unilever et Wal-Mart cessent également de les utiliser. Le Canada exerce un contrôle drastique sur les produits qui en contiennent.

Autant de dispositions qui ne transportent pas d'allégresse l'industrie. L'association des industriels du secteur, le Conseil européen des phénols alkylés et dérivés (CEPAD), regrette en toute simplicité que l'Europe n'ait pas plutôt choisi d'équiper les dizaines de milliers de stations d'épuration du matériel adéquat afin de débarrasser l'eau de sa pollution. Un choix qui aurait pu leur *« épargner les coûts considérables »* que représente la recherche de produits de remplacement pour éthoxylates nonylphénoliques dans *« une myriade de formulations et d'applications »*. En outre, le CEPAD est chagriné de la disparition de *« la liberté de choix dans les détergents pour les utilisateurs »*. Comme si les consommateurs avaient effectivement la liberté de choisir ces produits en véritable connaissance de cause. Un rapport d'évaluation de risques est en cours de rédaction pour l'octylphénol, encore vierge de toute mise au ban réglementaire. Selon les données fournies par l'industrie, il était produit en Europe à hauteur de 17 520 tonnes en 1997, mais atteignait presque 23 000 tonnes en 2001. En 1997, l'Europe produisait 73 500 tonnes de nonylphénol, et 76 600 tonnes d'éthoxylates nonylphénoliques y étaient consommées. Des chiffres quelque peu périmés qui ne reflètent pas l'impact des restrictions imposées par l'UE. Mais au CEPAD, on répond que *« les données, soit n'existent pas, soit sont confidentielles »*. Peut-on au moins avoir une estimation, une tendance ? *« Regardez sur internet. Il y a plein de choses sur Internet »* répond sèchement Joël Wilmot qui ne dissimule pas son impatience à interrompre la communication au plus vite. Cette étrange et récurrente attitude de la part des industriels cristallise tout naturellement les critiques des organisations écologistes. « *Il vaut mieux supprimer le savoir pour couper l'herbe sous le pied à toute organisation sérieuse. Voilà leur logique : qui a la connaissance a le pouvoir. Ils sont jaloux de cette information* » assure Yannick Vicaire, en charge du dossier des substances chimiques à Greenpeace France. L'industrie semble ne pas comprendre que ces manières secrètes ne font que susciter davantage de curiosité et de doutes sur la réelle application des mesures de restriction. Or, il semblerait qu'elle n'ait pas fait preuve d'une grande promptitude pour supprimer les alkylphénols des détergents industriels, en France au moins. Ils seraient même encore couramment utilisés en dépit d'une interdiction effective depuis 2005. C'est ce que révèlent des fabricants de produits de nettoyage. C'est ce que trahit « *leur présence généralisée dans les ressources en eau* » mesurée par les agences de l'eau, y compris dans les eaux de surface en région parisienne. C'est ce que montrent les importantes concentrations relevées dans les rejets des industries agroalimentaires en Champagne-Ardenne. Selon l'Institut national de l'environnement industriel et des risques (INERIS), en dépit de la législation, « *les éthoxylates de nonylphénol sont en théorie présents dans les produits de nettoyage domestique, de véhicules et des produits cosmétiques.* [...] *Normalement, les produits pour particuliers fabriqués dans l'Union européenne ne devraient plus contenir de nonylphénol à l'horizon 2015.* » Il semble bien loin, cet horizon. D'autant que les produits d'importation ne sont concernés par aucune de ces mesures.

Une bonne leçon

La plupart des expériences menées en laboratoire sur les alkylphénols se sont canalisées sur les poissons et les mollusques. Il n'existe aucune donnée sur l'être humain. La science en est encore au stade des premières constatations du degré d'exposition de la population. Mais l'usage des alkylphénols est tellement répandu que le potentiel est élevé. En 2003, l'équipe de Klaus Guenther l'a constaté en allant au supermarché du coin remplir un chariot. Sur sa liste de courses, des aliments correspondant au menu ordinaire des Allemands. Épinards, yaourts aux fruits, œufs, thon, lait, gelée de groseilles, purée de carottes pour bébés… : rien de très original dans les 60 aliments qu'ils achètent, si ce n'est qu'ils contiennent tous, sans exception, un peu de nonylphénol. Que les produits soient gras ou non, ils renferment entre 0,1 et 19,4 µg/kg de nonylphénol, avec 1,6 µg/kg dans le pain de mie ou 14,4 µg/kg dans le beurre, avec un maximum de 19,4 µg/kg… dans les pommes. À moins d'une spécificité allemande, il semble foncièrement impossible de ne pas manger de nonylphénol. Un adulte allemand en consommerait en moyenne 7,5 µg par jour, et les bébés allemands 1,4 µg. Bien moins s'ils sont nourris au sein pendant leurs premiers mois de vie (0,2 µg). Car il y en a jusque dans le lait maternel. Les chercheurs n'ont aucune explication sur la provenance de ce nonylphénol. Ils en sont réduits aux supputations : les emballages alimentaires en plastique peut-être, ou alors des résidus de pesticides sur les fruits et légumes (13). Greenpeace en a débusqué dans des vêtements pour enfants fabriqués par Disney. Vendue sous forme de tee-shirt au Canada, la petite sirène en contenait 34,1 mg/kg, et Minnie 1 700 mg par kilogramme de pyjama autrichien (14). C'est *grosso modo* tout ce que l'on sait de l'exposition humaine aux alkylphénols. Tout, à cela près que les alkylphénols ont aussi fait leur chemin jusqu'au sang de la population. À ce jour, seuls les Centers for Disease Control (CDC) américains se sont penchés sur la question. En 2005, sur une population de 394 adultes, le 4-nonylphenol était détecté dans 51 % des échantillons à une concentration moyenne de 0,1 µg/l. Antonia Calafat, une des auteures de l'étude, note cependant que ces mesures sous-estiment la véritable concentration. Seulement 10 % du nonylphénol absorbé est excrété dans les urines. Où est le reste ? Oxydé par l'organisme, le nonylphénol se transforme en différents produits aujourd'hui mal identifiés. Ils ne sont donc pas comptabilisés dans la charge totale (15). Pour la Commission européenne, même si *« les effets de l'exposition au nonylphénol n'ont pas été évalués chez les humains »*, l'exposition aux alkylphénols ne présente aucun risque pour la population et ne demande *« aucune autre mesure que celles déjà prises »*.

« Le nonylphénol et les autres alkylphénols sont utilisés depuis plus de 40 ans sans qu'aucun effet secondaire sur la santé humaine n'ait été mis en évidence » affirme l'industrie. Les chercheurs, eux, pensent que l'on ne trouve que ce que l'on cherche. Ils estiment que les possibles effets des perturbateurs endocriniens sont difficiles à discerner dans la population. En réunir les preuves est une tâche complexe. Les exemples de maladies que l'on peut directement et facilement relier à une exposition chimique sont rares, explique le Pr Vyvyan Howard, de l'Université d'Ulster. *« Si l'on pense aux maladies pour lesquelles il existe la preuve directe d'une exposition, nous avons l'amiante, qui cause une tumeur très rare. Nous avons*

la Thalidomide, qui provoquait un problème très rare : elle atrophiait les membres. Et il existait un historique d'exposition dans le dossier médical des mères. Parce que les médecins commençaient à voir cette affection très rare en grand nombre, ils se sont dit : "Bon sang, que se passe-t-il ?" Et quand quelqu'un s'est demandé si cela pouvait être la Thalidomide, ils ont pu consulter le dossier médical des mères et voir qu'elles en avaient toutes pris. » Mais il y a aussi ce précédent tragique, il concerne un œstrogène chimique qui plus est. L'histoire est connue, c'est celle du distilbène.

En 1947, les médecins se mettent à prescrire aux femmes à grossesse difficile la première hormone artificielle synthétisée en laboratoire : le diéthylstilbestrol (DES), plus connu sous le nom de distilbène. Au fil des années, la prescription de cet œstrogène de synthèse se généralise. Le distilbène devient une sorte de vitamine de la grossesse épanouie, de dopant pour super bébés, de remède magique contre les montées de lait ou même l'acné. Personne ne sait vraiment combien de femmes ont pris du distilbène dans le monde. « *Au moins 2 millions,* estime Shanna Swan, chercheuse au département d'obstétrique et de gynécologie à l'Université de Rochester, aux États-Unis, *certainement moins de 6 millions.* » Le chiffre de 5 millions semble recueillir un certain consensus. Dès 1952 pourtant, des travaux avaient démontré son inefficacité pour prévenir les fausses couches. Depuis 1963, des animaux exposés au distilbène développaient des cancers dans les laboratoires. Le distilbène a pourtant continué d'être prescrit. À la fin des années soixante, des médecins de l'hôpital général du Massachusetts reçoivent en consultation de très jeunes femmes. Âgées de 14 à 22 ans, elles souffrent d'une forme de cancer du vagin d'ordinaire rarissime. En se plongeant dans le dossier médical de leurs mères, les médecins comprennent. C'est la prise de distilbène par leurs mères pendant la grossesse qui est responsable de leurs cancers. Dans un article publié en 1971 dans le grand *New England Journal of Medicine*, les médecins établissent un lien formel entre l'œstrogène artificiel et les cancers du vagin de ces jeunes femmes (16). En France, commercialisé sous les noms de Stilboestrol, Cycladiène et Distilbène, le médicament miracle ne sera contre-indiqué pour les femmes enceintes que six ans plus tard.

Pour les scientifiques qui enquêtent sur les effets des perturbateurs endocriniens, la catastrophe du distilbène est une référence. Peut-on pour autant parler du distilbène comme d'un modèle d'exposition à un xénoœstrogène à grande échelle ? « *Oui, c'est une excellente manière de le formuler,* dit Shanna Swan. *On peut aussi dire qu'il s'agit d'un archétype de perturbateur endocrinien et ce, pour plusieurs raisons. Il a causé de terribles dommages au fœtus, mais rien à la mère : il a donc démontré la sensibilité du fœtus. Mais il a aussi révélé l'importance d'une période critique.* » En effet, seules les jeunes femmes exposées au distilbène pendant la première moitié de la grossesse ont développé des cancers du vagin. « *Ce qui conduit à la problématique des origines fœtales des maladies adultes. Il s'agissait d'expositions fœtales dont l'impact ne s'est manifesté de façon évidente que 20 ans plus tard. C'est aujourd'hui un modèle que nous étudions pour comprendre la perturbation endocrinienne.* » Les chercheurs pensent que les perturbateurs hormonaux sont en train d'empoisonner l'espèce humaine de manière plus discrète que le distilbène. « *Les choses qui nous inquiètent sont plutôt ordinaires,* poursuit Vyvyan Howard. *Les médecins voient des cancers, des maladies auto-immunes, des maladies neurodégénératives toute la journée tous les jours. S'il y a une légère augmentation dans la population, personne ne pourra la discerner. À moins que quelqu'un ne se présente avec une maladie qui est très rare.* »

Les sceptiques avancent que les perturbateurs endocriniens sont une cause sans maladie ; des responsables potentiels, sans affection à nommer, sans conséquences visibles à pointer. « *L'hypothèse est bonne, mais il n'y a pas le problème* » disent-ils (17). Les scientifiques, eux, ne cherchent pas des effets massifs et quasi immédiats, comme cela arrive dans le cas d'une intoxication aiguë à un produit. Ils essaient de distinguer des altérations subtiles qui peuvent prendre beaucoup de temps à se manifester : 20 ans, une, parfois deux générations. Comme chez les animaux sauvages empoisonnés par le DDT. L'argument pivot des critiques pour rejeter tout risque potentiel des perturbateurs endocriniens tient dans cette phrase : les doses sont infimes. Elles n'ont rien à voir avec les doses de distilbène auxquelles les bébés ont été exposés. Elles ne sont pas présentes dans des quantités qui pourraient être toxiques pour l'homme. Les industriels des alkylphénols font remarquer que la dose journalière maximum estimée dans l'évaluation de risque de l'Union européenne est très inférieure aux doses nocives pour les animaux. Mais de toute façon, l'industrie n'est pas d'accord avec l'idée même : « *Le nonylphénol n'est pas un perturbateur endocrinien* » affirme le CEPAD avec aplomb.

Certes, la raison d'être de l'industrie chimique n'est pas de se laisser chiffonner avec des soucis de santé publique, mais de pratiquer une activité dénommée commerce. Les industriels tiennent donc les rangs serrés derrière ce qu'ils estiment être les règles de base de la toxicologie. S'il n'y a pas d'effet visible et immédiat, c'est qu'il n'y a pas de problème. Ils feignent d'ignorer que la science prend du temps, en particulier quand le domaine vient de s'inventer. Avec les perturbateurs endocriniens, ce sont de nouvelles notions, complexes, difficiles à établir qui ont vu le jour. À notre insu, des dizaines, peut-être des centaines d'entre eux partagent notre vie quotidienne, dans la nourriture, l'eau, les objets. Ils sont partout dans l'air et les poussières des maisons. À Cape Cod, aux États-Unis, 120 maisons ont été passées au crible lors d'une étude unique en son genre. Sur 89 perturbateurs endocriniens, 52 ont été retrouvés dans l'air, 66 dans la poussière. Chaque maison en contenait entre 13 et 28 dans l'air, et entre 6 et 42 dans la poussière. Pour beaucoup d'entre eux, c'était la première fois qu'on les détectait dans un environnement différent de leurs objets d'origine. Parmi ceux que l'on retrouvait partout : le 4-nonylphenol (18). Alors pour les chercheurs, la question n'est pas aujourd'hui d'établir la réalité de la perturbation endocrinienne. Mais de savoir si elle peut se révéler nocive pour la population. Il n'existe pas, pour le coup, de dossier médical à éplucher pour y trouver les réponses. Mais un nombre croissant de scientifiques estiment que les effets sont probablement déjà là, dans la foule. Il faut seulement apprendre à les distinguer.

*****

Type de produits pouvant contenir des alkylphénols :

– Octylphénol

Agent d'adhérence dans le caoutchouc des pneumatiques (Michelin en utilisait toujours en 2006, selon l'INERIS), détergent industriel (pour les magasins et grandes surfaces par exemple), encres d'imprimerie, peinture, pesticide, textile, vernis d'isolation électrique.

– Nonylphénol et éthoxylates nonylphénoliques :

Cuirs, détergents domestiques et industriels, démêlant, produits et teintures pour cheveux, *eyeliner*, huile de bain, matériel destiné au contact alimentaire, mousse à raser, pesticide, plastique, préparations pharmaceutiques, préservatif, produits d'hygiène, PVC (par exemple : tuyaux d'acheminement des eaux), spermicide, textiles, tonique.

Sources : 1, 5, 6, 10.

Les bourses et la vie

Pesticides

Conçu comme gaz de combat pour les tranchées de la Première Guerre mondiale. Révélé comme insecticide au tout début des années quarante. Saupoudré sur les soldats de la Seconde Guerre mondiale et les survivants des camps de concentration mangés par le typhus et les poux. Déversé à hauteur de 3 millions de tonnes sur les cultures et les hommes. Responsable du grave déclin de populations entières d'oiseaux. Interdit dans les années soixante-dix. Inscrit sur la liste des produits organiques persistants de Stockholm en 2001. Stocké dans les eaux et les glaces pour encore plusieurs décennies. Aujourd'hui très certainement sous une forme dégradée dans le corps de toute personne âgée de plus de 20 ans. Triste généalogie que celle du DDT [1].

[1] DDT est l'abréviation de dichlorodiphényltrichloroéthane.

Et cela aurait sans doute été pire sans la vigilance d'une femme curieuse, pionnière de l'écologie, Rachel Carson. En 1962, cette journaliste touche-à-tout, collaboratrice du *New Yorker*, publiait aux États-Unis *Printemps silencieux*, un livre qui dénonçait les effets dramatiques du DDT sur la faune sauvage – fragilisation des coquilles d'œufs chez les oiseaux, stérilité, disparition progressive de certaines espèces – et posait la question des possibles conséquences pour l'homme (1). Rapidement best-seller, le livre eut une profonde influence. Il suscita la première prise de conscience collective sur les dangers des produits chimiques de synthèse, donna naissance aux mouvements écologistes américains, entraîna l'interdiction du DDT aux États-Unis en 1973 et en Europe dans le courant des années soixante-dix. *Printemps silencieux* est à la cause environnementale ce que *La Case de l'Oncle Tom* d'Harriet E. Beecher-Stowe fut pour le mouvement abolitionniste au XIXe siècle, estime l'Agence américaine de protection de l'environnement (EPA) créée dans son sillage, fin 1970. La question ne fait plus débat : en piratant leur système hormonal et en badinant avec leurs taux d'œstrogènes, le DDT a stérilisé jusqu'aux symboles de l'Amérique. Le DDT a plusieurs centaines de petits frères pesticides, certains capables des mêmes méfaits. Or, comme les oiseaux, l'homme du XXIe siècle n'est pas vraiment à la pointe de la perpétuation de l'espèce.

La panne sèche

C'est une photographie parmi d'autres, à l'abri, derrière une vitrine, des miasmes des patients. On y voit un homme mûr, dans une pose théâtrale, sourire à six mioches au cheveu encore rare, vêtus de simples couches. Adoubé « gardien de la fertilité » sur la légende, élevé au rang de semi-dieu dans cette représentation sans doute unique de l'école du kitsch danois, Niels Skakkebaek est pourtant un chercheur tout ce qu'il y a de plus sobre. Il dirige les recherches du département Croissance et Reproduction du Rigshospitalet de Copenhague dont la réputation dépasse depuis longtemps les frontières du Danemark. Au début des années quatre-vingt-dix, il entreprend avec son équipe de réunir toutes les statistiques disponibles dans le monde sur la fertilité masculine. Lors de cette analyse rétrospective, 61 études publiées entre 1938 et 1991 et portant sur près de 15 000 hommes sont passées au crible. Effarés, les chercheurs constatent que le nombre de spermatozoïdes a connu une dégringolade moyenne de 45 % en un demi-siècle, passant de 113 millions à 66 millions par millilitre de sperme. Le volume de sperme éjaculé (ou éjaculat – tout a un nom) lui, a diminué de 25 %. Comme si cela ne suffisait pas, les spermatozoïdes qu'ils observent au microscope sont dignes d'un cabinet de curiosités. *« Nous avons été étonnés qu'autant d'hommes infertiles, et même fertiles, aient une telle quantité de spermatozoïdes anormaux, en comparaison avec les animaux, où l'on voit souvent 90 à 99 % de spermatozoïdes normaux »* se souvient-il. Tous les paramètres réunis, les chercheurs danois concluent que le nombre total de spermatozoïdes a baissé de moitié depuis 1940 (2). En 1992, ce constat est accueilli avec le plus grand scepticisme dans une partie de la communauté scientifique qui critique la méthode de l'étude, ses critères et met en avant des biais d'analyse. Aussitôt, trois équipes indépendantes décident de la répliquer. Elles parviennent exactement aux mêmes conclusions. L'une d'entre elles concerne 1 351 Parisiens. Chez eux, la concentration de spermatozoïdes a chuté de 2,1 % par an. Un homme de 30 ans, dans la fleur de l'âge de la reproduction, produisait 102 millions de spermatozoïdes par millilitre de sperme en 1975. Seulement 51 millions en 1992. L'équipe de Jacques Auger constate aussi une dégradation des spermatozoïdes eux-mêmes. Affublés de doubles têtes, doubles queues et parfois ni l'un ni l'autre, les petits champions ressemblent plutôt à des gueules cassées (3). Depuis, il a bien fallu se rendre à l'évidence : c'est marée basse dans les bourses du monde moderne.

Parallèlement, dans certains pays industrialisés, les niveaux de fertilité sont tombés tellement bas qu'ils se situent bien en dessous du taux de remplacement de la population. Il faut en moyenne 2,1 enfants par femme pour qu'une population se maintienne. Cette chute spectaculaire peut être en partie attribuée aux changements de comportements, à l'évolution des mœurs, au recours à la contraception, à des facteurs socio-économiques plus ou moins complexes. Mais, sans nier le rôle de ces éléments, un grand nombre de chercheurs estiment qu'ils ne suffisent pas à expliquer pleinement ce déclin. Ils en veulent pour preuve la difficulté croissante des couples à concevoir des enfants. Selon l'ONU, près de 15 % des couples européens ne parviennent pas à concevoir un enfant alors qu'ils le désirent. Plus de 7 millions de couples américains (environ 12 % de la population en âge de se reproduire) rapportent avoir des difficultés à concevoir ou à mener une grossesse à terme. Une tendance à la hausse, en particulier chez les femmes de moins de 25 ans, ce qui est tout à fait nouveau. Dans les pays développés, le recours à des techniques d'aide médicale à la procréation s'est beaucoup développé. Plus de 6 % des enfants danois naissent à la suite de fécondations *in vitro*, d'inséminations artificielles, de stimulations hormonales ou d'autres techniques. En 2003, 4,9 % des femmes françaises qui viennent d'accoucher déclarent avoir suivi un traitement pour infertilité (4). Pour le spécialiste de la fertilité Anders Nyobe Andersen, si *« les années soixante étaient les années du sexe sans reproduction »*, nous sommes désormais dans l'ère de *« la reproduction sans sexe »*.

« Les tendances à la baisse des taux de fertilité dans de nombreux pays industrialisés sont maintenant si dramatiques qu'elles méritent bien plus d'attention scientifique » alerte Niels Skakkebaek. Pour lui, les données sont aujourd'hui suffisantes : *« Les changements de mode de vie et le nombre croissant d'expositions environnementales, par exemple aux perturbateurs endocriniens »* seraient à l'origine des troubles de reproduction dans les pays riches (5). Et il est loin d'être le seul à le penser. En octobre 2005, quarante spécialistes de la reproduction et experts en santé environnementale se réunissaient autour de cette problématique à Vallombrosa, en Italie. Dans le déclin global de la fertilité, quelle part attribuer aux polluants environnementaux ? Cette question a pour eux des *« implications profondes »* aussi bien sur le plan humain que scientifique, mais aussi en termes de politique publique. Dans le consensus qu'ils rédigent alors, ils désignent clairement les pistes à suivre. L'une des plus évidentes est celle des pesticides. Dans l'État agricole du Missouri par exemple, les hommes en âge de se reproduire ont près de 40 % de spermatozoïdes en moins que des hommes vivant en zone urbaine. Ils ont aussi beaucoup plus de pesticides dans le sang. À Vallombrosa, les scientifiques estiment que, entre la famille des organochlorés comme le DDT, celle des organophosphorés, ou encore la triazine, les experts à la recherche d'effets sur l'homme n'ont que l'embarras du choix (6).

La fin des haricots

Le choix d'être exposée en revanche, l'humanité ne l'a pas vraiment eu. La population française en particulier, puisque notre pays et son agriculture intensive raffolent des pesticides. Troisième consommateur mondial après les États-Unis et le Japon, notre pourtant petit pays est le plus gros utilisateur de pesticides de toute l'Europe (7). En 2004, il s'en est vendu 76 105 tonnes en France. Dans un marché mondial qui représente 25,5 milliards d'euros, le chiffre d'affaires français s'élevait à 1 872 millions d'euros en 2005, selon l'Union des industries de la protection des plantes (UIPP) qui regroupe, sous cette délicieuse appellation, les industriels français des pesticides. Des centaines de pesticides ont existé et existent. Il y a ceux, désormais interdits, qui sont toujours embusqués dans la nature. C'est le cas de la plupart des organochlorés classés produits organiques persistants (POP) par la convention de Stockholm, comme le DDT, l'aldrine, la diéldrine et l'endrine. Mais il y a aussi les organophosphorés comme le dichlorvos ; les carbamates comme le propoxur ou le carbaryl ; les triazines comme l'atrazine ; les pyréthroïdes de synthèse comme la perméthrine, aujourd'hui les plus usités dans l'agriculture et dans les produits de consommation courante. Avant un premier grand tri européen, en 1993, près de 800 produits phytopharmaceutiques – le nom de gala des pesticides – étaient utilisés en Europe. Un deuxième tri a fait chuter le nombre de substances actives autorisées à 489 en 2005 .

« Les herbicides, pesticides, insecticides et autres fongicides nous envahissent dans tout notre environnement, à travers l'eau que nous buvons, l'air que nous respirons et les aliments que

nous ingérons. Toute la chaîne alimentaire est contaminée » rappelle, implacable, Charles Sultan, chef du service d'endocrinologie pédiatrique au CHU de Montpellier, qui se bat depuis des années contre les pesticides. Selon le mode de pulvérisation et les conditions climatiques, seulement 25 à 75 % des pesticides atteignent leur cible. Le reste se disperse dans la nature. Dans l'air, les sols, la pluie, les cours d'eau et même le brouillard, à la campagne comme à la ville. En 2007, au mois de juin, période de pointe de traitement dans les cultures, l'organisme vigile de la qualité de l'air en région parisienne, Airparif, a détecté jusqu'à 30 pesticides différents à Paris, 19 dans le quartier des Halles (8). Mais en France, l'étendue du désastre se mesure dans l'eau : 96 % des eaux de surface – cours et plans d'eau – contiennent des pesticides. Quant aux eaux souterraines comme les nappes phréatiques, 61 % sont contaminées. Une situation tellement grave que, dans certaines régions, l'eau demeurera impropre à la consommation pendant 10 ans au minimum. C'est le cas de la région Artois-Picardie où la totalité de l'eau souterraine, qui sert notamment pour l'alimentation en eau potable, est classée à risque (9). L'eau française recèle 332 pesticides (sur 369 recherchés). Pas étonnant en somme, que si 5 millions de Français boivent au moins une fois dans l'année une eau dont la teneur en pesticides dépasse la norme. Des départements comme l'Oise, la Seine-et-Marne et l'Eure-et-Loir sont fréquemment sous le coup de restrictions de consommation. Un cinquième des eaux réclame un traitement spécifique, coûteux et répercuté sur la facture des consommateurs, pour le débarrasser des intrus. Principal responsable du dépassement des bornes, l'atrazine, un herbicide agricole interdit depuis 2003 seulement en France, tandis que l'Allemagne l'a proscrit dès 1992. Dans l'eau du robinet, la concentration maximale de pesticides est fixée à 0,1 µg/l par composé et 0,5 µg/l pour toutes les substances confondues (10). Des seuils qui *« ne sont pas des seuils toxicologiques »* juge Ghislaine Bouvier, chercheuse à l'Université de Bordeaux 2 et spécialiste en « expologie », la science de l'exposition aux polluants. *« Cette norme est basée sur les performances des outils de mesure »* et non sur les seuils de toxicité. *« Maintenant, s'il fallait légiférer composé par composé, on n'aurait pas fini »* soupire-t-elle. L'eau ne constituerait cependant qu'un dixième de l'exposition de la population générale aux pesticides, selon l'Organisation mondiale de la santé (OMS). Les pesticides proviennent surtout de l'alimentation.

À Frankfort, des chercheurs allemands ont étudié 1 177 personnes qui n'étaient en contact avec des pyréthroïdes de synthèse ni au travail ni à la maison. Dans les poussières de leurs habitations, les concentrations se situaient même en dessous des limites de détection. Mais 65 % d'entre eux avaient des traces de pyréthroïdes – qu'on appelle des métabolites – dans leurs urines. Et ce, alors que ces pesticides sont rapidement évacués par l'organisme. Pour les auteurs, ces résultats démontrent l'existence d'une « contamination d'arrière-fond » qu'ils mettent sur le compte de l'alimentation. Même conclusion dans un groupe d'enfants berlinois, âgés de 2 à 17 ans. Des métabolites de pyréthroïdes et d'organophosphorés sont détectés dans 90 % de leurs urines. Grâce aux caractères uniques de ces métabolites, les auteurs ont pu déduire que les principaux contributeurs étaient les fruits frais ou le jus de fruit (11).

Chaque année, la pitance des Européens est contrôlée par les services sanitaires. En 2004, plus de 60 000 échantillons de nourriture ont ainsi été inspectés[1]. On y retrouvait les résidus de 197 pesticides différents. Les limites maximales étaient largement dépassées pour 4,7 % d'entre eux. Plus impressionnant encore, près de 40 % des aliments européens en étaient assaisonnés, avec des chiffres légèrement pires en France (44 %). Dans un ordre décroissant, les fruits et légumes les plus pollués étaient les fraises (63 % des fraises recélaient des résidus de pesticides), les pommes (59 %), les laitues (48 %), les tomates (36 %). Les aliments pour bébés n'étaient pas épargnés, 9 % contenaient des résidus, et 2,7 % dépassaient la limite maximale. Mais le catalogue de contamination 2004 ne s'arrête pas là. Un quart des aliments français ne contenait pas un seul mais plusieurs types de pesticides. Surtout les salades, les agrumes, les pommes, les fraises, les raisins, les pêches et les poires. Rien de plus normal après tout quand on sait qu'un pommier reçoit 27 traitements successifs aux pesticides en moyenne avant la récolte (12).

En septembre 2007, le cancérologue Dominique Belpomme remettait aux autorités un rapport très alarmant sur un pesticide utilisé dans les bananeraies des Antilles françaises bien longtemps après son interdiction, le chlordécone (13). Repris massivement par les médias, il affirmait que non seulement les sols, les eaux, mais aussi la population étaient empoisonnés. Invitée à réagir au journal de 13 heures de France 2, la ministre de la Santé Roselyne Bachelot annonçait alors que la France proposerait prochainement à l'Union européenne une baisse de

[1] Les résultats étant publiés avec deux ans de décalage, les chiffres de 2004 étaient les plus récents à l'automne 2007.

la limite maximale de résidus de pesticides dans l'alimentation. De 50 µg/kg, cette limite pourrait donc passer à 20 µg/kg.

Des millions d'ennemis

Les produits en-cides sont aussi à l'intérieur des maisons. Ce sont eux qui servent à anéantir cette mygale de 2 cm à l'encoignure du plafond, massacrer les puces de minou quand il grouille, éliminer les moisissures qui tentent de déchausser le carrelage, protéger le bois des attaques de saboteurs microscopiques, pourrir l'existence des moustiques. Bombes, fumigènes, appâts, diffuseurs, etc. sont regroupées dans la grande famille des « pesticides à usage non agricole » ou, plus simplement, biocides. Néanmoins, il est impossible de savoir quelles quantités de biocides sont consommées en France, et encore moins de connaître leurs substances actives. La liste précise n'existe pas car les biocides ne sont pas répertoriés comme tels. Pour les statistiques, les bombes anti-bêtes sont des produits ménagers comme les autres. Au cours de sa thèse sur l'exposition domestique aux pesticides, la chercheuse Ghislaine Bouvier était revenue presque bredouille de sa collecte d'informations. Réduite à téléphoner aux toiletteurs pour animaux ou à questionner le type des cafards qui passait par là, elle avait fini par renoncer devant l'ampleur de la tâche. Il lui aurait fallu des semaines voire des mois pour relever le nom des principes actifs sur chaque étiquette de biocide vendu à travers le pays.

En France, les pesticides destinés à un usage agricole sont soumis à une procédure d'homologation. Mais, aussi invraisemblable que cela puisse paraître, les biocides utilisés par les gens dans leurs maisons et jardins ne sont soumis à rien. Pas même à un test de toxicité chronique. « *Tous les produits chimiques, biocides, insecticides, etc. doivent être considérés comme des médicaments et doivent faire l'objet d'une autorisation de mise sur le marché après expérimentation. Tous !* » s'époumone Charles Sultan. En février 2006, par exemple, sept produits interdits pour un usage agricole étaient autorisés pour les chiens et les chats[1]. Dans les rayonnages, on trouve couramment des substances classées cancérogènes, mutagènes ou toxiques pour la reproduction (CMR) de catégorie 3, c'est-à-dire considérées préoccupantes pour l'homme. Par chance, celles des catégories 1 (forte présomption) et 2 (certitude) sont interdites à la vente au public. Depuis 1997. Adoptée voilà déjà dix ans, une directive européenne avait pour ambition de mettre un terme à des décennies d'inconséquence (14). Elle a été appliquée avec une lenteur proprement vertigineuse. Regroupés sous le terme de biocides, 23 classes de différents produits seront désormais soumises à une autorisation de mise sur le marché (AMM). Les industriels ont ainsi déposé leurs demandes d'AMM avant la date butoir de septembre 2006. Lors de ce tri imposé, de nombreuses substances actives, obsolètes ou dangereuses, ont été abandonnées d'emblée. Il était grand temps : en 1999, il était estimé qu'un millier de biocides étaient en vente sur le marché européen, quand *seulement* 250 sont autorisés aux États-Unis. En attendant que l'Agence française de sécurité sanitaire de l'environnement et du travail (Afsset), chargée avec d'autres organismes d'État d'examiner les 364 dossiers, ne dresse une liste définitive, les biocides campent dans un *no man's land* réglementaire. « *Une période de flottement* »

[1] Propoxur, amitraze, lindane, coumaphos, fenthion, tétrachlorvinphos, méthorprène.

concède sans difficulté Olivier Briand, qui coordonne depuis l'Afsset l'Observatoire des résidus de pesticides. Et pour l'instant, *« on a un peu de mal à savoir quels produits sont utilisés »* dans les maisons françaises, dit-il. D'ici à ce que soit constituée la liste des biocides autorisés, pas avant 2009, la Direction générale de la concurrence, de la consommation et de la répression des fraudes (DGCCRF) exerce un lointain contrôle sur ces produits. Elle doit seulement s'assurer que les fabricants ont bien notifié la composition ou correctement étiqueté les contenants (date de péremption tout comme têtes de mort ou poissons crevés sur fond orange).

Les spécialistes estiment que les produits biocides représentent 10 % du tonnage total des pesticides en France. Si leur calcul est correct, près de 8 000 tonnes de produits toxiques par essence s'invitent chaque année dans les habitations sans qu'une quelconque autorité ne s'en soit jamais véritablement soucié. D'ailleurs, en dépit de la surexposition française, aucune étude d'ampleur nationale n'a encore été menée sur le degré de contamination de la population. *« C'est en cours »* assure Olivier Briand, à l'Afsset. Ce type d'études existe depuis bientôt trente ans aux États-Unis. En France, Ghislaine Bouvier est la première – et la seule à ce jour – à avoir mesuré les taux de pesticides à l'intérieur d'un grand nombre d'habitations afin d'estimer l'exposition des gens chez eux (15). Pour sa thèse, elle a volontairement choisi 130 maisons et appartements en région parisienne, et non à la campagne à proximité d'exploitations agricoles. Avec ses collaborateurs, elle a réalisé des prélèvements dans l'air intérieur, sur les mains des enfants, recueilli les urines et collecté les poussières. Les résultats lui réservaient quelques surprises.

Les pesticides – des insecticides pour la plupart – étaient présents dans l'air de 94 % des logements. Ghislaine Bouvier identifie du lindane dans 88 % d'entre eux. Efficace et peu cher, le lindane, né en 1949, a été massivement exploité en agriculture, en particulier en France qui utilisait 1 600 des 2 130 tonnes consommées dans l'Union européenne. Le lindane est extrêmement tenace : il contaminera les sols européens pendant trente ou quarante bonnes années. Accessoirement, il est aussi classé cancérogène possible pour l'homme (2B) par le CIRC. Inscrit sur la liste noire du protocole d'Aarhus, il est interdit depuis 1998 en France, pour l'usage agricole tout du moins. Dix ans après sa supposée disparition, c'est le pesticide le plus détecté dans l'air ambiant extérieur (16). Ghislaine Bouvier a été déconcertée de relever des concentrations plus importantes à l'intérieur qu'à l'extérieur des habitations « *sans que nous puissions vraiment avoir de certitudes sur la raison de cette présence* ». Dans 44 % des logements, elle trouve aussi du propoxur, membre de la famille des carbamates, qui sert surtout dans les bombes anti-moustiques, parfois dans les anti-puces destinés aux animaux. « *Mais nous ne l'avons pas forcément retrouvé chez des gens qui déclaraient en utiliser.* » La chercheuse a d'ailleurs souvent constaté que ce ne sont pas les pesticides que les gens possèdent qui contaminent leurs maisons. Elle cite le cas d'une famille vivant au rez-de-chaussée d'un immeuble et qui présentait les taux de désherbants les plus élevés de toute l'étude, « *alors qu'ils n'avaient jamais utilisé de désherbant de leur vie* ». Son hypothèse : leur appartement donnait sur un petit square qui, tous les étés, était arrosé de désherbant à la tombée de la nuit. Ils n'avaient jamais été prévenus par qui que ce soit. Les produits s'étaient probablement engouffrés par les fenêtres grand ouvertes. Avoir un jardin, un animal de compagnie, des plantes vertes, ou juste des pieds qui rapportent de l'extérieur des résidus de pesticides sous les semelles : « *Tout compte,* souligne Ghislaine Bouvier, qui déplore qu'en France, *pour les gens, les pesticides sont un problème du milieu agricole, rural éventuellement, et point.* »

Même quand il vole à plus de 8 000 pieds, l'homme baigne dans les pesticides. Il a dû arriver aux voyageurs en provenance de pays chauds d'être avertis d'une pulvérisation d'insecticide « *répondant aux normes de l'Union européenne* » une fois les ceintures bouclées et les portes de l'avion closes. Tandis qu'hôtesses et stewards remontent cérémonieusement les allées la bombe au poing, les passagers, la tête ensachée dans un pull, se mettent à toussailler et des enfants à restituer leur dernier repas sur terre. Il a dû traverser l'esprit des voyageurs que cette pulvérisation dans l'espace confiné où ils vont passer plusieurs heures n'était pas la meilleure idée du siècle. « *Ils font ça quand les portes sont fermées ?* » s'exclame Ghislaine Bouvier, ahurie, en guise de commentaire. Faut-il préciser qu'obtenir le nom de ces insecticides relève de l'aventure ? Alors que la désinsectisation des « aéronefs », obligatoire, relève d'un règlement sanitaire international émis par l'OMS, il faut passer par Air France qui renvoie sur la Direction générale de l'Aviation civile où l'on fournit les coordonnées du ministère de la Santé, lequel recommande la Direction départementale des Affaires sanitaires et sociales de la Seine-Saint-Denis (qui gère les problèmes sanitaires des aéroports de Roissy et d'Orly) où travaille *la* personne qui possède la réponse mais ne peut rien dire sans le feu vert du préfet qui met près de deux mois à le donner. L'on apprend finalement que les compagnies aériennes, suivant sagement les recommandations de l'OMS, pulvérisent des pyréthroïdes de synthèse. Pendant les années quatre-vingt-dix, Air France pulvérisait de la perméthrine. La compagnie se sert désormais de d-phénothrine. La première est considérée comme un perturbateur endocrinien par l'EPA. La seconde figure sur la liste des suspects (17).

Malus pour les minus

Quand bien même il vivrait sous une hutte au milieu d'une forêt oubliée, se nourrissant dans un potager fortifié au purin *made in* nature, l'homme contemporain n'a probablement aucune chance d'échapper aux pesticides. Les plus petits des hommes encore moins. Or les seuils de toxicité des pesticides, comme de toutes les substances chimiques, ne prennent pas en compte les populations dites « vulnérables » que sont les enfants, les femmes enceintes et donc les fœtus. Tandis qu'aux États-Unis l'EPA revoit à la baisse les seuils d'exposition aux pesticides pour les enfants, l'Europe, elle, a supprimé l'obligation de calculer ces seuils dédiés aux « vulnérables » dans le texte définitif de la réglementation REACH. Les normes toxicologiques devraient continuer à être évaluées selon des critères correspondant à un adulte. Ainsi, la superficie de l'homme standard européen est fixée à 18 150 cm^2. L'homme standard mesure 180 cm et pèse 70 kg. Mais l'enfant n'est pas un petit homme. Ce qui est minuscule pour un grand prend des proportions gigantesques pour un bébé ou un enfant, des êtres non seulement plus vulnérables, mais aussi plus exposés.

Proportionnellement à sa taille et à son poids, un bébé mange 3 ou 4 fois plus qu'un adulte, boit deux fois et demi plus d'eau et, endormi, respire deux fois plus. À exposition égale, il ingère et inhale donc beaucoup plus de substances chimiques qu'un adulte. En outre, l'alimentation des tout petits est constituée de lait maternel – qui peut contenir une multitude de substances indésirables – et de produits laitiers, riches en lipides et donc en produits persistants. Sans oublier cette ration quotidienne de 100 mg de poussière liée à leurs habitudes gustatives au ras du sol. Et puis un enfant qui naît est un être en chantier. Les systèmes gastro-intestinaux, reproducteurs et endocriniens sont immatures à la naissance. Le système nerveux et le cerveau sont en plein boom. Des organes minuscules grandissent et conquièrent jour après jour un fonctionnement régulier. Les bébés ne métabolisent pas encore les substances chimiques avec autant d'efficacité que les adultes. C'est-à-dire qu'ils ne parviennent pas à les dégrader pour les éliminer, dans leurs urines notamment. Leurs reins, grands filtres des polluants, ne sont de toute façon pas terminés. Nul besoin d'être un génie pour comprendre que la manufacture intérieure d'un petit d'homme est très sensible aux perturbations, aussi minimes qu'elles soient (18).

Directrice de l'Unité Épidémiologie environnementale des cancers à l'INSERM de Villejuif, Jacqueline Clavel s'est intéressée à l'exposition des enfants, chez eux, aux pesticides domestiques. Elle a comparé 280 enfants en bonne santé avec autant d'enfants atteints de leucémies aiguës. Chez les enfants, les cancers représentent la deuxième cause de mortalité après les accidents. Et l'origine des leucémies, cancers les plus fréquents chez les enfants, est mal connue. En 2006, l'étude de l'INSERM est la première au monde à montrer que les produits anti-poux multiplient les risques de leucémie aiguë par deux (19). Le pou, ennemi des ribambelles d'enfants, promesse de crispation sur peigne fin, se combat en effet avec des pesticides. En France, les produits anti-poux sont soumis à la même stricte absence de contrôle que les autres biocides. Curieusement, une crème anti-poux, appelée Elenol, a même pour principe actif du lindane, pesticide susmentionné, cancérogène possible pour l'homme, interdit dans l'agriculture, persistant dans l'environnement. Il s'en trouve encore dans certains insecticides destinés aux maisons. La majorité des autres produits anti-poux contiennent de la perméthrine et de la d-phénotrine, ces pyréthroïdes de synthèse que les chercheurs allemands détectent dans les urines des enfants et que les compagnies aériennes pulvérisent dans les avions.

Ce n'est pas tout. L'étude menée par Jacqueline Clavel montre que le risque de leucémie aiguë est aussi multiplié par deux chez les enfants dont les mères ont utilisé des fongicides et des insecticides de jardin au cours de leur grossesse et après la naissance. Mais, puisque personne ne sait quelles sont les substances en question, il est impossible d'en nommer une avec précision. « *En matière de pesticides, on n'arrivera jamais à mettre en évidence une molécule particulière par cette méthode-là. Les produits peuvent porter le même nom et contenir des choses différentes. Les gens ne savent pas ce qu'ils manipulent et ne peuvent pas s'en souvenir longtemps après* » explique la chercheuse. Le CIRC, d'ailleurs, a classé l'épandage d'insecticides comme cancérogène probable, sans pour autant désigner un produit spécifique. Aucun pesticide n'est classé cancérogène certain. Aujourd'hui, six études sur les biocides domestiques convergent vers la même conclusion que celle de l'INSERM. Des chercheurs américains, notamment, ont dénombré jusqu'à 29 pesticides différents dans les cordons ombilicaux de nouveaux-nés new-yorkais (20). C'est largement suffisant, selon

Jacqueline Clavel, pour prendre des mesures de prévention. Déconseiller la manipulation de biocides aux femmes enceintes et dans l'environnement quotidien des plus petits lui semble relever de l'évidence.

Les familles, propriétés et modes d'action des pesticides ont beau être différents, ils ont tous pour point commun cette terminaison en -cide qui, l'étymologie est formelle, signifie tuer. La toxicité est leur raison d'être. Mais personne n'a jamais évalué, avant de les mettre sur le marché, leur dangerosité sur le très long terme. Les doses chroniques auxquelles la population est exposée sont-elles nocives ? Comment mesurer formellement l'impact de cette omniprésence sur la santé, en particulier celle des enfants *in utero* ? En juillet 2007, l'EPA publiait sa liste officielle – attendue depuis 1999 – de perturbateurs endocriniens. La totalité des substances répertoriées sont des pesticides ou des produits inertes ajoutés à leur composition. Il y en a 73, et la liste n'est qu'un premier jet. Y figure donc la perméthrine, ce pesticide de la famille des pyréthroïdes de synthèse. En dépit de leur grande toxicité pour les organismes aquatiques, ces pesticides étaient jusqu'alors présumés inoffensifs pour les mammifères. Ce sont les pesticides les plus employés aujourd'hui dans les biocides à usage domestique. Très récemment pourtant, des chercheurs japonais ont montré que la perméthrine pouvait détériorer la fertilité des animaux de laboratoire. Chez des souris adultes exposées pendant six semaines, elle peut provoquer une baisse du nombre de spermatozoïdes et un effondrement spectaculaire des taux de testostérone (90 % par rapport aux souris témoins). Faibles ou élevées, toutes les doses ont un impact sur la testostérone des souris. Certaines sont 100 fois inférieures à l'exposition moyenne des humains en contact avec de la perméthrine dans un cadre professionnel. Cette expérience portait sur des souris adultes. Les chercheurs vont maintenant poursuivre leurs travaux sur l'exposition des petits pendant la grossesse (21). Au vu de leurs premiers résultats, il y a fort à parier qu'ils vont se retrouver avec le même genre de problèmes que Charles Sultan. Seulement le médecin français, lui, ne s'occupe pas de souris, mais d'enfants.

La petite fabrique du mâle

Au service d'endocrinologie pédiatrique du CHU de Montpellier, il est difficile de déterminer si ce sont son agenda de ministre ou ses années d'énergique indignation qui asphyxient le professeur Charles Sultan. L'exposition aux pesticides de la population, des enfants en particulier, est-elle inquiétante ? Il balaie promptement la question d'un *« c'est une bombe à retardement qui est entre nos mains »*. En fait, il ne comprend sincèrement pas comment on peut encore se la poser. Les pesticides empoisonnent les enfants. Il le constate presque tous les jours, depuis des années. Dans son service, il voit de plus en plus de petits garçons venir au monde avec des malformations génitales. Il décide un jour d'encadrer son constat dans des statistiques précises. Entre janvier 2002 et mai 2003, son équipe voit passer près de 1 500 garçons tout neufs à la maternité de l'hôpital. Au moment de faire les comptes, le nombre de malformations génitales est bien supérieur à celui auquel il s'attendait. Seize des garçons avaient un hypospadias – l'ouverture de l'urètre se situe sur la face inférieure du pénis au lieu d'être à son extrémité. La cryptorchidie, l'appellation technique de la non-descente d'un ou des deux testicules dans les bourses, concerne, elle, 18 bébés. Les médecins constatent que près d'un tiers de ces infortunés bébés ont des parents exposés à des pesticides dans leur travail : viticulteurs, arboriculteurs, riziculteurs en Camargue (22). « *Les enfants d'agriculteurs avaient deux fois plus de risques de développer une malformation génitale* » explique Charles Sultan, pour qui le jardinage est également une activité à haut risque. Chaque année en France, 1 250 tonnes de pesticides sont déversées sur les cultures, jardins et balcons des jardiniers amateurs (23).

Il n'y a pas qu'à Montpellier que les petits garçons naissent avec des malformations génitales. À Copenhague, Niels Skakkebaek voit aussi leur nombre augmenter. En fait, dans les pays industrialisés, le phénomène est global. Le nombre d'hypospadias et de cryptorchidie a doublé en trente ans. Auparavant très rares, l'hypospadias touche entre 0,3 et 0,7 % des nouveaux-nés, la cryptorchidie entre 2 et 4 % (24). Comment l'expliquer ? Ces malformations surviennent certainement très tôt, dans le ventre de la mère, au moment où les organes sexuels se développent. Il suffit de regarder comment on fait les bébés. Quand il achève sa course dans un ovule, le spermatozoïde de monsieur transporte avec lui les plans d'un bébé fille (chromosome X) ou ceux d'un bébé garçon (Y). Mais pendant les six premières semaines de son existence, l'embryon n'est en fait ni l'un ni l'autre des deux sexes. À la quatrième semaine, il se confectionne deux options. Il se dote de deux jeux de canaux reproducteurs, des canaux de Wolff (mâle), et des canaux de Müller (femelle). Mais il s'équipe aussi de brouillons de glandes qui pourront s'épanouir sous la forme de testicules ou celle d'ovaires : les gonades. La détermination de son sexe repose alors entièrement sur les messages que vont envoyer les hormones. Chez un garçon, le processus de différenciation sexuelle commence à la 7e semaine avec l'entrée en action d'un gène du chromosome Y. Ce gène demande aux gonades de se masculiniser et de devenir des testicules à part entière. C'est d'elles dont dépend la suite des événements. Elles produisent des hormones androgènes (du grec *andros*, homme) et les envoient aux tissus environnants, à des doses et des moments très précis, afin de stimuler le développement de l'appareil génital. Nichées dans les testicules, les cellules de Sertoli sécrètent une hormone spécifique qui est chargée de détruire la part féminine de ce presque garçon : les désormais inutiles canaux de Müller. Chez les filles au contraire, c'est l'absence de stimulation et d'imprégnation hormonale qui fera d'elles des filles. Dopée par la testostérone que produisent les cellules de Leydig, l'urètre se forme à la 11e semaine. S'il se situe au mauvais endroit, le garçon aura un hypospadias. Se créent ensuite les ébauches des organes externes : le pénis et le scrotum qui accueillera les testicules, s'ils veulent bien commencer à y descendre, à partir du 3e mois. S'ils ne le font pas, le garçon aura une cryptorchidie. Jusqu'à ce que le mâle soit, une multitude d'étapes se déroulent dans le cadre très strict du « maintenant ou jamais ». Un seul message qui arrive trop tôt, trop tard, avec une force insuffisante ou une puissance exagérée peut être lourd de conséquences.

Dans un article très important, publié dans la grande revue scientifique *Lancet* en 1993, Niels Skakkebaek et le chercheur britannique Richard Sharpe avancent qu'une trop grande quantité d'œstrogènes dans le ventre de la mère pourrait être responsable des troubles de la fertilité masculine et de l'augmentation des cas de malformations génitales dans les pays riches (25). Et quel incident biologique est-il capable de détraquer la fine machine organique des bébés, sinon l'influence d'hormones féminines qui n'étaient pas prévues dans les plans de la petite fabrique du mâle ? Comme des pesticides qui les imitent.

*****

Produits anti-poux actuellement disponibles sur le marché, autorisés en France (d'après les déclarations des titulaires des AMM) :

Nom	**Substance active**
ALTOPOU, lotion	Methopren, Perméthrine, Pipéronyle (Butoxyde de)
ASCABIOL, lotion pour application locale	Benzyle (Benzoate de), Sulfiram
CHARLIEU ANTI-POUX, shampoing	Perméthrine, Pipéronyle (Butoxyde de)
ELENOL, crème	Amyleine (Chlorhydrate d'), Lindane
HEGOR SHAMPOING, ANTIPARASITAIRE shampoing	D-Phénothrine
ITAX, shampoing	D-Phénothrine
ITEM, lotion	D-Phénothrine
ITEM, shampoing	D-Phénothrine
PARA PLUS, solution pour pulvérisation cutanée en flacon pressurisé	Malathion, Perméthrine, Pipéronyle (Butoxyde de)
PARA SPECIAL POUX, shampoing	Depallethrine, Pipéronyle (Butoxyde de)
PARA SPECIAL POUX, solution pour application locale en flacon pressurisé	Depallethrine, Pipéronyle (Butoxyde de)
PARAPOUX, crème pour application locale	Perméthrine
PARASIDOSE, shampoing	Phénotrine
PRIODERM 0,5 %, solution pour application cutanée	Malathion
PRIODERM, lotion	Malathion
PYREFLOR, lotion	Enoxolone, Perméthrine, Pipéronyle (Butoxyde de)
PYREFLOR, shampoing	Perméthrine, Pipéronyle (Butoxyde de)
SPRAY PAX, solution pour pulvérisation cutanée	Chrysantheme Insecticide (Extrait de) (A 25 %), Pipéronyle (Butoxyde de)
SPREGAL, lotion en flacon pressurisé	Esdepallethrine, Pipéronyle (Butoxyde de)
YSOL 206, shampoing	Acétique (Acide), Camphre Racémique

Source : Afssaps

Le plastique, c'est pas fantastique

Plastique

Fred vom Saal ouvre une bouteille de soda orangé. D'un coup d'œil suspicieux mais discret, il inspecte la pellicule de plastique blanchâtre qui recouvre l'intérieur de la capsule. « *Bisphénol-A ?* » Le goulot à la bouche, il lâche un sourire un peu piteux au témoin qui vient de le surprendre en flagrant délit de minuscule entorse à ses convictions. Lui qui différencie à l'œil nu les différentes sortes de matières plastiques, lui qui n'a pas acheté une seule bouteille d'eau en 10 ans, lui que l'idée de réchauffer de la nourriture au micro-ondes dans un récipient en plastique fait littéralement blêmir. Fred vom Saal a un gros problème avec le bisphénol-A. Depuis les années cinquante, cette substance chimique sert à très grande échelle pour fabriquer du plastique type polycarbonate et de la résine époxy, cette matière qui, comme dans la capsule de soda, tapisse l'intérieur des boîtes de conserve. Fred vom Saal n'est pas une sorte de hippie intégriste. Costume et coupe sages, il est biologiste du développement et professeur d'endocrinologie à l'Université du Missouri, aux États-Unis, et sans doute l'homme dont la cote de popularité est la plus basse auprès de l'industrie dans son ensemble.

Endocrinement de masse

Après la conférence de Wingspread, en 1991, l'homme qui a consacré une partie de sa carrière à étudier l'influence des hormones sur la biologie et le comportement des souris se concentre désormais sur la perturbation endocrinienne. Avec son équipe, il examine les effets des œstrogènes, présents dans le corps de la mère, sur le fœtus en développement. La chose est connue à l'époque : un niveau trop élevé d'œstrogènes peut causer des cancers, des aberrations dans le développement du cerveau et du système reproducteur. Il essaie en fait de comprendre comment le fœtus se protège d'une surdose potentielle. Dans son laboratoire, il administre à des souris en gestation différentes doses de distilbène – cet œstrogène artificiel, ex-médicament miracle, devenu l'objet d'études intensives – et d'œstradiol, l'hormone sexuelle la plus puissante dans le royaume des femmes, capable d'agir à des doses à peine détectables qui se mesurent en parties par trillion (ppt). Si les niveaux d'œstrogènes n'augmentent que très légèrement à l'intérieur des mères souris, les changements sont profonds chez les petits qui viennent de naître. Chez les mâles, la prostate connaît une croissance accélérée jusqu'à atteindre une taille bien supérieure à ce qu'elle devrait être. L'organe est aussi encombré par un surnombre de récepteurs des hormones masculines, les récepteurs androgènes. Hypersensibilisé à vie, l'organe est alors plus susceptible de développer un cancer. Fred vom Saal reproduit ensuite la même expérience avec des doses minimes de bisphénol-A auquel personne ne s'est jamais vraiment intéressé. Les petits mâles présentent exactement les mêmes atteintes que les autres. « *Nous avons fait la première expérience dite de faible dose et constaté des effets avec 2 microgrammes par kilo, à une époque où l'industrie disait essentiellement que, en dessous de 50 000 µg/kg, il n'y aurait pas d'effet.* » Le fait que le bisphénol-A agisse comme une hormone sexuelle féminine avait été découvert par un chercheur dès 1936. Soit bien avant qu'on envisage de l'utiliser dans l'industrie du plastique. Une donnée qui était tombée dans les oubliettes de la science. Plus problématique, des doses minuscules de bisphénol-A arrivent à contourner la barrière protectrice contre les surdoses d'œstrogènes qui existe dans le corps des mères souris. La substance chimique peut ainsi entrer dans les cellules à son gré et agir sur les récepteurs des œstrogènes. « *Nos résultats montrent pour la première fois qu'une exposition fœtale à des doses de bisphénol-A de l'ordre de la partie par billion (ppb), comparables à celles que l'on trouve dans l'environnement et à celles que les gens consomment aujourd'hui, peuvent altérer le système reproducteur adulte chez les souris* » conclut sobrement l'équipe de chercheurs en 1997 (1).

Rapidement, les résultats de leurs travaux s'ébruitent. Ils parviennent aux oreilles des industriels du plastique. Principaux producteurs américains de bisphénol-A, Dow Chemical, Shell et General Electric adoptent sur-le-champ une attitude « *quelque peu menaçante* », *dixit* Fred vom Saal. « *Dow Chemical a envoyé quelqu'un ici. Il nous a demandé – je le cite dans le texte :*

– Pouvons-nous parvenir à un arrangement qui nous serait mutuellement bénéfique, dans lequel vous retarderiez la publication de cet article jusqu'à ce que nous l'approuvions ?

– Certainement pas ! », répliquent Fred vom Saal et ses collaborateurs qui signifient néanmoins au visiteur leur ouverture à écouter des critiques scientifiques valides. « *Et savez-vous quelle était sa principale critique ? Comment pouvions-nous publier quelque chose que personne n'avait jamais publié !* » Fred vom Saal, qui n'est pourtant pas l'homme le plus hilare de la planète, s'étrangle de rire.

« *Mais cela n'a pas encore été confirmé !* a protesté l'émissaire.

– Comment cela peut-il être confirmé si personne n'en a jamais entendu parler ? »

Après l'incident, les scientifiques envoient une lettre à la Food and Drug Administration (FDA) pour dénoncer une « *tentative de corruption* », ameutent les médias, et sont instantanément assaillis par les journalistes. Sans démentir, les industriels assurent pour leur part qu'ils ont voulu empêcher la publication de « *mauvaise science* ». « *Seuls les gens très bien établis peuvent résister à la pression que met l'industrie chimique. J'ai plus de 60 ans et j'étais déjà trop vieux et trop établi pour qu'ils fassent quoi que ce soit,* insiste le chercheur. *Mais pour des personnes plus jeunes, il peut s'avérer dangereux de se retrouver dans une position où des gens vous qualifient de malhonnête et mettent en doute vos résultats.* » En dépit de ses gestes précautionneux et de sa diction plane, surarticulée, Fred vom Saal est une grande gueule.

Le chercheur n'est pas seul dans sa guerre contre le plastique. À ses côtés, un certain nombre de scientifiques défient aujourd'hui les géants d'une industrie extrêmement puissante. Le bisphénol-A est l'une des substances chimiques les plus produites dans le monde : 3,8 millions de tonnes dont 1,15 pour l'Europe en 2006, selon l'association industrielle Plastics Europe. La majeure partie de la production (66 %) sert à fabriquer du plastique de type polycarbonate, et l'autre, des résines époxy (30 %). Techniquement parlant, le bisphénol-A est une substance formidable. Au polycarbonate, il apporte des propriétés de transparence, légèreté, résistance aux chocs et aux fortes températures. Il rend les résines époxy à la fois fermes, malléables et adhésives. Il sert donc dans une multitude de produits de consommation courante, des emballages alimentaires aux CD, des canettes de boissons aux amalgames dentaires, des bouteilles aux biberons, *« contribuant au confort, à la sécurité et au bien-être des consommateurs de la vie moderne »* assure Plastics Europe.

Comme beaucoup de substances, le bisphénol-A ne reste pas sagement amarré à l'objet dont il fait partie. Ses molécules se détachent progressivement. On dit qu'elles migrent. Les molécules de bisphénol-A ont tendance à migrer dans la nourriture qu'elles emballent. Car près des trois quarts des emballages de l'industrie agro-alimentaire sont en plastique, et certains contiennent du bisphénol-A. La migration de la substance est favorisée par la présence de gras. Dans les boîtes de conserve, par exemple, l'huile dans laquelle baignent thons et sardines encourage sa transhumance. En outre, les normes sanitaires sur les emballages alimentaires ne prennent pas en compte les délais entre l'achat et la consommation. Plus le temps passe, plus le bisphénol-A se détache et migre dans les aliments. En 2007, l'organisation américaine Environmental Working Group (EWG) a testé 97 boîtes de conserves pour fruits, légumes, sodas, aliments et plats courants. Plus de la moitié des conserves, qui représentent 17 % de l'alimentation des Américains, contenaient du bisphénol-A, la soupe de poulet aux vermicelles atteignant le record de l'enquête avec 385 µg/kg (2).

Et alors, ce n'est pas grave, certifient les industriels. Quand bien même les gens l'absorberaient, le bisphénol-A est rapidement métabolisé par l'organisme qui s'en débarrasse « *en 4 heures* ». « *Ces propriétés indiquent que le bisphénol-A est susceptible de n'avoir qu'une faible toxicité* » affirment-ils (3). Effectivement, l'organisme évacue le bisphénol-A en totalité : il lui faut en fait plus de 6 heures, et non 4. L'argument pourrait se tenir, si ce n'est que des chercheurs du monde entier détectent du bisphénol-A dans le lait maternel, le sérum, la salive, l'urine, le liquide amniotique et le cordon ombilical de la quasi totalité des personnes examinées. En 2005, la première étude menée sur une large population montrait que 95 % des 394 adultes américains testés avaient du bisphénol-A à hauteur de 1,33 µg/l dans leurs urines (4). Des chiffres qui signifient non seulement que l'exposition est généralisée, mais aussi qu'elle est continuelle. Si 95 % des gens ont du bisphénol-A dans le sang alors que le corps l'élimine en 6 heures, c'est donc que le « stock » se renouvelle en permanence et que l'exposition ne s'interrompt jamais.

Aux États-Unis, une dose journalière admissible (DJA) pour le bisphénol-A a été établie par l'Agence américaine de protection de l'environnement (EPA) en 1987, soit dix ans avant les premières publications scientifiques sur la toxicité de la substance. Depuis, plus de 700 articles ont paru, mais la dose de référence n'a jamais été révisée. Elle est toujours fixée à 50 µg/kg/jour (5). L'enquête d'EWG montre qu'avec un seul repas à base de lait en poudre, les bébés peuvent ingérer une dose de bisphénol-A seulement 5 fois inférieure, alors que les normes toxicologiques standard imposent un facteur de 10, 100 et parfois plus. En janvier 2007, l'Agence européenne de sécurité des aliments décide, elle, de revoir ses chiffres concernant les doses maximales de bisphénol-A dans les matériaux au contact des aliments, comme les bouteilles ou les revêtements intérieurs des conserves. Elle estime l'exposition moyenne *via* l'alimentation à 1,5 µg/kg/jour pour un adulte et 13 µg/kg/jour au maximum pour un bébé de 6 mois. Mais, jugeant que « *les effets à faible dose du bisphénol-A sur les rongeurs n'ont pas été démontrés d'une façon solide et reproductible* », elle augmente la DJA qui passe de 10 à 50 µg/kg/jour (6). « *Cette augmentation est basée sur l'opinion du groupe* [d'experts] *qui estime qu'il y a maintenant plus de certitudes quant à la sécurité du bisphénol-A* » triomphent les industriels qui assurent que « *l'exposition humaine type au bisphénol-A est approximativement 1 000 fois inférieure aux niveaux maximums d'exposition* ».

La dose et le poison

Fred vom Saal, qui constatait voilà déjà dix ans des effets nocifs sur les souris avec seulement 2 µg/kg, est absolument outré. Des chercheurs ont observé que des récepteurs situés sur les membranes cellulaires réagissaient à des doses de 0,23 partie par trillion (ppt, soit 1 000 fois moins qu'une partie par billion) de bisphénol-A. Les concentrations qui peuvent avoir un impact sur les rongeurs représentent selon lui un dixième, voire un centième de la dose moyenne d'exposition humaine et se situent *« bien en dessous des concentrations qui sont très probablement présentes dans* votre *corps »*. Il estime que la population est couramment exposée à plus de 250 µg de bisphénol-A. Soit 5 fois la DJA fixée aux États-Unis[1]. Mais pour l'industrie, des effets à des doses si infimes sont une impossibilité conceptuelle : *« Cette hypothèse avance même que des effets sur la santé peuvent seulement être observés à de faibles doses et que des doses bien plus élevées ne produiraient pas d'effets, ce qui est contraire à l'un des principes fondamentaux de la toxicologie – "la dose fait le poison". »* Ce principe, conçu au XVIe siècle par Philippus Aureolus Theophrastus Paracelsus, dit Paracelse, père de la pharmacologie moderne, est au cœur même de la toxicologie contemporaine. Son idée est simple : de grosses doses d'une substance ont plus d'effets que de petites doses ; soit, une substance devient toxique au-dessus d'un certain seuil. Un exemple : à faibles doses, l'arsenic est un oligo-élément important pour les os. À fortes doses, il met fin à Emma Bovary. *« Les toxicologues aiment à penser qu'ils comprennent ce qui se passe et qu'ils maîtrisent la situation,* explique le spécialiste du développement Vyvyan Howard. *Ils font leurs jolies courbes linéaires de dose-effet et ils disent : "Oh ! On peut extrapoler.*

[1] La dose d'exposition et les concentrations effectivement présentes dans le corps humain sont deux données différentes.

On ne peut rien détecter si cela se trouve en dessous, alors c'est sans danger." Seulement tout dépend de ce qu'on essaie de détecter. Les toxicologues à l'ancienne cherchaient les effets toxicologiques sur des animaux adultes avec de fortes doses. Mais ce que nous disons, c'est qu'il existe beaucoup de choses qui ne fonctionnent pas comme ça et qui agissent en prenant en otage le développement à de très faibles doses. Chose qu'ils n'avaient jamais réalisée ! » s'indigne-t-il.

Si les perturbateurs endocriniens ne cadrent pas avec le raisonnement de la toxicologie classique, c'est précisément parce qu'au pays des hormones la vie n'est pas organisée autour du principe de Paracelse. Dans l'organisme d'un être vivant, de très faibles doses d'hormones naturelles peuvent avoir un impact crucial. Les travaux pionniers de Fred vom Saal sur la position des bébés souris dans le ventre de leur mère l'ont démontré dans les années soixante-dix. Nettement plus productives que les humains, les souris peuvent porter jusqu'à une douzaine de petits dans leur utérus, disposés en deux rangées façon cosses de petits pois. Une petite femelle – appelons-la Sabrina – qui s'est développée entre deux petites sœurs sera très différente d'une petite femelle qui a grandi entre deux petits mâles – disons Raymonde. Si, à l'âge de la majorité sexuelle des souris, une rencontre est organisée entre toutes les femelles d'une même portée et un mâle plein de fougue, Sabrina est la première courtisée. Et donc la première fécondée. Elle est, façon de parler, la plus avenante. Mais si les sœurettes sont mises en situation de stress, c'est alors Raymonde qui sort victorieuse de la conquête du mâle. Au cours de la grossesse, coincée entre deux mâles, Raymonde a été en contact avec de minuscules doses de testostérone, hormone sexuelle masculine.

Cette exposition qui se mesure en parties par trillion a eu un impact sur son tempérament : elle l'a rendue plus agressive. Mais cette subtile altération de son comportement sexuel n'est devenue évidente qu'à l'âge adulte (7). *« Depuis les années soixante-dix, j'étudie les effets de la transmission d'hormones d'un fœtus à l'autre dans l'utérus. Et ce phénomène de position intra-utérine, qui a d'ailleurs été aussi récemment décrit dans la littérature chez les jumeaux humains, est une situation dans laquelle des quantités extrêmement faibles d'hormones sexuelles qui sont transmises entre fœtus peuvent altérer l'histoire de vie du fœtus »* explique Fred vom Saal. Si une larme de testostérone peut influer sur la destinée d'une souris, qu'en est-il des microdoses de perturbateurs endocriniens auxquelles les gens sont exposés ? *« Si vous mettez une hormone qui vient de l'extérieur, même en de petites concentrations, vous pouvez produire un effet. C'est à Wingspread que tous ces morceaux se sont mis ensemble. Oui, les effets à faibles doses existent, parce que ça, c'est un effet à faible dose. Il existe ! »* insiste la chercheuse de l'Université de Tuffs, Ana Soto.

Les effets des perturbateurs endocriniens n'évoluent pas selon un modèle de progression linéaire. Il arrive que des effets observés avec de faibles doses ne se manifestent plus avec des doses plus importantes. Par exemple, exposées à 0,1 µg/kg de distilbène dans le ventre de leur mère, des souris mâles développent des anomalies du système génital. Le nombre et la taille des canaux de la prostate augmentent, et l'urètre, qui achemine l'urine, est malformé. Mais avec 200 µg de distilbène – 2 000 fois plus – ces effets sont complètement inversés (8). Pour les professionnels des hormones, tout cela n'a rien d'ésotérique. *« Mais dans le champ de la toxicologie, ils disent :*

"Nous rejetons la possibilité que cela puisse arriver !" » s'énerve Fred vom Saal. L'œstradiol, cette puissante hormone sexuelle féminine, est capable de stimuler des cellules cancéreuses issues d'une tumeur du sein à des doses aussi infimes qu'un dixième de partie par trillion. « *Un signal extrêmement faible est transformé en un événement extrêmement important,* explique-t-il. *L'idée de la très faible dose fonctionne du point de vue de l'endocrinologie où il s'agit seulement d'un mécanisme normal et logique. C'est seulement dans le champ de la toxicologie qu'elle est controversée. Je peux me rendre dans deux sortes de conférences. Aux réunions d'endocrinologues, on me dit : "Quel est l'objet de la controverse ?" Tandis que les toxicologues disent : "Nous ne vous croyons pas !", une réaction complètement opposée. Cela fait tout simplement rire les endocrinologues. Cela les fait rire qu'on ne puisse pas comprendre des notions d'endocrinologie que nous enseignons à des lycéens et à des étudiants !* »

Certains scientifiques ne cachent pas que la théorie des effets à faibles doses les laisse dubitatifs. C'est le cas de Richard Sharpe, biologiste de la reproduction à l'Université d'Édimbourg, en Grande-Bretagne, et coauteur avec le Danois Niels Skakkebaek de l'article du *Lancet* qui énonçait l'hypothèse du rôle des œstrogènes sur les troubles du système reproducteur masculin en 1993. « *Je demeure très sceptique sur bien des aspects de la discussion et des données sur les faibles doses* » dit-il. Critiquant ouvertement les chercheurs qui travaillent sur la question, il considère qu'« *ils ont fermé leurs esprits aux alternatives. Ils sont sûrs d'avoir raison, et que tous les autres ont tort. Ils refusent de croire des données qui ne cadrent pas avec leurs idées. Ce n'est pas de la science* ». Incrédules, toxicologues ou industriels dénoncent l'absence de mécanismes clairs et compréhensibles qui expliqueraient les effets de faibles doses de perturbateurs endocriniens. Cet argument irrite au plus haut point Ana Soto qui enseigne également la philosophie des sciences. « *La biologie est le produit d'un bricoleur, pas d'un ingénieur. Il existe beaucoup de choses étranges et de paradoxes. Mais le monde n'a pas été créé par un ingénieur, à moins de croire en un Dieu qui travaille comme un ingénieur !* s'exclame-t-elle, paraphrasant François Jacob. *Dans ce débat, on dit que parce qu'il n'y a pas d'explication, le phénomène n'existe pas. Oui, il y a beaucoup de choses dont on connaissait l'existence mais qu'on ne pouvait pas expliquer avant la mécanique quantique. Mais personne n'a dit que c'était de l'imagination ou "Je n'ai pas de loi pour comprendre le phénomène, donc il n'existe pas" !* » En sciences, les découvertes commencent par l'observation d'un effet. Et l'identification des mécanismes prend parfois beaucoup de temps. « *Quand quelqu'un a coupé les testicules d'un coq, il y a 2 000 ans, on ne connaissait pas les mécanismes. Et on s'est dit : "Tiens, quand on fait ça, la bête ne se reproduit plus ou n'a plus d'activité sexuelle ". Mais la testostérone, elle, n'a été découverte que dans les années vingt !* » ironise Ana Soto. Pour Fred vom Saal, le concept de « faible dose » n'existe que par rapport à la façon dont les toxicologues pensent. Habitués à observer de gros dégâts visibles, ils n'envisagent pas les effets subtils que peuvent entraîner par exemple de très légères modulations des niveaux d'hormones dans le cerveau. Modulations qui peuvent influer sur les comportements sociaux ou les capacités d'apprentissage.

Ils sont désormais un certain nombre à défendre l'idée que les tests classiques ratent des effets qui n'apparaissent qu'à de faibles doses. Et donc qu'il faut revisiter de fond en comble la façon même dont sont établis les seuils de toxicité. Les effets à des doses infinitésimales n'ont jamais été envisagés et ne sont aujourd'hui pas pris en compte dans les valeurs-seuils censées garantir la sécurité de la population. Pour le bisphénol-A comme pour d'autres perturbateurs endocriniens, la plupart des concentrations relevées chez les humains se situent en dessous et parfois bien en deçà des seuils de toxicité fixés officiellement selon les méthodes « classiques ». Publié en 2003, le rapport d'évaluation des risques de l'Union européenne considérait les doses d'exposition humaine minimes et concluait à une absence de risques pour les consommateurs (9). Pour Fred vom Saal, le rapport se base sur une *« étude financée par l'industrie qui comporte de lourdes erreurs »* et *« ignore »* de nombreuses études indépendantes sur les effets à faibles doses. *« Nous pensons que les quantités de bisphénol-A que nous avons dans nos corps sont suffisantes pour être capables de produire des effets nocifs. Parce que les systèmes moléculaires qui réagissent à ces très faibles doses chez l'animal sont essentiellement identiques, dans leurs fonctionnements et leurs mécanismes, chez les humains, il n'y a aucune raison de penser que les humains ne réagiront pas aux niveaux de bisphénol-A qui se trouvent dans leurs corps. Aucune donnée ne suggère que cela ne pourrait pas arriver »* insiste-t-il. À la date d'octobre 2006, la littérature scientifique comptait 176 études menées avec de faibles doses de bisphénol-A. 149 montraient des effets nocifs (10).

Médecines parallèles

Parmi ces études, il y a celles menées depuis plusieurs années au laboratoire de l'Université de Tuffs, près de Boston. La spécialité d'Ana Soto, c'est le cancer du sein. Si elle se penche, à la fin des années quatre-vingt-dix, sur le bisphénol-A, c'est que des rattes exposées au distilbène pendant la gestation développent, une fois devenues adultes, des cancers des glandes mammaires. Plutôt que d'étudier les conséquences d'une exposition au bisphénol-A sur les petits mâles et leur prostate, elle décide donc d'approfondir la question du côté des femmes. Elle choisit de soumettre ses rattes à des doses « *pertinentes* », comparables à l'exposition estimée chez les humains : 2,5, 25, 250 et 1 000 µg/kg/jour de bisphénol-A, pendant la grossesse. Les petites femelles qui naissent atteignent leur puberté – un âge ingrat vite arrivé chez les rats – plus vite que les autres. Et toutes développent, à différents degrés, les signes précurseurs d'un cancer du sein : une multiplication des cellules appelée hyperplasie, des carcinomes *in situ*, une augmentation du nombre de récepteurs aux œstrogènes. Y compris celles exposées à de faibles doses (11). Chez les humains aussi, le bisphénol-A passe à travers le placenta. On le retrouve dans le cordon ombilical et dans le liquide amniotique. Une étude a même montré que le plasma des fœtus était encore plus « chargé » en bisphénol-A que celui de leurs mères (12,7 µg/l contre 2,3 µg/l) (12).

Le parallèle avec les « filles du distilbène » est troublant. Exposées dans le ventre de leurs mères dans les années soixante, ces femmes atteignent maintenant la quarantaine. Déjà, les premières enquêtes épidémiologiques constatent chez elles une augmentation très nette du cancer du sein : le risque est presque doublé (13). Le bisphénol-A et les autres perturbateurs endocriniens œstrogéniques jouent-ils un rôle dans l'augmentation considérable du cancer du sein chez les femmes des pays riches ? Même s'il est aujourd'hui impossible de le déterminer avec certitude, des scientifiques posent ouvertement la question. En France, l'incidence du cancer du sein augmente de presque 2,5 % par an depuis la fin des années soixante-dix, le nombre de cas a doublé en trente ans. Chez les femmes, il est le premier responsable des décès par cancer, et le plus fréquent. On estime que, pour les générations nées après les années cinquante, une femme sur 8 aura un cancer du sein (14). Quoique moins marquées qu'en France, les tendances sont similaires dans le reste du monde (+ 20 % environ en 30 ans aux États-Unis). Certains facteurs de risque pour le cancer du sein sont connus : obésité, alcool, manque d'activité physique, contraceptifs oraux et traitements hormonaux substitutifs, alimentation. Des gènes de susceptibilité au cancer du sein ont également été identifiés (BRCA1, BRCA2). Mais les cancérologues estiment qu'ils ne sont en cause que dans 10 % des cas, et que c'est du côté des expositions environnementales qu'il faut chercher des réponses (15).

Pour les femmes, il n'y a pas que le cancer du sein. Comme chez les hommes, leur fécondité et leur fertilité sont en baisse. Elles connaissent désormais plus de troubles du système reproducteur comme de l'endométriose, des pubertés précoces, des perturbations des cycles menstruels, des grossesses retardées, des fausses couches (16). Là encore, la comparaison entre ces statistiques, les « filles du distilbène », et les effets observés chez des animaux de laboratoire exposés au bisphénol-A soulève de nombreuses interrogations. Ana Soto relève que les femmes exposées au distilbène ont leur ménopause plus tôt que les femmes non exposées. « *Or, nous avons observé que le bisphénol-A agissait sur la régularité des cycles chez les rats et sur l'équivalent de la ménopause, que l'on n'appelle pas comme ça chez les rats et qui est la cessation d'activité cyclique. Il y a donc des parallèles.* » En 1997, les résultats d'une gigantesque étude menée sur plus de 17 000 fillettes américaines avaient secoué la communauté scientifique et frappé l'opinion. Les enquêteurs constataient que les premiers signes de puberté survenaient bien plus tôt qu'auparavant. À l'âge de 8 ans, 48,3 % des fillettes afro-américaines et 14,7 % des fillettes blanches avaient déjà des poils pubiens et de la poitrine. L'âge moyen de développement de la poitrine se situait à 8,87 ans pour les premières et 9,96 pour les secondes. Soit près de deux ans plus tôt que les fillettes de la génération précédente. Plusieurs enquêtes épidémiologiques dans différents pays ont, depuis, confirmé cette tendance (17). La chercheuse américaine Kembra Howdeshell s'est intéressée à l'influence des œstrogènes sur la puberté des souris exposées pendant leur développement. Chez les humains, on sait que les fausses jumelles connaissent des pubertés plus précoces que des filles qui ont grandi en colocation avec un faux jumeau garçon dans l'utérus de leur mère. Un phénomène dû aux concentrations d'hormones féminines ou masculines. Exactement comme pour les souris Sabrina et Raymonde. Kembra Howdeshell, elle, observe que la puberté survient plut tôt chez les souris exposées *in utero* à des doses de seulement 2,4 µg/kg de bisphénol-A (18).

Mais il n'y a pas que les femmes dans la vie du bisphénol-A en laboratoire. Sur les rongeurs, de faibles doses de bisphénol-A provoquent des effets très variés sur différents systèmes de l'organisme. Outre ceux déjà mentionnés, la littérature recense obésité, diabète de type 2, baisse du nombre de spermatozoïdes, altérations du système immunitaire, cancer de la prostate, modifications des taux de neurotransmetteurs et des connexions synaptiques dans le cerveau, troubles comportementaux qui vont des difficultés d'apprentissage à l'agressivité en passant par l'hyperactivité (19). Des chercheurs tombent même sur des effets du bisphénol-A par accident. Ce n'était pas du tout dans les intentions de Patricia Hunt de s'intéresser à cette substance chimique. À l'Université de Cleveland, aux États-Unis, elle menait paisiblement ses recherches en génétique jusqu'au jour où, surprise, elle observe chez ses souris des anomalies inattendues. Lors de la division des cellules, les chromosomes sont censés s'aligner de telle sorte qu'ils sont partagés de manière équitable. Chacune des nouvelles cellules comporte alors l'intégralité du bagage génétique qu'ils représentent. Or, chez ses souris, ce n'est pas le cas. Il manque des chromosomes dans les nouvelles cellules destinées à devenir un jour des ovules. Cette aberration génétique grave peut provoquer fausses couches et malformations congénitales. En enquêtant dans son laboratoire, Patricia Hunt s'aperçoit que les cages et les biberons d'eau des souris ont été stérilisés à haute température et récurés à l'aide d'un puissant détergent. Le grand ménage a détérioré le plastique polycarbonate qui laisse du bisphénol-A s'échapper dans les souris. Elle les expose alors délibérément à de faibles doses de bisphénol-A, ce qui lui permet de vérifier que la substance est responsable de l'anomalie chromosomique. Depuis, elle a constaté que, lorsqu'une souris est exposée à 20 µg/kg de bisphénol-A pendant la grossesse, la substance endommage les brouillons d'ovules de ses filles. C'est-à-dire ses petits-enfants potentiels. Patricia Hunt n'avait entendu parler de la controverse sur les effets des faibles doses que de très loin. Mais après la publication de ses conclusions, elle voit, interloquée, « *des gens payés par l'industrie* » décortiquer ses résultats. « *Une expérience pleine d'enseignement pour moi, parce que mes travaux n'avaient jamais été examinés aussi minutieusement, et j'avais toujours pensé que mes pairs scientifiques seraient ceux qui exprimeraient le plus de critiques* » raconte-t-elle, ironique (20).

Les aléas de la ratification

En dix ans, la controverse sur les effets de faibles doses de substances chimiques s'est cristallisée sur le bisphénol-A et le porte-parole du concept, Fred vom Saal. D'après le chercheur américain les représentants de l'industrie déploient de « *grands efforts de relations publiques* » destinés à « *discréditer* » le travail des scientifiques, le sien notamment. « *Ils envoient des gens à des conférences dans lesquelles j'interviens et posent des questions idiotes. Ils appellent les organisateurs pour exiger que je ne sois pas invité. Tant de gens m'ont raconté qu'ils avaient reçu des coups de fil d'industriels qui expliquaient qu'ils apportaient des objections à ma présence à des conférences. Et dans certains cas, ça marche. On m'a demandé de me retirer d'une conférence qui se tenait en Californie sur le plastique dans l'océan, parce que l'industrie chimique donnait de l'argent aux organisateurs. Ils leur ont dit : nous exigeons que Fred vom Saal ne soit pas invité ! C'est la condition à notre participation financière.* »

Improvisés endocrinologues, les industriels dispensent des leçons de bonne et de mauvaise science à des scientifiques expérimentés. Apprenant à réaliser des manipulations subtiles et complexes, les industriels mettent la main à la paillasse. « *L'industrie s'engage dans le débat en finançant des études* » explique non sans fierté Michel de Poortere, chimiste de formation et représentant du CEFIC, la principale association industrielle européenne. Il explique qu'il existe des règles appelées « *bonnes pratiques de laboratoire* » et que l'industrie ne réalise ses expériences qu'en suivant ces protocoles standardisés. « *Des scientifiques académiques mettent au point de nouveaux protocoles mais ils ne sont pas encore homologués,* dit-il. *Il y a beaucoup de questions sur la qualité des protocoles.* » Pour sa validation, tout travail scientifique doit être reproductible. Évoquant des « *expériences menées à large échelle et suivant les lignes directrices reconnues au niveau international* », les industriels affirment qu'ils ne parviennent pas à répliquer les expériences qui montrent des effets du bisphénol-A à de faibles doses. Ce qui, dans un langage scientifique tacite, sous-entend que les expériences ont été mal faites et, donc, que les chercheurs qui les ont menées ont commis de grossières erreurs. Ils n'ont ainsi aucun complexe à affirmer que « *le poids des preuves scientifiques soutient clairement la sécurité du bisphénol-A et assure que les inquiétudes concernant la santé humaine à des niveaux d'exposition réalistes n'ont aucune base* ».

Une curieuse conception du « *poids de la preuve* », si l'on en croit l'analyse minutieuse des 176 études explorant les effets de faibles doses de bisphénol-A et rédigée par Fred vom Saal fin 2006. Une large majorité d'entre elles – 149 – montrent des effets « *significatifs* » si ce n'est « *clairement nocifs* ». Ces recherches ont toutes, sans exception, été financées par des fonds gouvernementaux. Seules 27 études ne montrent aucun effet ; 13 étaient financées par l'industrie du plastique. Un deuxième indice permettrait presque d'anticiper les conclusions d'une étude avant même qu'elle ne commence : l'animal. Dans cette controverse où l'on bataille à coups de protocoles standardisés et de reproches de parti pris, le choix des rongeurs est aussi important que le reste. Les rats et les souris ne poussant pas sur les arbres, les chercheurs se fournissent auprès de producteurs spécialisés. Ils commandent leurs cobayes sur catalogue parmi plusieurs espèces et lignées comme des cuisiniers choisiraient des pommes. De la même manière que les Canada sont plus adaptées aux compotes que les Golden, dont le destin est d'être croquées, chaque type de rat ou de souris possède des caractéristiques bien identifiées. Les rats Sprague-Dawley sont connus pour être les plus dociles, les Long Evans réputés les plus intelligents. Et certaines espèces sont moins sensibles que d'autres aux effets des œstrogènes. Pour se pencher sur cette question, il faut posséder un certain degré de motivation, un sens absolu de la besogne consciencieuse, avec aussi cette larme de dinguerie obsessionnelle qui fait d'un chercheur celui qui a consacré des années de sa vie à étudier plusieurs centaines de bêtes. Cet homme existe. Il s'appelle Jimmy Spearow et travaille à l'EPA de l'État de Californie. Flottant dans une chemisette à taches bleues voisines du motif hawaïen, Jimmy Spearow peut parler hormones et génétique à une vitesse folle.

Dans un premier temps, Jimmy Spearow s'est fait expédier des colis de souris. Il a exposé les animaux à différentes doses d'œstradiol et mesuré leurs effets sur le poids de leurs testicules et la spermatogenèse. Le record revenait à des souris CD-1, 195 fois plus résistantes que d'autres. En élevant lui-même certaines lignées, Jimmy Spearow a fait une autre découverte dont les implications s'étendent bien au-delà des carrelages de la recherche fondamentale. Ces souris qui se sont reproduites entre elles, façon famille royale, sont devenues de plus en plus vulnérables aux effets de l'œstradiol. La reproduction en autarcie fragiliserait donc les espèces, un constat inquiétant pour celles qui sont en voie de disparition. Mais ce serait mal connaître Jimmy Spearow que de croire qu'il s'en tiendrait là. Il est ensuite passé aux rats. En se plongeant dans la généalogie de la famille des Charles River Sprague-Dawley (CD-SD), abondamment utilisés dans les études toxicologiques sur les polluants chimiques, il a découvert que ces rats avaient été, il y a bien des années, sélectionnés et développés pour leurs capacités à la lactation, leur vigueur et leur docilité, mais aussi pour leur forte résistance à l'arsenic. Ce qui ne pourrait être qu'un détail historico-technique s'avère en fait crucial : l'arsenic perturbe en effet les récepteurs de certaines hormones comme ceux de l'œstradiol. C'est-à-dire que ces rats utilisés pour évaluer l'impact d'une substance sur le système reproducteur sont moins sensibles, et parfois même totalement insensibles à l'action de l'œstradiol, du distilbène ou encore du bisphénol-A. Ce sont des super-résistants (21). *« On n'obtient pas les mêmes résultats quand on teste une substance sur King-Kong ou quand on la teste sur Bambi ! »* proteste Jimmy Spearow, faisant dangereusement tanguer les petits-fours dans son assiette. Bambi, c'est nous. Sur les 14 autres études, financées par le gouvernement, qui ne montrent aucun effet nocif du bisphénol-A à de faibles doses, 10 ont utilisé des rats CD-SD.

Notre priorité numéro 1

Les instances sanitaires et régulatrices, qu'elles soient américaines ou européennes, continuent d'assurer que le bisphénol-A est sans danger pour la population. « *Je suis extrêmement inquiet de voir dans les comités régulateurs des personnes qui sont en fait, à 100 %, formées en toxicologie classique, et qui ne comprennent pas qu'il s'agit-là d'un nouveau monde, d'une nouvelle façon d'appréhender les substances chimiques* » critique Fred vom Saal. Mais il y a plus grave qu'un certain classicisme de pensée. Ces instances appuient leurs avis officiels sur l'opinion de panels d'experts dont la composition n'est pas toujours transparente. Elles recourent à des consultants extérieurs dont les intérêts sont parfois contradictoires avec des impératifs de santé publique. Sur ce point, Fred vom Saal ne mâche pas ses mots. « *La santé publique qui devrait être la priorité n'est pas la priorité. Les gens qui sont aux commandes sont des gens qui ne se préoccupent que des profits de leurs corporations. C'est ce manque de transparence qui a causé un énorme scandale aux États-Unis.* » En 2006, le Centre d'évaluation des risques pour la reproduction humaine (CERHR), une agence fédérale qui dépend des National Institutes of Health, entame une analyse des études sur le bisphénol-A afin de déterminer s'il faut revoir les seuils de toxicité. En mars 2007, la journaliste Marla Cone révèle dans le *Los Angeles Times* que le CERHR a confié une partie de son travail à une société privée dont l'industrie est le principal client. En 9 ans d'existence, le CERHR a demandé à Sciences International de faire la synthèse des connaissances scientifiques sur pas moins de 17 substances. Une situation absolument inédite où un organisme public externalise une expertise sur laquelle s'appuieront des décisions réglementaires relevant de la protection de la population. C'est l'organisation EWG qui avait soulevé le problème la première, guidée par les critiques scandalisées de scientifiques comme Fred vom Saal, qui découvraient le rapport intérimaire de l'agence sur le bisphénol-A. L'affaire fait grand bruit aux États-Unis. Elle remonte au Congrès qui réclame des explications sur ce conflit d'intérêt patent. Parmi les clients de Sciences International figurent une cinquantaine de compagnies chimiques comme DuPont, Chevron, Exxon Mobil, 3M, Union Carbide et aussi BASF et Dow Chemical, tous deux producteurs de bisphénol-A (22). Sous la pression, Sciences International est remercié un an avant la fin de son contrat. *« Même s'il est absolument clair que la société Sciences International avait un conflit d'intérêt, l'agence déclare que tout le travail et tous les rapports qui ont été faits sont parfaits ! »* s'exclame Fred vom Saal.

Le travail du panel d'experts, volontairement constitué, par le CERHR, de 12 scientifiques qui ne travaillent pas sur le bisphénol-A, se poursuit. Sur la base du document établi par Sciences International. Des publications académiques rapportant des effets à de faibles doses sont exclues de la liste des études prises en compte. Comme les travaux de Patricia Hunt sur les aberrations des chromosomes, par exemple. Le 8 août 2007, l'agence publie les premières conclusions des experts (23).

Les effets comportementaux et cérébraux suite à une exposition *in utero* suscitent leur « *inquiétude* ». C'est la première fois qu'un panel gouvernemental exprime une inquiétude officielle sur la dangerosité du bisphénol-A. Ancien employé de la compagnie pharmaceutique Pfizer et directeur du panel, Robert Chapin déclare même dans la revue *Science* que « *le moment est peut-être venu d'appliquer le principe de précaution* » (24). Tous les autres effets sont en revanche minimisés. Malformations congénitales suite à une exposition *in utero*, troubles de la reproduction chez l'adulte : degré d'inquiétude « *négligeable* ». Effets nocifs sur la prostate, puberté précoce : degré d'inquiétude « *minimal* ». Le rapport définitif était attendu pour l'automne 2007. Campée sur ses positions, l'industrie est aux anges. « *Les conclusions annoncées aujourd'hui offrent de fortes garanties aux consommateurs qu'ils ne risquent rien à utiliser des produits contenant du bisphénol-A. Plus important encore, ces conclusions proviennent d'un groupe de scientifiques indépendants, très crédibles, hautement qualifiés, qui n'ont aucun conflit d'intérêt, et ont agi au cours d'un processus ouvert et transparent* » déclare Steven G. Hentges, responsable du groupe polycarbonate/bisphénol-A au sein de l'association industrielle American Chemistry Council. Et d'ajouter : « *La sécurité de nos produits est notre priorité numéro 1.* »

Au moment même où paraît le rapport intérimaire, 38 des plus grands experts américains et européens du bisphénol-A publient une déclaration de consensus issue de plusieurs jours de travail menés quelques mois plus tôt sous l'égide de l'agence fédérale de Santé environnementale, le NIEHS. Eux aussi ont passé en revue l'intégralité de la littérature scientifique sur le bisphénol-A. Mais leurs conclusions ne sont pas les mêmes. Ils sont « *certains* », écrivent-ils, que les concentrations trouvées chez les humains se situent au-dessus de celles qui provoquent des effets nocifs chez les animaux. Pour eux, la dose maximale fixée par l'EPA dans les années quatre-vingt, complètement obsolète, est 25 à 250 fois trop élevée (25). Alors le bisphénol-A pose-t-il oui ou non un risque pour la santé humaine ? Visiblement, tout dépend de la personne à qui la question est posée.

*****

Type de produits pouvant contenir du bisphénol-A sous la forme de polycarbonate (plastique dur et translucide), de résine époxy, comme additif dans le PVC, comme retardateur de flammes dans les appareillages électriques :

Adhésif et joint, amalgame dentaire, bac de rangement, biberon, boîte de conserve, bombonne d'eau rechargeable, bouteille en plastique, canette de boisson, casque de sport et de sécurité, CD et DVD, cuve à vin, emballage alimentaire, équipement automobile, encre d'imprimerie, équipement électrique (douille, prise...), équipement médical, équipement de ski, tennis et golf, housse pour téléphone mobile, jouets, mastic, ordinateur, outillage électrique, papier essuie-tout, papiers, papiers thermiques (billets d'avion, étiquettes autocollantes pour la pesée des fruits et légumes, papier pour fax, reçu de parking, de banque, etc.), pâte à bois, peinture pour coques de bateaux, produit anti-corrosion, rasoir, récipient alimentaire en plastique transparent, récipient alimentaire en plastique pour le micro-ondes, revêtement de protection, revêtement de sol, sèche-cheveux, tasse et gobelet pour enfants, tableau électrique, tétine, vaisselle et couverts en plastique réutilisables, vernis pour bois, verre de lunettes, vitrages.

Sources : 2, 6, 9. Plastics Europe.

RPA. Interim risk reduction strategy and analysis of advantages and drawbacks for bisphenol-A. *Stage 4 report, Londres, août 2003.*

Laisse pas traîner ton fils

Plastique, cosmétiques, jouets, détergents

Ici, les mots sperme et pénis peuvent être prononcés à raison de 15 fois par minute. Il y a bien sûr les diagrammes abscons, les défilés de lettres grecques, les arcs-en-ciel de courbes et les enfilades de tableaux peuplés de microgrammes par jour, litre, kilogrammes, ou bouffée d'air. Sur l'écran passent des attributs masculins hors normes et en gros plan, dont les propriétaires sont des rats et des souris. Au milieu des touffes de poil ras surgissent de lilliputiens testicules qui ressemblent à des tic-tac à l'escalope, des phallus disgracieux et inachevés, des anus censés être ailleurs. Quand les plus grands experts de la perturbation endocrinienne se réunissent, ça discute prépuce et scrotum même à la pause déjeuner, fébrilement, sourcils froncés et sandwich au poing. Le soir aussi, pendant le dîner, la crème de la recherche mondiale condense son humour grinçant et limite potache sur les paroles de *Yellow Submarine* des Beatles qui deviennent :

« *Notre monde est tellement pollué*
Que les testicules pourraient bientôt disparaître.
Refrain :
Nous vivrons bientôt dans un monde privé de sexe,
Monde privé de sexe, monde privé de sexe. »

Quand on a l'impression de se battre contre des moulins à vent pour alerter l'humanité, il faut bien lâcher un peu de pression de temps à autre. Un atelier de travail réunissant une centaine d'experts de la perturbation endocrinienne à Copenhague pour débattre des dangers pour la population ? Un événement majeur qui mérite la une du quotidien danois *Politiken.* Sur fond noir, le symbole masculin – le rond surmonté d'une flèche – est en berne pour l'occasion, accompagné d'une citation de l'organisateur, Niels Skakkebaek : « *La population est confrontée à une crise de la reproduction que nous devrions considérer avec autant de sérieux que le réchauffement climatique.* » Il faut dire que les problèmes de fertilité sont tellement graves au Danemark que les journaux en parlent presque tous les jours.

Les banlieues de la virilité

C'est en fait avec le cancer des testicules que tout a commencé pour Niels Skakkebaek. S'il en est venu, en 1992, à s'interroger sur la fertilité masculine, c'est que les hommes en consultation pour des cancers des testicules sont, souvent, également infertiles. Au Danemark, les statistiques nationales courent sur plusieurs décennies ; le pays possède le plus ancien registre des cancers au monde, mis en place pendant la Seconde Guerre mondiale. Il lui permet ainsi de constater que le cancer des testicules est en très forte augmentation. Niels Skakkebaek en est donc arrivé à découvrir l'effondrement de la fertilité masculine dans les pays industrialisés parce qu'il avait émis cette supposition : si le nombre de ces cancers augmentait, la fertilité devait, en toute logique, baisser. Depuis les années soixante-dix, Niels Skakkebaek s'intéresse surtout aux origines biologiques et aux déclencheurs du cancer des testicules. À cette époque, alors jeune chercheur, il observe des petits groupes de cellules anormales, précancéreuses, dans des tissus prélevés sur les testicules d'hommes atteints de cancers : des carcinomes *in situ*. En 1972, il est le premier à énoncer l'hypothèse que ces cellules sont les précurseurs du cancer des testicules. Quelques années plus tard, il enrichit sa théorie. Pour lui, ces précurseurs du cancer des testicules sont issus de cellules qui ont mal tourné très tôt, au tout début de l'existence des hommes, alors qu'ils ne mesuraient que quelques millimètres dans le ventre de leur mère. Car ces cellules sont des cellules fœtales – des gonades – qui sont la base du kit de fabrication des testicules. Lesquelles sont avant tout des glandes hormonales (1). « *Quand un homme développe un cancer des testicules, ce n'est pas un événement qui arrive par hasard. On pourrait presque dire que c'est une destinée : depuis qu'il est enfant, il porte dans ses testicules les signes avant-coureurs de son cancer, mais ce n'est qu'à l'âge adulte qu'il développe une tumeur* » explique-t-il.

Niels Skakkebaek poursuit son exploration des organes génitaux masculins en souffrance. Il constate que les petits garçons atteints d'hypospadias (mauvaise position de l'urètre) et de cryptorchidie (non-descente des testicules) développent plus de cancers des testicules que les autres à l'âge adulte. Vient ensuite son article de 1993 dans le *Lancet*, qui met en cause une trop forte imprégnation aux œstrogènes pendant la gestation dans la genèse de ces troubles. Y a-t-il un lien entre tout cela ? se demande-t-il. La question est logique. Chez des garçons souffrant de cryptorchidie, il découvre les mêmes carcinomes *in situ* que chez les adultes atteints de cancer des testicules. Il les identifie aussi dans les biopsies d'enfants atteints d'hypospadias. Peu à peu, le faisceau de coïncidences se transforme en évidence. En 2001, Niels Skakkebaek estime avoir réuni suffisamment d'éléments pour pouvoir avancer que l'ensemble de ces anomalies du système reproducteur mâle – que ce soit cancer des testicules, cryptorchidie, hypospadias, sperme de mauvaise qualité – sont non seulement des facteurs de risques les uns pour les autres, mais qu'ils auraient une seule et même origine. Une maladie commune perturberait le programme de développement des cellules des testicules au cours des premières semaines de la vie fœtale ; il l'appelle syndrome de dysgénésie testiculaire (TDS). Pour lui, le TDS serait en partie dû à des facteurs génétiques, mais aussi et surtout à des polluants environnementaux capables de gripper la chronologie des événements hormonaux (2). Reste à savoir lesquels. Reste aussi à le prouver. *« Je suis certainement plus inquiet aujourd'hui que je ne l'étais en 1992*, confie-t-il. *Mais je ne peux pas dire que nous ayons la preuve finale que les perturbateurs endocriniens soient les responsables des troubles de la reproduction que nous constatons chez les humains. Ce dont nous sommes certains, en revanche, c'est que, chez les humains, la reproduction mâle est une réelle source d'inquiétude – tout du moins au Danemark, où il y a vraiment un problème. »*

Depuis plusieurs années, le Danemark lui sert, en quelque sorte, de « laboratoire vivant », et les moindres paramètres de la virilité y sont minutieusement répertoriés. La qualité de sperme est parmi les plus mauvaises au monde. Selon les estimations des chercheurs, 20 % des jeunes Danois sont en dessous de la limite de la fertilité – une barre fatidique fixée par l'Organisation mondiale de la santé (OMS) à 20 millions de spermatozoïdes par millilitre de sperme, et en dessous de laquelle la capacité d'un homme à se reproduire est sérieusement compromise. Et même : 10 % de ces jeunes sont porteurs de spermatozoïdes tellement fichus qu'ils sont carrément infertiles (3). Quand on prend en compte les deux critères – nombre de spermatozoïdes et quantité de gueules cassées parmi eux –, ce sont alors 70 % des jeunes Danois qui ont un sperme de mauvaise qualité. Au Danemark, l'hypospadias touche 4,6 % des garçons âgés de 3 ans (moyenne américaine : 0,7 %). Quant au cancer des testicules, les Danois en ont 4 ou 5 fois plus que les Finlandais qui présentent, eux, une des incidences les moins élevées au monde (4). Cerise sur le gâteau, pour ainsi dire, les testicules danois sont aussi plus petits que les finlandais, précise Niels Skakkebaek. Cet étonnant fossé statistique a conduit l'équipe de Copenhague à une extrémité de la Baltique, et celle de Jorma Toppari, en Finlande, à lancer simultanément les mêmes études de cohortes dans les deux pays afin de peaufiner la comparaison. Ils découvrent alors que 2,4 % des nouveaux-nés finlandais sont atteints de cryptorchidie, contre

9 % au Danemark. Le risque de cryptorchidie à la naissance est 4 fois plus élevé au Danemark (5). Ce qui se passe dans les testicules danois est une vision, à la loupe grossissante, d'un phénomène mondial. Tous les pays qui observent une augmentation du cancer des testicules devraient considérer ces statistiques comme tout autant de pointes d'iceberg qui dissimulent d'autres troubles de la reproduction masculine, avertissent les chercheurs scandinaves. Or, le cancer des testicules se fait moins rare qu'auparavant dans les pays industrialisés. Il touche des hommes de plus en plus jeunes, au point d'être devenu le cancer le plus fréquent chez les hommes âgés de 25 à 45 ans dans les pays développés. En France, son incidence a doublé en 20 ans (6). Dans les pays d'Europe du Nord, les chiffres continuent d'augmenter à un rythme soutenu, jusqu'à 5 % par an pour certains d'entre eux.

Comment expliquer une telle différence entre le Danemark et la Finlande, dont les hommes sont majoritairement au-dessus de la barre des 50 millions de spermatozoïdes par millilitre de sperme ? Disposant de données très précises courant sur plusieurs décennies, abondamment financés par des gouvernements successifs anxieux, les chercheurs du Riegshospitalet de Copenhague sont sans doute ceux qui ont poussé le plus loin l'analyse de la problématique. Selon eux, c'est la prospérité d'un pays qui le conduit tout droit aux troubles de reproduction. Mais quand ils disent prospérité, c'est en fait exposition accrue aux substances chimiques qu'il faut comprendre. Car plus d'argent signifie plus de consommation. Plus de produits, plus de substances. *« Plus la population est riche, pire est la situation. »* Regard clair et cigarette roulée entre les doigts, le professeur Henrik Leffers explique leur raisonnement. Au Danemark plus qu'ailleurs, les richesses sont mieux distribuées au sein de la population. « *Nous n'avons pas de pauvres qui ont une bonne qualité de sperme, si vous suivez ma pensée.* » Le cancer des testicules et la baisse de fertilité touchent les pays les plus développés. Pas les pays d'Europe de l'Est « *qui sont bien moins riches que nous le sommes* ». Or, si les troubles de la reproduction surviennent avant la naissance, « *cela veut dire que ce que nous voyons aujourd'hui est arrivé il y a vingt ans ou plus. Quand on constate une mauvaise qualité de sperme aujourd'hui, c'est 20 ou 30 ans auparavant qu'on doit en chercher la cause.* » Largement détruite pendant la Seconde Guerre mondiale en raison de sa position frontalière stratégique avec l'URSS, la Finlande a mis du temps à se remettre sur pied. Il y a vingt ou trente ans, elle était bien moins riche que les autres pays scandinaves, mais s'est rattrapée depuis. Aujourd'hui, c'est l'un des dix pays les plus riches de l'Union Européenne. « *Et si l'on regarde les statistiques en Finlande aujourd'hui, on constate une tendance extrêmement inquiétante : ces quelques dernières années, le cancer des testicules y a augmenté plus que dans n'importe quel autre pays du monde.* » Sur les courbes, le pic est effectivement net et brutal. Et selon des données encore inédites, la qualité de sperme a entamé une baisse « *dramatique* ». « *Ce qui veut dire que, dans dix ans, la Finlande en sera peut-être au même point que le Danemark. Cela suit la période où elle s'est considérablement enrichie.* »

Henrik Leffers va encore plus loin et expose l'hypothèse à laquelle souscrivent tous ses collaborateurs, Niels Skakkebaek compris. « *Nous pensons que la raison principale est l'explosion de l'usage des cosmétiques. Nous nous trompons peut-être, mais tous les éléments pointent dans cette direction. Car l'une des choses qui changent véritablement quand on gagne plus d'argent, c'est que les femmes utilisent des cosmétiques* » dit-il, avant d'ajouter : « *j'en suis presque convaincu.* » Ce n'est pas vraiment dans les habitudes de ce groupe de chercheurs d'asseoir des convictions sur du vent. « *Quand on regarde les données, il semble que les Danois soient exposés à plus de substances chimiques et plus de perturbateurs endocriniens que les Finlandais* » assène Niels Skakkebaek. L'une de leurs études a mis en évidence une association entre la cryptorchidie chez des petits garçons et la présence, dans le lait de leur mère, de plusieurs pesticides organochlorés comme le DDT, le HCH, l'endosulfan ou la diéldrine, des perturbateurs endocriniens qui imitent les œstrogènes (7). Une autre étude concerne une autre famille de substances chimiques, les phtalates. Sous la direction de Katarina Main, les chercheurs ont mesuré, dans des échantillons de lait maternel, les concentrations de six phtalates sous leur forme dégradée de métabolites. Ils les ont ensuite comparées avec les taux d'hormones sexuelles mâles chez leurs petits garçons, en bonne santé. Cinq phtalates étaient corrélés avec des taux d'hormones masculines, comme la testostérone, inférieurs à la moyenne. Ce qui signifiait que les cellules de Leydig, les usines à hormones mâles des testicules, ne fonctionnaient ni à plein régime ni correctement (8). De mauvais augure pour leur fertilité.

Le retour du maintenant et du jamais

Les chercheurs scandinaves ne se sont pas intéressés aux phtalates par hasard. Très étudiés depuis plusieurs années, les phtalates se trouvent absolument partout dans notre environnement quotidien, dans le plastique surtout, dans le PVC plus précisément, où ils servent de plastifiants et rendent la matière flexible. Pratiquement tous les produits en PVC en contiennent. La matière plastique d'un rideau de douche, par exemple, peut contenir jusqu'à 40 % de phtalates. Ils sont aussi ajoutés dans les potions chimiques qui deviendront par la suite des emballages alimentaires et des cosmétiques. Les phtalates ont cela de particulier qu'ils ne figurent jamais sur les listes d'ingrédients. Et comme l'industrie renâcle à fournir une liste précise de leurs usages, leur présence dans les produits est révélée au gré des intuitions des associations de consommateurs et des organisations environnementales qui réalisent des enquêtes ponctuelles. Ainsi en 2004, l'association allemande Öko-Test déniche 35 % de phtalates dans des fils de scoubidous et deux phtalates (DEHP et DINP) dans 14 paires de tongs disséquées dans leur laboratoire. « *Suggérer que les gens courent un risque en portant des tongs n'a absolument aucune base scientifique ou médicale* » protestent les fabricants de phtalates. En 2006, l'équipe néerlandaise de Greenpeace découvre avec stupéfaction que des quantités considérables de phtalates – parfois 70 % – se nichent jusque dans les godemichés, vibromasseurs et autres *sex toys*. Un problème apparemment assez grave au Danemark pour que le ministère de l'Environnement s'en saisisse et produise un très officiel rapport de 85 pages (9). En 2002, l'organisation américaine Environmental Working Group (EWG) avait détecté des phtalates dans 52 des 72 produits cosmétiques qu'elle testait, du DEP dans 71 % des cas (10). Aucun n'était mentionné sur la liste des composants.

Les phtalates ont une forte propension à se faire la malle des produits qu'ils constituent. Même s'ils apprécient la graisse, ils ne s'y accumulent pas, contrairement aux produits organiques persistants (POP). Comme le bisphénol-A, ils sont rapidement métabolisés et éliminés par le corps, en 12 heures en moyenne. Mais ils sont présents dans les organismes de la quasi totalité de la population : presque 100 % des 2 540 Américains testés par les Centers for Disease Control (CDC) avaient les métabolites de plusieurs phtalates dans leurs urines (11). En fait, les phtalates sont détectables en permanence dans le sang, l'urine, le lait maternel, le liquide amniotique, le cordon ombilical. Ce qui signifie que l'exposition des humains aux phtalates est continuelle. Il existe une dizaine de phtalates, plus souvent désignés sous leurs noms abrégés que par leur dénomination complète : DEHP (plutôt que diéthylhexyl phtalate), DBP, BBP, DIDP ou encore DINP. Une complexité qui n'aide certainement pas le grand public à saisir les enjeux du débat, mais qui permet à l'industrie de se faufiler entre les nuances des dispositions réglementaires qui les encadrent.

Eu Europe, quatre phtalates, classés toxiques pour la reproduction catégorie 2, sont interdits dans les cosmétiques : le DEHP, le DMEP, le DBP et le BBP (12). D'après le Bureau d'évaluation des risques des produits et agents chimiques (BERPC), à Paris, deux autres phtalates, le DIHP et le DIBP, viennent également d'être classés toxiques pour la reproduction catégorie 2 – R 61 (soit : risque pendant la grossesse d'effets néfastes pour l'enfant). Quand ce classement sera officiellement publié, ils devraient à leur tour être interdits dans les produits de consommation. Donc dans les cosmétiques. L'industrie cosmétique affirme n'utiliser que du DEP, phtalate autorisé, qui a notamment pour fonction de rendre l'alcool des parfums impropre à la boisson. Dans une enquête menée en 2005, Greenpeace constatait que, sur 36 parfums de grandes marques soumis à leurs tests, 35 contenaient des phtalates de dix sortes différentes. Certains sous la forme d'impureté. Mais ce n'était pas le cas pour tous (13). Depuis les années quatre-vingt-dix, une masse de littérature scientifique s'est constituée sur ces substances qui sont en grande partie des perturbateurs endocriniens. Certains ont été beaucoup étudiés en laboratoire, d'autres presque pas. Les phtalates ont cela de particulier qu'ils ne piratent pas seulement le système hormonal en imitant les hormones féminines, les œstrogènes. Ils sont également capables d'une action anti-androgénique : ils bloquent les opérations des hormones mâles. Certains phtalates possèdent même les deux aptitudes. Sur les animaux de laboratoire, ils provoquent un vaste panel de cataclysmes « antivirilisants ». Exposés au phtalates pendant la grossesse, les rats développent hypospadias, cryptorchidie, baisse des taux de testostérone, du nombre de spermatozoïdes etc. – tout ce qui ressemble de près ou de loin au syndrome de dysgénésie testiculaire chez l'homme (14).

En conférence, Richard Sharpe ne se promène pas sans sa guirlande de jeunes doctorants du Centre pour la biologie de la reproduction d'Édimbourg, en Grande-Bretagne. Avec eux, Richard Sharpe explore la genèse du mâle dans ses aspects les plus microscopiques. Il s'est plus particulièrement focalisé sur le rôle que joue la testostérone pendant le processus de différenciation sexuelle, au stade fœtal. *« On sait depuis longtemps que la testostérone est essentielle à la programmation du fœtus comme mâle. Si cette programmation n'a pas lieu, ou qu'elle n'a pas totalement lieu, on obtient des désordres du processus de masculinisation et ensuite des problèmes de reproduction.* » Les explications de Richard Sharpe s'accompagnent de clichés répugnants de coupes de testicules ou de pénis qui ne ressemblent plus à rien. Chez les humains, un enchaînement d'événements hormonaux, qui se déclenchent à partir de la septième semaine de vie intra-utérine, provoque le développement du système génital masculin (lire au chapitre 5). Chez les rats, ces événements sont identiques – à cela près que la gestation est ramassée sur 21 jours. Quand il administre du dibutylphtalate (DBP) à une ratte en gestation, la quasi-totalité de ses petits ratons ont une cryptorchidie. En essayant de comprendre comment les phtalates agissaient, Richard Sharpe a « *trébuché* », dit-il, sur une « *découverte conceptuelle majeure* ». Il a compris que la testostérone déclenchait le processus de masculinisation bien avant qu'il ne se produise. « *La testostérone agit cette semaine, mais vous ne verrez pas les effets qu'elle induit avant la semaine prochaine ou même la suivante. Mais ce n'est pas l'action de la testostérone la semaine prochaine ou la suivante qui est importante, c'est celle d'aujourd'hui. Elle appuie sur un bouton, mais cela ne provoque rien pour l'instant.* » Selon lui, cette fenêtre temporelle s'applique aussi aux humains et se situe très tôt dans la vie du fœtus. « *Si l'on retarde le développement des testicules, on peut rater une partie de cette fenêtre de masculinisation. Même si les testicules se développent et fonctionnent ensuite normalement, on verra peut-être un ou des troubles reproductifs à cause de ce retard. Parce que cette fenêtre est une fenêtre d'opportunité. Une fois que vous l'avez ratée, vous ne pouvez plus rien y faire.* » Et cette logique du « maintenant ou jamais », primordiale dans ce processus biologique, peut être altérée par le DBP. Chez le rat tout du moins. Chez les humains, c'est une autre histoire. Les rats de Richard Sharpe étaient exposés à 500 mg/kg/jour de DBP. Les concentrations relevées chez les humains sont bien inférieures. « *Il n'existe pas assez de données pour me convaincre qu'à ces niveaux il pourrait y avoir des effets* [chez les humains]. *Cela ne veut absolument pas dire que j'en écarte la possibilité. Je pense seulement que nous n'en avons pas la preuve scientifique* » expose Richard Sharpe qui se définit comme un « *sceptique sain* ». « *Je pense que nous allons constater que les humains sont encore plus exposés que nous le croyons. Ensuite, nous avons besoin de savoir si cela les porte dans une zone d'exposition comparable à celle qui produit des effets sur les animaux de laboratoire. Bien sûr, les humains sont peut-être plus sensibles. Mais ils sont peut-être moins sensibles.* »

Jeux interdits

C'est toute la question, centrale, de la transposition des études sur l'animal de laboratoire à l'homme que résume là Richard Sharpe. « *Les phtalates sont en fait utilisés depuis plus de 50 ans comme plastifiants du PVC, et aucun effet négatif sur la santé humaine n'a jamais été observé nulle part dans le monde* » disent les industriels (15). Qui ont raison. Personne à ce jour n'a pu avancer la preuve formelle que les phtalates sont nocifs pour l'homme. Souvent rendu dans l'impasse, le débat sur les phtalates, comme sur les autres perturbateurs endocriniens, est constitué d'arguments plutôt paradoxaux. Pour d'évidentes raisons d'éthique et de décence, les chercheurs observent les effets des substances chimiques sur des rattes en gestation et non sur des femmes enceintes. Ainsi sont faites les études toxicologiques, depuis des décennies. Mais quand des scientifiques constatent des effets nocifs chez des animaux de laboratoire, l'industrie proteste que les résultats ne sont pas applicables à l'humain. Avec un humour teinté d'agacement, la chercheuse Ana Soto caricature la situation : *« Si je trouve quelque chose, on me dit : « Ah ! » mais ça, c'est la souris ! »* Dans l'industrie pharmaceutique, si un médicament n'entraîne aucun effet chez l'animal de laboratoire, on considère qu'on peut le tester sur l'homme. Dans l'industrie chimique, quand une substance provoque des effets sur le système reproducteur des souris ou le développement cérébral d'un rat, on dit que ce n'est pas applicable à l'homme. Alors à quoi servent les tests de médicaments sur les animaux ? *« Cela s'appelle le raisonnement à géométrie variable, ce qui est peu scientifique,* dénonce le toxicologue français André Cicollela. *L'industrie joue toujours là-dessus. C'est toujours le même argument pour générer du doute de façon à ce que les décisions réglementaires ne soient pas prises. »*

Du côté des humains, pourtant, il existe désormais certaines données. Celles de Katarina Main montrent une baisse des taux d'hormones mâles chez les petits garçons exposés aux phtalates par le lait de leur mère. D'autres font plus que suggérer que les phtalates pourraient avoir un impact sur le système reproducteur des hommes. Une série d'études menée conjointement par l'Université d'Harvard et les CDC sur des hommes a montré une association entre les métabolites de l'un des phtalates – le monoethyl phtalate (MEP) – dans les urines et des dommages dans l'ADN des spermatozoïdes. Les concentrations de ce métabolite du DEP utilisé dans les cosmétiques ne crevaient pas les plafonds. Elles se situaient dans la norme d'exposition de la population générale. Qui pourrait être affecté, concluent les auteurs (16). « *À ce point, la seule chose que nous puissions dire, c'est s'il existe ou non une association entre un certain métabolite de phtalate dans l'urine et un effet sur la santé,* explique, prudente, Antonia Calafat, l'une des co-auteurs. *Nous ne pouvons pas affirmer que c'est l'exposition à la substance chimique qui a causé les dommages dans les spermatozoïdes.* »

Chez les rats, la masculinisation incomplète, induite par une exposition à des perturbateurs endocriniens à action anti-androgénique comme les phtalates, se traduit également par un signe très précis : la distance entre l'anus et la base du scrotum, censée être deux fois plus importante chez les mâles que chez les femelles, humains compris, est diminuée. En laboratoire, la « distance ano-génitale », considérée comme l'un des critères du syndrome de dysgénésie testiculaire, sert donc de marqueur anatomique d'une exposition à des substances anti-androgènes. Source de nombreux bons mots dans les milieux scientifiques, cette précision anale a son importance. Car c'est d'abord chez les rongeurs que cette anomalie a été repérée. Et c'est *ensuite* qu'elle a été remarquée chez les humains. Pour la première fois, la correspondance entre les hommes et les animaux était inversée. Chercheuse au département d'obstétrique et de gynécologie à l'Université de Rochester, aux États-Unis, Shanna Swan a réalisé cette première grande étude sur l'exposition des bébés aux phtalates. Elle a examiné 134 petits garçons âgés de 2 à 36 mois, mesuré leur distance ano-génitale, envoyé leurs échantillons d'urine à Antonia Calafat, aux CDC. Non seulement aucun bébé ne semble pouvoir venir au monde sans être déjà chargé de phtalates (95 % des nouveaux-nés), mais ceux qui présentaient une distance ano-génitale réduite et une descente incomplète des testicules (cryptorchidie) avaient nettement plus de phtalates dans les urines. Pour être précis les métabolites de quatre d'entre eux : DEP, BBP, BBZP, DIBP. Plus inquiétant : la concentration médiane de ces phtalates se situait en dessous de celle que l'on détecte habituellement chez un quart des femmes américaines (17). « *Les données sur la santé humaine sont assez nouvelles, et récentes. Les données sur l'animal sont très anciennes. Alors une partie du problème, c'est la façon dont on veut regarder les données animales. C'est une grande différence entre l'Union européenne et les États-Unis, parce que l'Union européenne a tendance à prendre des mesures de précaution sur la base des données animales,* dit Shanna Swan. *S'il existe des données sur l'exposition, si les gens sont exposés, si ce n'est pas bon pour les animaux, on peut supposer que cela ne doit être pas être bon non plus pour l'humain et que nous ne devrions pas trop attendre pour en être certains.* »

En France, le principe de précaution, qui « *vise à prendre des mesures en cas d'incertitude scientifique sur les conséquences des risques pour l'environnement* », est inscrit dans la Constitution depuis le 28 février 2005, en dépit, pour l'anecdote, d'une objection farouche de l'Académie des Sciences. Consultée sur la question deux ans auparavant, la docte organisation s'était opposée au principe de précaution, possible « *frein au progrès* », « *qui pourrait induire des effets pervers, susceptibles d'avoir des conséquences désastreuses sur les progrès futurs de notre bien-être, de notre santé et de notre environnement* » (18). Au nom de ce principe, dès le 5 juillet 1999, un arrêté suspendait pour un an en France la fabrication, l'importation, l'exportation et la mise sur le marché de jouets et articles de puériculture en plastique, destinés à être mis en bouche par les enfants de moins de trois ans, et susceptibles de contenir six sortes de phtalates : DINP, DIDP, DEHP, DBP, DNOP et BBP. Comme beaucoup de jouets, les hochets, anneaux de dentition et autres sucettes, sont faits de PVC et contiennent donc des phtalates (19). Suivant le mouvement quelques mois plus tard, l'UE prend d'urgence, et provisoirement, la même résolution. C'est donc avec les phtalates que l'application du principe de précaution est inauguré au sein de l'Union. Non sans mal. « *Il a fallu dix ans de débat avec l'industrie pour en arriver à prendre des restrictions qui étaient, au départ, minuscules, parce qu'elles se focalisaient uniquement sur les phtalates dans les jouets pour les enfants de moins de 3 ans* » résume Yannick Vicaire, responsable des substances chimiques à Greenpeace France. Luttant pied à pied pour que cette décision ne soit pas définitive, l'industrie a réclamé des expertises indépendantes afin de déterminer si, oui ou non, les enfants couraient un quelconque risque en suçant leurs trucs en plastique. Et les experts furent missionnés. Tel l'observateur de vie sauvage tapis dans les herbes folles, chronomètre et appareil photo au cou, l'Expert scruta les mœurs de ces petits animaux. Il dut se familiariser avec les nuances du coup de langue, de la morsure simple, du mâchouillement et de la mise totale en bouche – « *Il peut être difficile de dire exactement ce qu'un jeune enfant est en train de faire quand un objet est dans ou près de sa bouche* » – et même les chronométrer. Des machines furent inventées qui reproduisaient à la goutte de salive près le rythme standard de ces « *habitudes de succion non nutritive* ». Des rapports sur les « *comportements buccaux des enfants de moins de 36 mois* » furent rédigés, portant à la connaissance du monde des informations fondamentales. Les bébés, qui peuvent consacrer jusqu'à deux ou trois heures de leur temps quotidien à ce genre d'activités, préfèrent, de très loin, suçoter des jouets représentant des animaux plutôt que de mâchouiller leurs anneaux dentaires, lesquels arrivent largement à la traîne derrière les crayons et les stylos (20). « *Alors que dans le même temps on aurait pu se demander comment faire pour remplacer ces molécules et aller de l'avant. Même en termes de coût, je suis sûr que cela aurait été plus rapide* » remarque Yannick Vicaire. Car ces années d'expertise ont de toute façon débouché sur des restrictions importantes. Depuis janvier 2007, aucun jouet ou article de puériculture destiné aux enfants de moins de trois ans ne doit contenir plus de 0,1 % de DEHP, de DBP et de BBP. Moins restreints, le DINP, le DIDP et le DNOP ne sont plus autorisés dans les objets qui se mettent dans la bouche (21). Mais les bébés, petits inconscients, regardent-ils si leurs jouets ont été fabriqués avant la mise en place de cette réglementation ? Savent-ils si l'objet qu'ils mettent dans leur bouche est vraiment conçu dans ce but ? Demandent-ils la permission avant d'engloutir le pied d'une poupée appartenant à leur sœur aînée ? Les passionnants rapports des experts européens l'ont, en effet, officiellement confirmé : les enfants n'en font qu'à leur tête. Ils suçotent ce qu'ils veulent, avec un penchant particulier pour ce qui n'est pas prévu pour, à en croire la liste désopilante des objets victimes de leur curiosité buccale : cintres, câbles électriques, *magnets* de frigo et même chaises. Qui peuvent, eux, contenir les phtalates interdits.

Le jouet n'est pas un produit comme les autres. Depuis 1997 en fait, de nombreux pays en dehors de l'Europe ont interdit les phtalates dans les jouets en PVC souple : du Mexique à la Tunisie en passant par les îles Fidji. Aux États-Unis, aucune restriction n'existant à l'échelle fédérale, la ville de San Francisco a pris les devants. Fin 2006, elle a adopté une ordonnance directement inspirée de la réglementation européenne, en y ajoutant cette larme de menace punitive si caractéristique du tempérament américain. La municipalité testera chaque année la conformité d'une centaine de jouets. Dans la version initiale du texte, les contrevenants, qu'ils soient fabricants, distributeurs ou même détaillants, encourent 1 000 dollars d'amende et six mois de prison (22). Tandis que les industriels traînent la ville de San Francisco devant les tribunaux, des États comme l'Oregon, le Maryland et celui de New York envisagent de prendre la même décision. En Californie, on y est. Adopté par le Sénat de l'État, le projet de loi AB1108 interdisant dès 2009 les six mêmes phtalates dans les jouets pour les enfants de moins de trois ans a été signé par le gouverneur Arnold Schwarzenegger. L'application de cette loi pourrait entraîner une suppression des phtalates dans l'ensemble des jouets américains à l'initiative de l'industrie elle-même. Difficile en effet de fabriquer des jouets sans phtalates réservés au marché californien, et des jouets avec phtalates pour le reste du pays.

Vous avez un mandat ?

Pour Michel de Poortere, représentant du CEFIC – la principale association industrielle européenne – dans les réunions de travail de la Commission européenne, l'application du principe de précaution s'est faite *« un peu n'importe comment »*. Il demeure convaincu que, sur le plan scientifique, *« il n'y a rien de neuf depuis dix ans »*. Le bisphénol-A ou les phtalates ? *« Depuis le temps qu'on en parle, on aurait dû arriver à des conclusions,* répond-il. E*n tant que consommateur, j'estime que les perturbateurs endocriniens sont un problème mineur. »* Industriels et autorités régulatrices réclament des preuves solides. Alors les chercheurs cherchent, et pendant leurs travaux l'exposition continue. Mais la recherche prend un temps fou et les scientifiques ne sont pas des livreurs de pizza. Une étude comme celle de Shanna Swan sur la distance ano-génitale a pris, entre son élaboration, en 1999, et la publication de l'article, en 2005, près de six ans. Elle a coûté 4 millions de dollars (plus de 3 millions d'euros). La batterie de tests de base pour une substance – toxicité aiguë, toxicité chronique, toxicité pour le développement et la reproduction, mutagénicité, écotoxicité, devenir dans l'environnement – coûte environ 150 000. Parce que la science n'obtiendra *« peut-être jamais la preuve finale chez les humains »*, les autorités n'ont pas vraiment le choix, explique Niels Skakkebaek. *« Ce qui est important ici, c'est d'expliquer aux autorités quelle est la situation, quelle est la biologie, et que nous ne serons peut-être jamais capables d'obtenir cette preuve, que ce serait totalement irréaliste aujourd'hui. Elles devront donc peut-être mettre en place des politiques qui se baseront sur des études animales pour protéger les populations. »*

Aux critiques de l'industrie, Ana Soto oppose des considérations de santé publique, qui doivent, selon elle, de toute évidence primer sur des tourments d'ordre financier. *« Quand on fait des sciences fondamentales, d'une certaine façon, le temps et le résultat n'importent pas. À la fin, on doute toujours, on n'arrive à être convaincu de rien. Mais il n'y a aucune urgence à savoir si l'espace est incurvé. Il n'y a pas de* deadline. *On travaille pour savoir*, dit-elle. *Quand on fait de la santé publique, les standards sont différents parce que le temps passe et qu'on doit prendre une décision.* » De son côté, Niels Skakkebaek a toujours la même réflexion en tête : « *Si l'on observe des effets chez des animaux exposés à certaines mixtures de substances chimiques, pourquoi n'y aurait-il pas d'effets chez les humains qui sont souvent exposés à des mixtures similaires ? À mes yeux, cela n'a aucun sens.* » Les toutes dernières études menées au Danemark, dont certaines ne sont pas encore publiées, semblent montrer que l'augmentation du cancer des testicules s'est légèrement ralentie dans le pays. Les scientifiques ne peuvent être sûrs de rien, mais ils rappellent que le Danemark a pris, à l'encontre de la pollution chimique, des mesures de santé publique drastiques si on les compare à la torpeur multidécennale française. Cette légère amélioration serait peut-être le fruit de certaines mesures qui ne datent pas d'hier dans ce pays à la pointe de l'écologie. Aujourd'hui, l'alimentation biologique est fermement encouragée par le gouvernement. La quantité de pesticides utilisés en agriculture a été considérablement réduite. Des livrets de recommandations sont systématiquement distribués aux femmes enceintes, et leur conseillent de réduire leur exposition aux substances chimiques qui se trouvent dans les produits de consommation courante. Les éleveurs ont arrêté de nourrir leur bétail aux hormones depuis longtemps. Et ce dernier point est peut-être plus important qu'il n'en a l'air.

Shanna Swan semble constamment habitée par une profonde préoccupation : donner un visage humain à son message d'alerte, raccrocher ses inquiétudes à des réalités quotidiennes. Il lui a fallu plusieurs années pour mener à terme une enquête fascinante, surnommée « l'étude bœuf ». Au départ de l'étude, une question : la consommation de viande de bœuf peut-elle avoir une influence sur la fertilité ? Ce qui peut sembler tordu de prime abord devient tout à fait pertinent quand on sait qu'aux États-Unis le bétail est gavé d'hormones pour le faire grossir. Cette pratique est inaugurée dans les années cinquante, quand la Food and Drug Administration (FDA) autorise les éleveurs à infuser au bétail, à l'aide d'implants, du distilbène, histoire d'augmenter de 10 à 20 % le poids des bovins, et de 15 à 25 % celui des poulets (23). On ignore alors que cet œstrogène artificiel provoquera des cancers du vagin et d'autres troubles chez des jeunes femmes exposées pendant la grossesse. Quand le distilbène est finalement interdit pour l'élevage, en 1979, plusieurs hormones de synthèse ou dites naturelles sont déjà là pour le remplacer. L'enquête de Shanna Swan commence en 1999. Dans plusieurs cliniques et hôpitaux, elle « recrute » 387 femmes enceintes qui viennent en consultation, puis contacte leurs partenaires masculins qui la mettent en relation avec leurs propres mères. Des échantillons de sperme sont demandés aux hommes, dont la majorité est âgée d'une trentaine d'années, les plus vieux approchent la cinquantaine. Des questionnaires, envoyés aux mères, leur demandent de détailler leurs habitudes carnivores à l'époque de leur grossesse il y a trente ou quarante ans. *« On peut penser que c'était il y a très longtemps, et c'était il y a très longtemps,* explique Shanna Swan. *C'est l'une des faiblesses de l'étude. Mais il n'existe aucun autre moyen de recueillir cette information, à moins de choisir une population et de la suivre pendant 48 ans, ce qui n'est pas possible.* » Les résultats sont proprement déconcertants. Certaines femmes mangeaient de la viande de bœuf au moins une fois par jour. Trente, quarante ans plus tard, leurs fils ont 24,3 % de spermatozoïdes en moins par rapport à ceux dont les mères n'en consommaient pas plus de deux fois par semaine. Trois fois inférieures, leurs concentrations de spermatozoïdes se situent sous la barre de l'OMS des 20 millions par millilitre. Aussi, ces hommes ont deux fois plus de problèmes de fertilité. Mais peut-on réellement baser des conclusions aussi graves sur des souvenirs vieux de plusieurs décennies ? Shanna Swan est convaincue qu'ils sont valables. « *Ce qui m'intéresse le plus, c'est la réponse à la question : mangiez-vous du bœuf plus d'une fois par jour ? Car c'est vraiment cela qui a divisé la population étudiée,* dit-elle. *Quand vous êtes enceinte, vous êtes bien plus consciente de ce que vous mangez que d'habitude. Parce que les médecins vous en parlent, que vous vous inquiétez pour votre poids, que vous avez la nausée, que vous ne vous sentez pas bien, que vous avez parfois des envies irrépressibles de manger telle chose ou un dégoût pour telle autre. Personnellement, je me souviens. Je pourrais répondre à cette question.* » Selon elle, manger du bœuf plus d'une fois par jour, ce qui est beaucoup, relève d'un mode de vie dont les mères se souviennent forcément. D'ailleurs, la plupart des grosses mangeuses de viande vivaient dans le Midwest, une des plus grandes régions d'élevage des États-Unis (24). Les États-Unis et le Canada autorisent toujours six hormones (œstrogènes, androgènes et progestérones) et la presque totalité du bétail est traitée. Ces pratiques sont strictement interdites dans l'Union européenne depuis 1996 (25).

Pour Shanna Swan, la tragédie du distilbène n'a pas fini de dispenser ses leçons. Elle aussi souligne *« l'importance des études animales pour prédire le risque chez les humains ». « Les chercheurs ont étudié sur des modèles animaux les effets de doses comparables à celles que les femmes avaient reçues, et même les effets de doses inférieures. Ils ont constaté une très forte adéquation entre les conséquences qui affectaient les humains et celles qui touchaient les rongeurs. »* Exposés au distilbène, les animaux de laboratoire développent tous les signes d'une dysgénésie testiculaire. Ils le font même sur deux générations : les « petits-enfants » des femelles exposées en premier lieu en paient aussi les conséquences. *« C'est probablement l'aspect le plus effrayant de cette recherche »* souffle Shanna Swan. Pour cette raison, la deuxième génération des enfants du distilbène est l'objet d'une grande attention chez les épidémiologistes. Les filles du distilbène ont eu des bébés à leur tour. Et les premières études épidémiologiques montrent que, même si le risque reste très faible (4 enfants de 205 femmes exposés), leurs garçons ont vingt fois plus de risques d'avoir un hypospadias que les autres (26). *« Alors, quand les gens disent que les rongeurs ne sont pas un bon modèle d'étude, nous leur répondons : "Ah bon ? Et que faites-vous du distilbène ?" »*

*****

Type de produits pouvant contenir des phtalates :

Le symbole du PVC est le numéro 3 dans le triangle de recyclage.

Adhésif, aérosol, anneau de dentition, bâche, ballon, baskets (Reebok a supprimé le PVC ; Nike, Adidas et Asics s'y sont engagés), bottes de pluie, chaussures, colle, couche, couverture plastifiée, cuir synthétique, détergents, dallage, déodorant, encens et désodorisant en aérosol, encre d'impression, gants en plastique, gel, laque et mousse pour cheveux, godemiché et vibromasseur, encre, film alimentaires, fils et câbles électriques, imperméable, impression et motif sur vêtements (H&M a supprimé le PVC), insecticide, joint, jouet, lotion après-rasage, lotion pour le corps, lubrifiant, matériel hospitalier (cathéter, équipement de dialyse, gants, poche à sang, tube, etc.), médicament, nappe, paille, parfum, profilé (cadre pour fenêtre), protection murale, rideau de douche, savon, scoubidou, semelle de chaussure, shampoing, solvant, tissu enduit, tissu imperméable, tongs, tuyau, tuyau d'arrosage, vernis à ongle, vêtements, Zodiac.

Sources : BEUC, INERIS, INRS, Greenpeace, Institut national de santé publique du Québec, UE.

L'industrie dans le boudoir

Cosmétiques et produits d'hygiène

Tout a commencé un lundi. Un par un, les hommes sont entrés dans la pièce. Ils ont ôté leurs vêtements, se sont mis en slip. Un type en blouse blanche les a fait uriner dans un flacon, leur a prélevé un peu de sang. Il les a ensuite tartinés de crème, entièrement, à l'exception des cheveux et des parties génitales. Interdiction de se rhabiller pendant 20 minutes. Pas le droit de se laver pendant quatre heures. Puis, nouvelle prise de sang. Ils étaient 26, cela a duré une bonne partie de la journée. Le mardi, ils sont revenus. Le type a recommencé son manège. Pendant 15 jours, tous les jours, la même chose. À un détail près. La deuxième semaine, la crème contenait 2 % de butyl paraben, une sorte de paraben, ce fameux groupe de substances chimiques utilisées dans les cosmétiques. Conceptrice de l'opération tartinage, la chercheuse Anna-Maria Andersson, aidée d'une équipe pluridisciplinaire du Riegshospitalet de Copenhague, analyse les échantillons de sang et d'urine. Immédiatement après l'onction, les taux de parabens grimpent dans les fluides des 26 hommes en slip, et atteignent un pic environ quatre heures plus tard. De 0, ils passent à plusieurs centaines de microgrammes par litre. La crème fabriquée maison recelait aussi deux sortes de phtalates : du DBP et du DEP, dont les pics apparaissent très nettement dans les résultats. En cet été 2007, pour la première fois, les chercheurs viennent de démontrer que les parabens et les phtalates, appliqués sur le corps dans des cosmétiques, traversent la peau sans difficulté (1).

Aisselles comparatives

Jusqu'aux années 2000, personne ne s'était vraiment posé de questions sur les parabens. Depuis 1924, le méthyl, butyl et autres propyl parabens sont largement utilisés dans les cosmétiques, les produits d'hygiène et les produits pharmaceutiques pour une simple raison : ce sont de bons agents antimicrobiens et d'excellents conservateurs, peu allergènes de surcroît. Évaluées dans les années quatre-vingt, la petite dizaine de parabens figurait sur la liste positive de l'Union européenne en toute sérénité jusqu'à ce que, à l'Université de Reading, en Grande-Bretagne, une femme décide de remplacer son déodorant par deux lavages quotidiens des aisselles, au savon et à l'eau, « *personne ne s'est jamais plaint* ». Titillée par un jeune doctorant, Philippa Darbre commence à s'intéresser aux cosmétiques au milieu des années quatre-vingt-dix. Cela fait alors 15 ans qu'elle étudie le rôle des œstrogènes dans la genèse du cancer du sein. Le chemin des déodorants la mène aux parabens, dont on a découvert, en 1998, qu'ils pouvaient imiter les œstrogènes. Mais « *mon angle, c'est le cancer du sein, pas les parabens* » précise-t-elle. Dans un article qu'elle publie en 2004, Philippa Darbre détaille comment elle a trouvé des parabens dans des tumeurs du sein. Plus exactement 20 nanogrammes de parabens intacts par gramme de tissu, dans 18 des 20 tumeurs qu'elle a examinées (2). Elle fait le lien avec les cosmétiques, les déodorants en particulier. Les médias, dans des versions plus ou moins raccourcies, donnent un immense écho à son article. Dans l'esprit du grand public, les parabens contenus dans les déodorants deviennent irrémédiablement liés au cancer du sein. Aussitôt, violemment, ses travaux sont attaqués par l'industrie, mais aussi par la communauté scientifique. Gérald Renner, chimiste, directeur scientifique de l'association européenne des cosmétiques et de la parfumerie (Colipa), l'assure : « *Tout ce qui a été fait par Darbre n'a jamais été pris au sérieux par le Comité scientifique des produits de consommation* » (CSPC) de l'Union européenne. Son article et ceux qui suivirent étaient même, selon lui, « *assez bizarres* ». Philippa Darbre proteste qu'elle n'a jamais affirmé un lien de cause à effet entre les parabens et ces tumeurs. « *Nous essayions de répondre à la question suivante : peut-on mesurer les parabens dans le corps humain ?* » À l'époque, personne ne l'avait encore fait. Principale critique à l'encontre de ses travaux : l'absence de témoins avec lesquels comparer les résultats. « *Un choix,* réplique-t-elle. *Cet article était le résultat de cinq ans de travail. Et il arrive un moment dans la vie d'un scientifique où, si on ne publie pas les données, on les emporte dans sa tombe.* » Dans un rire guttural, la chercheuse signale que son humour est sauf.

Deux études épidémiologiques ont tenté d'évaluer ce possible lien entre l'utilisation de déodorants et d'antitranspirants et le cancer du sein. En 2002, celle de Dana Mirick, qui portait sur plus de 1 600 femmes, pour moitié atteintes d'un cancer, pour moitié en bonne santé, ne constatait aucune association. L'année suivante, celle de Kris McGrath, avec des paramètres différents, ne parvenait pas à la même conclusion. Après avoir interrogé 437 femmes qui avaient eu un cancer du sein, il constatait que celles qui utilisaient des déodorants et des antitranspirants et s'épilaient les aisselles avaient déclaré leur maladie bien plus jeunes que les autres (entre 14 et 22 ans plus tôt) (3). Si la controverse s'est focalisée sur les déodorants, Philippa Darbre se dit, elle, « *préoccupée par toutes les substances chimiques qui sont appliquées sur les aisselles et dans la région des seins* ». Elle est désormais convaincue qu'elles sont impliquées dans le cancer du sein. « *À quel point ? Je l'ignore.* » Contrairement aux shampoings ou aux gels douche, les déodorants ou les lotions pour le corps ne se rincent pas. Les substances qu'ils contiennent restent donc dans la zone des seins. « *Nous sommes proches des consommateurs : sur leur peau* » comme le dit si joliment Gérald Renner. Près de 77 % des produits qui se rincent contiendraient des parabens, contre 99 % de ceux qui restent sur la peau. En décembre 2006, l'équipe d'Antonia Calafat, aux Centers for Disease Control (CDC), réalisait la première étude d'ampleur sur le degré d'imprégnation aux parabens de 100 adultes. Elle retrouvait du méthyl et du propyl paraben dans 96 %

des urines, de l'éthyl et du butyl paraben dans plus de la moitié des échantillons (4).

Le premier argument de Philippa Darbre, ce sont les chiffres. Les statistiques divisent le sein, en plus du centre, en quatre zones appelées quadrants. Comme dans tous les pays développés, le cancer du sein augmente en Grande-Bretagne dans tous ces quadrants. Mais, depuis 1979, les cancers touchant le quadrant supérieur externe du sein ont beaucoup plus augmenté, passant de 30 % à 55 % des cancers du sein. Il y a bien une explication anatomique : les tissus sont plus nombreux dans cette zone du sein et constituent même un tiers des tissus, donc plus de cibles. Pour Philippa Darbre, c'est aussi et surtout une zone plus exposée aux cosmétiques. Autre curiosité statistique, le cancer touche le sein gauche légèrement plus souvent que le droit (10 % de différence entre les deux). *« Selon moi, cela pourrait s'expliquer par le fait que la majorité de la population est droitière, et donc qu'elle applique plus de produits du côté gauche. Mais pour cela, nous aurions besoin de l'aide des épidémiologistes »* explique la chercheuse. De plus en plus de pharmacies égayent leur décoration au néon d'affichettes *« sans parabens »*. Parce que leurs noms représentent leur principal argument de vente, les marques de cosmétiques sont très sensibles à la mauvaise presse. Plus ou moins discrètement, certaines se sont mises à supprimer les parabens de leurs produits. Elles les remplacent par d'autres conservateurs, cherchant à fuir la *« cabale médiatique »*, plus motivées par le *« qu'en dira-t-on »* que par de réelles inquiétudes scientifiques, selon les mots de la directrice médicale d'une grande marque vendue en pharmacie. Celle-ci demande d'ailleurs à relire le texte qui les citera, elle et son laboratoire, lequel a apparemment décidé, de façon bien unilatérale, de modifier la loi sur la liberté de la presse en exigeant de relire toute publication le citant. *« Vous n'écrivez pas 200 pages sur les parabens ? Bon. Alors on peut relire les 3-4 pages. »* Un refus la laisse tout abasourdie. Cela n'étonnera personne que ce genre de demandes soit fréquemment formulé par des représentants de l'industrie chimique. Par les scientifiques aussi à l'occasion. Chez les premiers par crainte de se retrouver dans un contexte contraire à leurs intérêts. Chez les seconds, parfois déstabilisés par les attaques dont ils font l'objet, par peur d'inexactitudes ou d'extrapolations abusives qui mettraient leur crédibilité en danger. Des motivations bien dissemblables qui ne font que traduire la tension qui caractérise le débat.

Les concentrations de parabens retrouvées par Philippa Darbre dans les tumeurs du sein sont basses, et même 5 à 10 fois inférieures aux concentrations qui provoquent un effet œstrogénique *in vitro*. Certains parabens, d'ailleurs, ne montrent pas d'effets dans des organismes vivants, argue l'industrie. Toujours cette question des effets à faible dose. *« Je n'ai absolument aucun doute sur le fait que l'industrie teste très bien et de façon adéquate toutes les substances chimiques avec tous les tests dont elle dispose,* dit Philippa Darbre. *Mais ensuite, de nouvelles connaissances entrent en jeu, comme l'évidence que les parabens sont des perturbateurs endocriniens, ce que l'on ignorait avant. Cela doit être ajouté à l'équation. Et ce que l'industrie ne peut pas tester, c'est l'effet de faibles doses de ces produits sur la durée d'une vie entière dans une population qui peut avoir des susceptibilités* [au cancer]. *Je crois que nous tenons là une grande question.* » Curieusement, les parabens ne sont pas très étudiés en laboratoire. Le Japonais Shinshi Oishi est l'un des rares chercheurs à s'être penché sur les effets des parabens sur le système reproducteur. Et les résultats de ce cavalier seul suscitent nettement moins de condescendance que les travaux de Philippa Darbre. Même, ils embarrassent. Shinshi Oishi constate que certains de ces « faibles » parabens font baisser la testostérone et le nombre de spermatozoïdes chez les rats adultes et les petits rats exposés pendant la grossesse. Comme le propyl paraben par exemple, administré à des doses de 10 mg/kg/jour (5). C'est-à-dire la dose journalière admissible provisoire qui avait été fixée par l'Union européenne pour la quantité totale de parabens dans les aliments, où ils servent également de conservateurs. *« Nous avons essayé de répliquer ses expériences avec les "bonnes pratiques* de *laboratoire" parce que celles d'Oishi n'en étaient pas »*, précise Gérald Renner. *Mais nous n'avons pas obtenu les mêmes résultats. »* En fait, aucun effet, avant de préciser que le Comité scientifique des produits de consommation de l'Union européenne avait relevé des *« défauts »* dans ces études diligentées par le Colipa. Juste des *« malentendus »* en cours de *« clarification »*, selon lui. Mais le Comité scientifique n'emploie pas les mêmes termes. En 2005, il pointe des lacunes méthodologiques de base. Les résultats, qui *« contiennent trop d'insuffisances pour être considérées comme scientifiquement valides »*, sont inexploitables (6). Les résultats de Shinshi Oishi n'ont donc pas été répliqués par d'autres chercheurs pour deux raisons. Presque personne ne s'est dévoué pour le faire. Et ceux qui l'ont fait n'en avaient apparemment pas les pleines compétences. Cela n'empêche aucunement la fédération des industries de la parfumerie (FIP) d'écrire qu'*« une seule étude a mis en cause les parabènes* [sic] *; elle a été réfutée par le comité scientifique de l'Union européenne »* dans son livre blanc *Cosmétiques ? Confiance !* destiné aux consommateurs inquiets.

À la suite des études du chercheur japonais, l'UE avait mis en place des mesures de restriction sur les parabens dans les aliments. L'agence européenne de sécurité des aliments a supprimé le E216 et le E217 en 2004 (7). Lassé, après deux années passées à réclamer des *« clarifications »* sur ces *« incertitudes »* qui entourent les études du Colipa, le Comité scientifique des produits de consommation a quant à lui fixé la fin de l'année 2007 comme *deadline* à l'industrie cosmétique. Les concentrations aujourd'hui autorisées dans les cosmétiques sont de 0,4 % par paraben individuel et 0,8 % au total (8). Une réduction de ces concentrations reviendrait à les rendre inefficaces. Il ne resterait alors d'autre solution que de les supprimer. L'impact financier d'une telle mesure est impossible à évaluer. Personne ne sait exactement en quelles quantités les parabens sont produits et consommés. Quatre parabens sont listés dans la catégorie des substances produites ou importées en faibles volumes (supérieurs à 10 tonnes mais inférieurs à 1 000 tonnes/an). Les autres ne sont pas répertoriés, ce qui laisse supposer que leur production est inférieure à 10 tonnes/an (9) À l'approche de l'automne 2007, Gérald Renner affichait une assurance sereine : *« Nous sommes convaincus, avec nos données, de la sécurité des parabens. »* L'Union européenne n'en semblait pas aussi certaine. Selon l'Agence de protection de l'environnement danoise, il ne faisait aucun doute que décision serait prise, d'ici à la fin de l'année 2007, de supprimer les parabens.

Déconseil beauté

Pourtant produits de grande consommation, les cosmétiques ne sont soumis à aucune autorisation de mise sur le marché. Une exception, presque une faveur dont bénéficie la très riche industrie de la beauté. Avec un colossal chiffre d'affaires de 65 milliards d'euros en 2006, l'industrie cosmétique européenne est la plus puissante au monde. La sécurité des produits repose donc entièrement sur la responsabilité des fabricants. En France, ils sont contrôlés par l'Agence française de sécurité sanitaire des produits de santé (Afssaps) et la Direction générale de la concurrence, de la consommation et de la répression des fraudes (DGCCRF). Mais seulement après leur mise sur le marché. L'Union européenne a constitué plusieurs listes : une liste positive qui autorise nommément les conservateurs, les colorants et les filtres ultraviolets ; une liste négative qui a banni plusieurs centaines de substances en 2005 ; et une liste qui impose des limitations pour d'autres. En dehors de quoi l'industrie cosmétique n'est pas tenue de fournir les mêmes données toxicologiques que les autres secteurs. Ce, alors que 10,4 % des produits chimiques consommés en Europe sont destinés aux *« parfums et cosmétiques »* – l'appellation englobant également les détergents –, selon le CEFIC. Le secteur utiliserait environ 10 000 différentes substances. Un nombre infime d'entre elles a été testé. D'après une enquête de l'organisation Environmental Working Group (EWG), seul 1 % des 7 500 substances répertoriées dans les produits cosmétiques a été évalué pour sa toxicité aux États-Unis (10). Chaque année, 5 milliards de produits cosmétiques sont vendus à 380 millions de consommateurs selon Margret Schlumpf, une autre de ces chercheuses qui, depuis leurs laboratoires universitaires sans le sou, font perdre un peu de leur morgue aux marchands de beauté.

Avec ses Mephisto blanches et son paletot en laine, Margret Schlumpf a une dégaine bien inoffensive. Cette menue scientifique travaille à l'Université de Zürich, dans le groupe Toxicologie reproductive, endocrinienne et environnementale (Green Tox). À la fin des années quatre-vingt-dix, un confrère lui suggère de s'intéresser à ces filtres ultraviolets (UV) qui sont ajoutés non seulement aux crèmes solaires mais aussi aux crèmes de beauté pour le visage et le corps, rouges à lèvres, laques pour les cheveux, teintures, shampoings, bains moussants. Des chercheurs viennent en effet d'en détecter dans le lait maternel. Comparés à la sonorité facile des parabens, les filtres UV ont pour leur part des noms complexes : 4-methyl-benzylidene camphor (4-MBC) ou encore octyl-methoxycinnamate (OMC). Dans le laboratoire de Margret Schlumpf, les premiers tests sont immédiatement concluants. Dans des cultures de cellules, cinq des six filtres utilisés dans les cosmétiques ont bel et bien le même comportement que des œstrogènes. Les expériences *in vivo* sur des rats lui ôtent ensuite ses derniers doutes. Au cours d'un test tout à fait classique, les filtres UV sont administrés à de jeunes femelles. Quand vient le temps de leur puberté, les chercheurs les « sacrifient » – tel est le terme scientifique –, prélèvent les utérus, les pèsent et les examinent. Si l'utérus est plus lourd que la moyenne, l'action œstrogénique *in vivo* est confirmée. Ça n'a l'air de rien comme ça, mais l'opération demande une grande délicatesse pour que les résultats soient valables. Y compris, et paradoxalement, envers les animaux quand ils sont encore vivants. Les Suisses contactent alors l'industrie. Deux envoyés spéciaux font le déplacement à Zürich. C'est le début de plusieurs entrevues qui tournent généralement au vinaigre. Ils annoncent à Margret Schlumpf qu'ils ont bien essayé de répliquer ses résultats, en vain. Qu'elle devait sûrement se tromper. Qu'elle n'avait pas fait les choses dans les règles de l'art. « *Nous ne vous croyons pas* » résument-ils. Margret Schlumpf leur réplique : « *Je ne "crois" pas. Soit je sais, soit je ne sais pas.* »

Mais le travail de sape est efficace. Même dans les conférences scientifiques, Margret Schlumpf est dévisagée « *bizarrement* ». Ça chuchote sur son passage. « *J'étais une paria. Cela a été dur pour moi, vraiment. Maintenant, je m'y suis faite.* » Dans l'air, il y a toujours cette question des effets de substances à faibles doses. « *Je pense qu'il faut l'avoir expérimenté en tant que scientifique. Tant que vous n'avez pas vous-même réalisé une expérience de faible dose, vous avez tendance à être circonspect,* analyse-t-elle. *Dans notre laboratoire, nous avons tendance à en voir beaucoup, de ces effets à faibles doses.* » Lors des discussions à couteaux tirés avec les représentants de l'industrie aussi, cet argument est évoqué sans relâche. Que peuvent faire à un être humain des substances qui ne sont actives qu'à des concentrations qui relèvent des centièmes de microgrammes ? « *Mais heureusement qu'il y a 6 zéros devant ! Sinon ce serait terrible !* » leur répond-elle. « *Et puis à un moment, nous avons dit que nous avions accumulé suffisamment de données en trois ans, que nous avions refait le travail plusieurs fois, et que nous pouvions publier parce que nous pensions avoir raison.* » Et ils publient en mars 2001 dans *Environmental Health Perspectives*, la plus importante revue scientifique sur les questions de santé environnementale (11). « *Ça a été énorme.* » Margret Schlumpf glousse de satisfaction. « *Pendant deux semaines, nous avons dû rester assis à côté du téléphone.* » Dans les jours qui suivent, les commerçants danois, toujours prompts, retirent des ventes les lotions solaires de leur propre chef. Et l'année suivante, c'est l'industrie elle-même qui parvient finalement à répliquer les résultats de l'équipe suisse (12). Les industriels restent cependant crispés sur le même cap : les concentrations sont trop faibles pour produire un effet sur l'humain. Pour preuve de leur bonne foi, Gérald Renner, au Colipa, le certifie : « *L'industrie cosmétique n'a pas intérêt à diminuer la population par les perturbateurs endocriniens, parce que ça lui ferait moins de consommateurs.* » On a l'humour qu'on peut.

En dépit d'une lutte quotidienne pour trouver des fonds, même quand il s'agit de changer une ampoule au laboratoire, la petite dame en Mephisto poursuit ses recherches dans une atmosphère à peine plus sereine. Elle constate que les filtres UV affectent bien plus que l'utérus des femelles. Exposés dans le ventre de leur mère, les mâles ont des pubertés plus tardives et des troubles de la prostate à l'âge adulte. Chez les femelles, les hormones de la thyroïde et les cycles sont perturbés. Leur comportement sexuel aussi. Mises en contact avec les plus bouillants des mâles, les femelles signifient un désintérêt manifeste pour le coït. Comment diantre peut-on détecter une panne de désir chez une ratte ? Ce genre d'observation nécessite constance et prévenance. Il faut guetter les cycles chez les femelles, changer de mâle tous les jours pour maintenir un certain degré d'ardeur. La copulation chez les rats ne requiert ni

Marvin Gaye ni lumières tamisées, mais il faut maintenir des conditions d'éclairage et d'ambiance constantes. Le mâle est déposé en premier dans le sexodrome, la femelle ensuite. En temps normal, les choses sérieuses démarrent illico. « *La femelle marche de façon bizarre, elle agite les oreilles, se met dans cette position d'attente, cambrée, se présente* » raconte Margret Schlumpf, la voix pleine de tendresse. Mais chez les rattes exposées pendant la grossesse au 4-MBC par exemple, rien de tout cela. Les mâles essuient camouflet sur camouflet. Dans une région de leur cerveau appelée hypothalamus, les femelles rats possèdent deux fois plus de certains récepteurs aux hormones féminines que les mâles. Ces récepteurs jouent un rôle dans l'attraction sexuelle : s'ils sont bloqués, l'animal n'a plus envie de sexe. Et chez les femelles traitées au 4-MBC, le nombre de ces récepteurs s'est effondré de moitié : il atteint le même niveau que celui des mâles (13). Et chez les humains ? Margret Schlumpf se dit « *perturbée par le fait que les animaux puissent être perturbés* ». Les filtres UV se sont répandus dans l'environnement, en particulier dans les eaux de surface. Au cours d'une baignade, la moitié du produit solaire se dissout dans l'eau. Les poissons des lacs et rivières suisses en sont pleins : les filtres UV s'accumulent dans leurs tissus (14). « *Les animaux appartiennent à notre chaîne alimentaire. Et si leur comportement sexuel peut être affecté à de faibles doses, c'est tout sauf drôle.* »

Alors, le laboratoire de Zürich a commencé une enquête sur la composition chimique du lait maternel des femmes suisses. Avec en tête, l'idée de relever quelle quantité de perturbateurs endocriniens on peut y trouver. Sur la liste des ingrédients détectés : des pesticides organochlorés, des retardateurs de flammes bromés, des PCB, des phtalates, des parfums synthétiques. Pas de résultats pour l'instant. De cette étude en cours, Margret Schlumpf ne livre que quelques miettes d'informations. Les concentrations de DDT, par exemple, sont tellement importantes qu'elle a d'abord cru à une erreur. « *Ce lait ne pourrait pas être vendu en magasin !* » s'écrie-t-elle. Quant aux filtres UV, ils sont présents dans 76,5 % des échantillons. Une proportion qui coïncide avec les questionnaires distribués aux femmes : 78,8 % d'entre elles se servent de cosmétiques qui en contiennent. Mais la moitié l'ignoraient : elles n'utilisent pas de crèmes solaires. Les filtres UV se trouvaient donc dans d'autres produits. Ce qui inquiète la chercheuse, c'est que les concentrations de filtres UV flirtent presque avec les niveaux qui causent des effets chez les rongeurs. « *J'entends parfois l'industrie dire : "Et alors ?". Mais ce n'est pas "et alors? " si vous avez des enfants !* s'indigne Margret Schlumpf. *Nous ne pouvons pas juste éteindre la lumière. Nous ne pouvons pas éteindre les substances chimiques. Elles sont en nous, dans les animaux, dans la planète. Il n'y a rien de drôle là-dedans. Et il n'y a rien de drôle à ne pas le comprendre.* »

Poèmes en *spray*

La totalité des échantillons de lait maternel suisse étaient, façon de parler, parfumés. Plus exactement, ils contenaient tous des substances synthétiques qui donnent aux parfums leur senteur musquée : des muscs artificiels. Le musc existait jadis sous une forme naturelle, sécrétée par le cerf musqué mâle, et servait notamment comme fixateur dans les parfums. Mais le musc était rare et cher, et la manufacture de sent-bons presque parvenue à éteindre les cerfs musqués. Il a donc été remplacé par des muscs de synthèse qui servent abondamment dans les cosmétiques, les parfums, mais aussi les détergents. Leur présence dans le lait des mères suisses n'est pas une grande surprise pour les chercheurs. Il y a dix ans déjà, une équipe allemande avait trouvé, dans des tissus graisseux humains et dans du lait maternel, jusqu'à 189 microgrammes par kilogramme (μg/kg) de musc AHTN et 58 μg/kg de musc HHCB (15). L'organisme chargé de la pollution des milieux marins, l'OSPAR, a les muscs dans sa ligne de mire depuis le milieu des années quatre-vingt-dix. En particulier la famille des nitromuscs comme les muscs kétone et xylène, capables de s'accumuler dans les organismes vivants, des truites tchèques aux sédiments des rivières allemandes. L'industrie a donc entrepris de les remplacer. Par d'autres muscs, appelés polycycliques, qui n'ont, pas plus que les précédents, été évalués avant d'être déversés dans les flacons de l'industrie cosmétique. Ce sont d'ailleurs eux – les AHTN et HHCB – que l'on retrouve aujourd'hui dans les organismes humains. Toujours un peu en retard sur les initiatives de l'industrie et la créativité des chimistes, l'Union européenne n'a pas terminé d'examiner leur dossier. Il est assez difficile d'évaluer le remplacement des premiers par les seconds. Les données les plus détaillées datent de 2004 et proviennent de l'International Fragrance Association (IFRA). Elles indiquent que la production des nitromuscs, après avoir baissé à la fin des années quatre-vingt-dix, est remontée à près de 150 tonnes. Et que les muscs polycycliques étaient produits à hauteur de 1 500 tonnes pour le HHCB, 500 tonnes pour l'AHTN. Ces deux familles de muscs représentaient 95 % du marché européen des muscs synthétiques. Un chiffre toujours valable en 2007, à ceci près qu'une autre famille de muscs gagne maintenant de plus en plus de terrain sur le marché, les muscs macrocycliques.

Mais « *les muscs macrocycliques n'ont pas été étudiés. On ignore donc s'ils sont bioaccumulables ou toxiques* » relève Kurunthachalam Kannan, l'expert en détection de substances chimiques dans l'environnement, au département de la santé de l'État de New York. En sus des composés perfluorés, le chercheur s'est aussi intéressé aux muscs. En 2005, il trouvait de très importantes concentrations de muscs polycycliques dans les tissus graisseux des habitants de New York : jusqu'à 798 nanogrammes/gramme de HHCB et 134 ng/g d'AHTN (16). « *Si l'on comparait ces chiffres avec ceux des premières études des années quatre-vingt-dix, les concentrations étaient presque cinq fois plus élevées. Nous avons alors pensé que ces substances s'accumulaient au fil du temps et décidé de refaire une étude sur des échantillons de lait maternel* » raconte-t-il. Deux ans plus tard, les résultats sont prêts. Dans le lait des femmes du Massachusetts, il y a du HHCB (jusqu'à 917 ng/g), de l'AHTN (144 ng/g), mais aussi ces nitromuscs censément moins utilisés : jusqu'à 150 ng/g de musc xylène, 238 ng/g de musc kétone. De même que dans les tissus graisseux, les concentrations de HHCB dans le lait sont 5 fois plus élevées qu'il y a dix ans en Allemagne. Le chercheur estime donc qu'un enfant nourri au sein ingère au minimum 3 416 ng de muscs artificiels par jour (17). « *Nous ignorons si ces concentrations peuvent poser problème,* explique Kurunthachalam Kannan. *Mais les bébés sont exposés à ces substances en ingérant du lait maternel. Et les bébés sont très sensibles à ces expositions pendant les premiers stades de la vie, à un ou deux mois, quand ils sont des nourrissons. C'est pour cela que tout ce qui touche à la contamination du lait maternel est considéré comme un sujet délicat. Parce que ce n'est pas bon qu'ils soient exposés à des substances chimiques quand leurs organes, cerveau compris, sont en train de se développer.* » Car certains de ces muscs sont des perturbateurs endocriniens.

Directeur scientifique de l'IFRA, Matthias Vey redoute qu'au lieu « *d'informer les utilisateurs des produits, on les effraie* ». À ses yeux, il existe seulement une « *suspicion* » de perturbation endocrinienne pour certains muscs. Et la question est de toute façon « épineuse ». « *La perturbation endocrinienne est un concept si vague que même les spécialistes ont des difficultés à définir ce qu'est effectivement un perturbateur endocrinien,* dit-il. *C'est justement ce flou qui m'inquiète. J'espère que nos législateurs trouveront un moyen de mieux définir ce que nous devons comprendre par pertubateur endocrinien, et comment nous pouvons déterminer qu'une substance en est un.* » Il faut bien accorder à Matthias Vey que le débat n'est pas clos. C'est ce qu'explique Andreas Kortenkamp, un grand expert de la perturbation endocrinienne, ancien directeur du programme de recherche européen CREDO. Dans son système expérimental *in vitro*, une partie des muscs artificiels se comportent comme des œstrogènes « *sans aucun doute* ». « *Mais ils sont très faibles. Et je ne lancerai pas une croisade sur la base de ces données : ce serait exagéré.* » À Amsterdam, au laboratoire BioDetection, Bart Van den Burg constate pour sa part que l'AHTN et le HHCB ont principalement une action anti-œstrogène, anti-progestérone et légèrement anti-androgène, le tout *in vitro*. La seule activité endocrinienne qu'il ait pu démontrer à ce jour *in vivo* est une activité anti-œstrogène.

De même que les phtalates, les muscs ne sont jamais mentionnés sur la liste des ingrédients. La directive européenne qui encadre cet aspect des choses n'impose qu'un étiquetage des composants par ordre décroissant. Et non pas une explication dans le détail de la composition des cosmétiques, considérée comme « secret de fabrication ». Seule indication de la présence possible de muscs dans un produit : la mention « parfum » ou « parfum synthétique » (18). En 2005, Greenpeace analysait la composition de 36 parfums et eaux de toilette de grandes marques. Seuls quelques-uns ne contenaient pas du tout de muscs. Les concentrations étaient les plus élevées dans le Baiser du dragon de Cartier (45 048 mg/kg), le Mâle de Gaultier (64 428 mg/kg), et atteignaient des sommets dans le White musk de The Body Shop (94 069 mg/kg, soit 9,4 % de la quantité totale). Beaucoup de muscs polycycliques mais peu de nitromuscs dans ces parfums, sauf dans le Chanel N°5 qui contenait 4 670 mg/kg de musc kétone (19). Après avoir mesuré les concentrations de muscs dans plusieurs sortes de produits cosmétiques et d'hygiène, Kurunthachalam Kannan estime que les parfums seraient la principale source d'exposition des humains aux muscs. Par contact avec la peau ou par inhalation ? *« Nous ne savons pas. »* Au Groupe de sécurité et de technologie environnementale, à Zürich, Martin Scheringer développe depuis plusieurs années une méthode de calcul intelligente de l'exposition réelle de la population à une substance donnée. Il n'est ni toxicologue ni endocrinologue mais ingénieur. L'évaluation des risques de l'Union européenne avec ses « scénarios pires cas » ne permet pas, selon lui, d'estimer justement l'exposition des gens. *« Leur intention est d'identifier l'exposition la plus élevée. Mais cela peut ne concerner qu'un nombre très limité de personnes, et l'exposition de la majorité des gens peut être bien en deçà du scénario pire cas* » explique-t-il. En utilisant une multitude de scénarios d'exposition qui implique plusieurs produits, il essaie d'être « *plus systématique que l'Union européenne* ». Plus représentatif de la vie réelle, aussi. « *À l'Union européenne, on ne regarde qu'un cas défini, on l'analyse, et on extrapole à d'autres pays de l'Union sans avoir couvert toutes les situations possibles.* » Ainsi, alors que des rapports d'évaluation des risques n'ont été rédigés que pour deux nitromuscs (kétone et xylène) à ce jour, Martin Scheringer a voulu calculer l'exposition de la population aux muscs artificiels dans leur ensemble, et non individuellement. Dans les rapports d'évaluation, le scénario pire cas pour le musc xylène établit une exposition à 1,67 mg/jour pour une femme de 60 kilos, 180 mg/jour pour le musc kétone. Mais en caricaturant, le scénario implique qu'elle travaille dans une fabrique de cosmétiques, qu'elle utilise elle-même de nombreux cosmétiques, et qu'elle en mange *via* l'alimentation contaminée. Mais les femmes ne travaillent pas toutes chez l'Oréal sans protection adéquate (20). Selon la méthode de Martin Scheringer, les femmes qui utilisent quotidiennement antitranspirants, produits de soin de la peau, parfums et maquillage sont exposées à 1,2 mg/jour de muscs artificiels. Une pratique qui reflète les habitudes d'environ 10 % de la population féminine. Trente pour cent des femmes seraient exposées à plus de 0,75 mg/jour. Les hommes sont à peine moins exposés. Il estime que 20 % d'entre eux, qui utilisent après-rasage, antitranspirant, parfum et soin pour la peau, sont exposés à plus d'un milligramme par jour d'AHTN (21). Mais tous ses calculs sont nettement inférieurs à ceux de la Commission européenne.

Il n'existe à ce jour aucune donnée sur la santé humaine. Seulement une poignée d'études sur les mammifères. On ignore donc aujourd'hui s'ils peuvent présenter un risque. Mais si la question du niveau d'exposition est importante pour les muscs artificiels, c'est qu'ils sont capables de s'accumuler dans les tissus. Quelles quantités de muscs détectera-t-on à l'intérieur des organismes dans cinq, dix, vingt ans ? *« La bioaccumulation survient dans un grand nombre de choses de notre environnement. Alors nous avons besoin de comprendre si elle peut avoir, ou non, un effet sur le corps. La bioaccumulation en elle-même ne signifie pas grand-chose »* soutient Matthias Vey qui ajoute qu'il ne veut pas non plus *« minimiser ». « La seule présence d'une substance ne veut rien dire pour moi, en particulier quand les méthodes d'aujourd'hui permettent de détecter des parties par billion. »* Il faut selon lui d'abord établir un risque potentiel. Et alors *« prendre des mesures si elles sont toxiques, bien sûr, la question ne se pose même pas ».* Pour sa part, Kurunthachalam Kannan estime qu'à partir du moment où un produit peut s'accumuler dans le corps, il existe de bonnes raisons de s'en inquiéter. *« Si une substance chimique peut s'accumuler dans le corps pendant une longue période, cela aboutira à des effets sur la santé »* assure-t-il, avant de souligner l'incompatibilité des points de vue entre les scientifiques et les industriels. *« Dans leur perception des choses, des niveaux de substance que l'on mesure en partie par billion ou trillion ne vont faire de mal à personne. Chacun pense les choses différemment. »* Sur le site Internet de l'IFRA, l'industrie dénie toute possibilité de risque pour la santé. Elle est plus encline à faire du lyrisme nigaud un argument de persuasion pour rassurer ses consommateurs. *« Un monde sans parfum serait comme un monde sans musique, comme un monde sans ces ombres vitales qui colorent notre planète, comme n'avoir jamais expérimenté le vert luxuriant d'un pâturage verdoyant ou le frisson d'émotion d'un chef d'œuvre symphonique. Que la vie serait pâle sans eux ! »*

*****

Type de produits contenant des parabens :

Aliments (E213 à E219) : boisson, bonbon, charcuterie, complément alimentaire, condiments, gelée pour viandes et pâtés, pâte à tartiner, sauce au soja, sirop, snack à base de céréales, pommes de terre, féculents et noix, viande, viande séchée. **Cosmétiques et hygiène** : après-shampoing, autobronzant, bain moussant, cosmétique pour enfants, crème dépilatoire, crème pour le corps et le visage pour adulte et enfant, crème pour les seins, démaquillant, dentifrice, déodorant, fond de teint, gel douche, gel et laque pour cheveux, gel lubrifiant, *gloss*, huile et crème pour massage érotique, lingette pour bébés, lotion solaire, maquillage, maquillage de déguisement et de théâtre, mousse à raser, produits d'entretien pour animaux domestiques, produits d'hygiène pour enfants et adultes, produits de toilette intime, savon, shampoing antipelliculaire, teinture pour cheveux, traitement pour permanente. **Divers** : jouet en *slime*, pâte à modeler, produits d'embaumement des animaux, faux sang pour farces et attrapes. **Peintures** : couleur pour porcelaine et verre, encre, feutre pour tissus, laque, peinture à base d'eau, peinture en bombe, peinture pour enfants, vernis. **Produits ménagers** : cire, détergent, emballage et film alimentaire en polyéthylène (LDPE), essuie-tout, lave-vitre, nettoyant ménager, teinture pour tissus. **Produits pharmaceutiques** : solutions d'injection orale et vaginale, produits pharmaceutiques pour le traitement des blessures et douleurs sportives, produits à usage vétérinaire.

Source : 9.

Type de produits contenant des filtres UV :

Crème pour le visage et le corps, rouge à lèvres, laque pour les cheveux, lotion solaire, teinture, shampoing, bain moussant.

Source : 11.

Type de produits contenant des muscs artificiels :

Adoucissant, aliments, antitranspirant, appât pour poissons, après-rasage, après-shampoing, après-soleil, bâton d'encens, cire pour les meubles, eau de Cologne, lait nettoyant, lingettes, liquide vaisselle, lotion pour le corps et le visage, lotion solaire, déodorant, désodorisant d'intérieur, détergent, gel douche, lessive, mousse à raser, parfum, produits pour le bain, produits pour les cheveux, produits pour le lave-vaisselle, savon, shampoing, tabac à mâcher.

Sources : 20, 21.

Dorey CN. Chemical Legacy. Contamination of the Child. *Greenpeace Grande-Bretagne, octobre 2003.*

OSPAR background document on musk xylene and other musks. *OSPAR Commission, ISBN 1-904426-36-0, 2004.*

Maison de gros

Revêtements de mur et sol, plastique, pesticides

« Si vous venez un jour à Tokyo, vous mangerez de très bons sashimis. Mais de bons sashimis au TBT *! »* Le minuscule Taisen Iguchi, sautillant, est content de son effet sur son auditoire : en anglais, ça rime. Dans le fond pourtant, le chercheur japonais est probablement l'un des derniers à rire des ravages du TBT (ou tributylétain) sur les poissons, coquillages et crustacés. Depuis les années soixante, le TBT empêche les bernacles et autres bêtes à coquille de s'accrocher aux carènes des bateaux. Hier composant de choix pour les peintures navales antisalissures qui protègent les coques de navire. Aujourd'hui la preuve la plus évidente qu'un produit chimique, perturbateur endocrinien, présent dans la nature, peut effectivement avoir un impact sur des êtres vivants. Les coquillages marins en sont les principales victimes. Exposées

au TBT, les femelles gastéropodes sont équipées de testicules en bonne et due forme. Ces organes mâles inopinés bloquent leurs conduits reproducteurs féminins. Les coquillages meurent sans avoir jamais pu connaître les joies de la reproduction, saturés d'un gâchis d'ovules. À la différence du phénomène de « féminisation » des poissons de rivière, en partie attribué aux alkylphénols déversés dans les eaux usées, il ne fait absolument aucun doute que le TBT est l'unique et seul responsable du processus dit d'« imposex » chez ces coquillages (1). Pas moins de 39 espèces de gastéropodes marins et 150 autres espèces animales à travers le monde souffrent de cette malheureuse condition, selon Taisen Iguchi, spécialiste mondial du TBT. Et, à cela près que, chez les gastéropodes marins le pénis se situe à la hauteur de la tête, le mécanisme biologique à l'origine de l'imposex est le même chez les grenouilles, les coquillages, les escargots et les hommes.

Des moules et des gâteaux

Le TBT a tant servi sur les coques de bateau que la contamination des mers est massive. Si les premières alertes sont émises dès la fin des années quatre-vingt, la mise en place de mesures adéquates a pris beaucoup de temps : une coque ne se repeint pas tous les quatre matins. Le TBT et les substances de la même famille, les organoétains, ont été inscrits sur la liste OSPAR des substances chimiques devant faire l'objet de mesures prioritaires. Tous, sans distinction, et immédiatement après la création de l'organisme en 1998. Dans les années quatre-vingt-dix, l'Organisation maritime internationale, qui dépend de l'ONU, a proposé une interdiction du TBT dans les peintures antisalissures au plan mondial, interdiction suivie par les institutions européennes. À compter du 1er janvier 2003, plus aucun bateau ne pouvait utiliser de peinture au TBT. Le remplacement total, donc l'interdiction, devait être appliqué à partir du 1er janvier 2008 (2). La France a même la première mis en place ces restrictions dès 1982 pour les bateaux civils de moins de 25 mètres. Seuls les navires militaires bénéficiaient d'une exception. La « conversion » n'est pas encore engagée pour deux ou trois bateaux, à quai dans les ports de Toulon et de Brest, selon la Marine nationale. Mais *« les militaires vont se mettre en règle le plus vite possible »*. Ce n'est pas le cas partout. Curieusement, il semblerait que le Danemark continue à utiliser les peintures au TBT.

La France doit ce sursaut écologique précoce à une hécatombe parmi les huîtres du bassin d'Arcachon en 1980. Des chercheurs avaient alors relié la catastrophe au TBT. Aujourd'hui encore problème d'actualité, l'imposex est très répandu sur les côtes françaises. En 2005, des chercheurs de l'Ifremer et du CNRS se réjouissaient de trouver, pour la première fois en deux décennies, une ridicule population de quatre femelles *Nucella Lapillus* exempte d'imposex dans le Finistère nord (3). La pollution des bêtes de la mer a cela de fâcheux que nous la mangeons. La même année, l'étude Calipso analysait 159 « produits de la mer » provenant du Havre, de Lorient, de La Rochelle et de Toulon. Des traces d'organoétains étaient détectées dans 89 % des poissons frais et surgelés. La teneur moyenne était de 5,6 microgrammes par kilogramme (µg/kg) de chair. Mais l'espadon en contenait 19 µg/kg et le flétan 23 µg/kg. Les conserves et produits préparés qui contenaient les taux les plus élevés d'organoétains étaient à base de thon, maquereau, sardine ou anchois, avec 8,2 µg/kg en moyenne. Autre constat : il valait mieux manger du poisson à La Rochelle qu'au Havre. Les concentrations d'organoétains étaient plus faibles en France que dans la plupart des autres pays européens. Un point positif qui peut sans doute être attribué à cette prise de conscience au début des années quatre-vingt. Mais cela n'empêchait nullement les moules du bassin d'Arcachon d'atteindre encore des pics de 1 621µg/kg de TBT en 2005 (4).

Les organoétains ne posent pas seulement des tracas maritimes. Multitâches, le monobutylétain (MBT), dibutylétain (DBT), triphénylétain (TPT), etc. entrent dans la composition d'une impressionnante quantité de produits courants. En Europe, ils étaient consommés à hauteur de 19 050 tonnes en 2004 et la production mondiale s'élevait à 50 000 tonnes par an (5). La majeure partie de la production est engloutie par la fabrique de PVC souple et rigide dans lequel ils sont utilisés comme stabilisateurs de chaleur. À noter, le marché européen du PVC, qui peut aussi contenir des substances comme les phtalates, représente 8,3 millions de tonnes de produits finis chaque année. Les cartes de crédits, les jouets gonflables ou les sandales en plastique peuvent donc contenir des organoétains. Également auxiliaires dans la manufacture de certains matériaux, ils se retrouvent sous forme de traces dans les couches pour bébés, les bouchons d'oreille ou encore les éponges. Mais tout dépend de ce que l'on entend exactement par « traces ». Les organoétains servent par exemple à la fabrication de papier de cuisson. Il y a quelques années, une étude relevait les « traces » de 130 mg/kg de MBT et 140 mg/kg de DBT dans ces papiers. Plus ennuyeux, les gâteaux que l'on confectionne à l'aide dudit papier en contiendront 260 et 720 mg/kg respectivement.

L'Union européenne n'a pas produit de rapport d'évaluation des risques à proprement parler sur les organoétains. Elle a mandaté une société d'experts pour rédiger une sorte d'état des lieux fort instructif, en particulier sur cette question des papiers de cuisson. Ces experts estiment qu'en mangeant ces gâteaux agrémentés d'organoétains, un être humain dépasse la dose journalière admissible (DJA) de 720 %. Les industriels européens sont censés avoir arrêté l'utilisation d'organoétains dans la manufacture de papiers de cuisson. Mais les papiers importés de l'extérieur de l'Europe peuvent en contenir. Et lors d'une enquête de la Commission européenne menée en 2003 en Allemagne sur 35 papiers de cuisson, plus de la moitié contenaient du MBT et/ou du DBT. Un résultat qui remet en cause « *la validité de certaines appréciations exprimées par les industriels* » souligne le rapport. Les applications des organoétains sont tellement nombreuses que les « *consommateurs au sein de l'Union européenne peuvent s'attendre à se trouver à proximité d'un certain nombre de différents produits contenant des composés organoétains* » expliquent les experts. Quelques-uns des scénarios pires cas indiquent très clairement un risque pour la santé des enfants et des adultes. La DJA peut être aisément dépassée dans plusieurs situations. Que ce soit en utilisant des produits contenant des organoétains, en consommant du poisson et des produits de la mer, avec les poussières des maisons, ou simplement la contamination de l'environnement, 25 % des adultes seraient exposés à des doses dépassant la DJA. Quant aux enfants, 70 % d'entre eux dépasseraient la DJA, « *l'enfant consommateur typique (médian) de*

8 kg » atteignant 160 % de la DJA. Qu'en dit l'industrie ? La réponse d'Alain Cavallero, conseiller technique de l'Association européenne des producteurs de stabilisants – *« Je ne fais pas de travail de consultant »* – en dit long sur cette curieuse notion de l'information qui prévaut chez les industriels. À la simple question sur l'évolution des chiffres de production répond la même sempiternelle litanie : *« Les seuls chiffres disponibles sont ceux qui sont publics. Les autres sont confidentiels. »* Tout juste peut-on arracher que ces chiffres n'ont pas changé depuis 2004.

Petit poison deviendra gros

En dehors de l'interdiction du TBT dans les peintures navales, il n'existe aucune restriction pour les organoétains. Dans la famille pourtant, on est au choix neurotoxique, immunotoxique ou toxique pour le développement chez les animaux. À court et à moyen terme (7). Et puis il y a aussi ce léger désagrément d'imposex. Dans le cadre d'un programme national mis en place par le Japon, Taisen Iguchi collabore depuis plusieurs années avec des chercheurs de l'Université de Californie Irvine. Leur objectif : tester une trentaine de substances qui contaminent les eaux japonaises, des perturbateurs endocriniens potentiels pour la plupart. Professeur associé en biologie développementale et cellulaire, Bruce Blumberg se charge de tester les organoétains. Il s'attendait tout naturellement à observer un impact sur les récepteurs des hormones sexuelles. Mais ce n'est absolument pas le cas. Le TBT active des récepteurs hormonaux – les RXR et les PPAR-gamma – qui n'ont rien à voir avec les organes reproducteurs :

ce sont des régulateurs clés du développement des cellules graisseuses. Le chercheur américain est à moitié surpris. Il le sait bien, il n'y a pas que les organes génitaux dans la vie. Les perturbateurs endocriniens peuvent s'immiscer dans d'autres circuits du système hormonal qui ne sont ni ceux des œstrogènes ni ceux de la testostérone. Intrigué, il poursuit son exploration, passe des tests *in vitro* aux expérimentations *in vivo*. Il expose des souris en gestation à de faibles doses de TBT. Et, devenue adulte, leur progéniture devient grosse. Pour être précis, 15 % plus grosse. Pour être bref, obèse. *« Cela n'équivaut pas à un homme de 400 kilos, mais 15 %, c'est beaucoup pour un humain »*, plaisante Bruce Blumberg, qui baptise ces substances des *« obésogènes »*. Selon lui, le métabolisme de ces animaux a été altéré pendant la grossesse. *« Soit il fabrique plus de cellules graisseuses – c'est notre hypothèse – soit il rend ces cellules plus efficaces pour stocker les graisses. Ou peut-être une combinaison des deux. Ainsi, ces animaux sont programmés* in utero *pour devenir obèses plus tard dans leur vie. »* Le TBT n'induit pas de mutation génétique ou de malformation immédiatement visible, mais il interfère avec la programmation du fœtus (6). Et ces effets sont causés par des doses très faibles, qui relèvent du microgramme, *« des niveaux que l'on trouve chez les gens et dans l'environnement »*. Pour sa comparaison, Bruce Blumberg ne peut se référer qu'à une seule et unique étude sur les concentrations d'organoétains dans le sang de la population générale. Conduite en 1999 par le chercheur du département de la Santé de l'État de New York, Kurunthachalam Kannan, elle portait sur seulement 32 échantillons américains. 70 % d'entre eux avaient du TBT dans le sang, mais aussi du MBT ou du DBT.

Avec une moyenne se situant entre 3,37 et 8,72 µg/l pour chacun des composés. Seule exception, une dame de 81 ans présentait des concentrations très élevées : 101 µg/l de DBT et 85 µg/l de TBT (7).

Tous les organoétains ne sont pas des obésogènes, précise Bruce Blumberg. Mais les plus puissants sont aussi les plus utilisés – TBT et TPT – en particulier dans les pesticides. Les organoétains qui font grossir les souris peuvent-ils aussi faire grossir les être humains ? Les mécanismes biologiques des récepteurs PPAR-gamma sont les mêmes chez les deux espèces. On sait non seulement que les hommes sont pourvus de ces mêmes récepteurs, mais aussi que leur activation les fait grossir. Certains médicaments contre le diabète de type 2 ont pour effet d'activer les récepteurs PPAR-gamma afin de rendre les muscles plus sensibles à l'insuline[1]. Mais dans le même temps, ils entraînent une prolifération des cellules graisseuses, lesquelles stockent plus de graisses. Les patients grossissent. La question, alors, semble logique : les organoétains jouent-ils un rôle dans l'épidémie d'obésité chez les humains ? Bruce Blumberg toussote. « *Faisons une hypothèse* » dit-il, comme s'il s'apprêtait à raconter une histoire. Les substances chimiques comme les organoétains se sont véritablement répandues sur le marché et dans l'environnement après la Seconde Guerre mondiale, et surtout à partir des années soixante. « *Disons que vous exposez des enfants* in utero *à partir des années soixante. Quand peut-on s'attendre à voir l'obésité devenir un problème ? Quand cette cohorte de gens deviendra adulte. Et quand est-ce ? Dans les*

[1] Ces médicaments ·omme Avandia ou Actos font partie de la famille des thiazolidinediones.

années quatre-vingt. Quand l'épidémie d'obésité est-elle devenue un problème mondial de manière visible ? Dans les années quatre-vingt et c'est encore pire depuis. On peut observer la même chose que ce que l'on pouvait prédire. Mais puis-je affirmer avec certitude que l'exposition chimique des années soixante est responsable de l'obésité dans les années quatre-vingt ? Non, et je ne pense pas que quiconque puisse le dire. Mais j'estime que les données sont compatibles avec cette possibilité. »

Aujourd'hui aux États-Unis, 20 % des adultes répondent à la définition clinique de l'obésité et 30 % à celle du surpoids. Mais l'obésité n'est pas seulement un souci d'Américains sous perfusion de *fast-food*. Elle augmente aussi dans les pays pauvres et l'Organisation mondiale de la santé (OMS) estime qu'il y a désormais sur Terre plus de personnes en surpoids que de personnes sous-alimentées (8). En Europe, un enfant sur cinq est, au minimum, en surpoids. En France, 12 % des adultes sont obèses, près d'une personne sur trois est en surpoids. En 25 ans, l'incidence a quadruplé chez les enfants, et la croissance est maintenant aussi rapide qu'aux États-Unis (9). Sans compter les graves impacts de l'obésité sur la santé. Elle est associée à une hypertension, aux maladies cardiovasculaires, au diabète de type 2, à des maladies respiratoires, et pour achever le panorama, à l'infertilité.

Les blobs sont des glandes comme les autres

Éminente chercheuse au National Institute of Environmental Health and Science (NIEHS), Retha Newbold travaille aussi sur cette hypothèse. « *Je suis sûre qu'un manque d'activité physique et l'alimentation jouent un rôle, bien évidemment. Mais il y a quelque chose qui s'additionne à cela. Et je pense que l'exposition à des substances chimiques pendant le développement est un autre facteur auquel nous devons prêter attention.* » Et pour elle, l'obésité n'est certainement pas une question de choix de comportement. Pendant près de trente ans, Retha Newbold a étudié les effets du distilbène sur les souris. C'est elle qui a développé l'un des modèles animaux du distilbène les plus au point. Mais depuis quelques années, elle explore les causes de l'obésité. Voilà qui ressemble à un virage de bord radical. Ça ne l'est pas. Elle étudiait les effets du distilbène sur le système reproducteur chez ses souris. Pour cela, elle avait besoin de laisser les animaux grandir jusqu'à l'âge adulte. « *Et l'une des choses qui ressortait immanquablement, c'était que les animaux traités au distilbène, quelle qu'était la dose, même si elle était faible, devenaient gros.* » Elle se met alors à compulser des ouvrages sur la différenciation des tissus adipeux, sur ces cellules qui y stockent les graisses, les adipocytes. Tout autant de systèmes qui se mettent en place au cours de la vie prénatale et même dans les premiers temps qui suivent la naissance. « *Il était alors raisonnable de penser que l'exposition aux œstrogènes pendant ces périodes critiques affectait non seulement le système reproducteur, mais aussi d'autres systèmes en développement.* »

Dans une de ses expériences les plus récentes, Retha Newbold a exposé ses souris de prédilection, issues d'une lignée appelée CD 1 – les laboratoires semblent ignorer l'existence des dictionnaires de prénoms – à différentes doses de distilbène juste après leur naissance. Aux premier, deuxième et cinquième jours.

Les souris soumises aux doses les plus élevées (2 µg/kg, ce qui est très peu) perdent un peu de poids par rapport aux faibles doses, qui sont visuellement en tout point semblables aux souris témoins. Toutes sont soumises à un régime alimentaire et à des activités physiques identiques. Puis, au 28e jour de leur existence, arrive la puberté. Faibles ou fortes doses, toutes les souris se mettent à grossir. Elles dépassent les souris témoins. Si les souris exposées à de fortes doses, pourtant plus sveltes au départ, outrepassent les faibles doses, toutes deviennent obèses. Dans leur sang, un certain nombre d'indicateurs en pagaille sont tout autant de signes annonciateurs de diabète de type 2 et de maladie cardiovasculaire plus tard dans leur vie. Sur la photo, la souris distilbène ressemble à une souris. Une souris d'ordinateur. Tellement énorme qu'elle en est ovale, presque plate (10). *« On a longtemps pensé que les cellules graisseuses n'étaient que des sortes de* blobs, explique Retha Newbold, qui demande en s'esclaffant comment traduire *« blob »* en français. *On pensait qu'elles n'avaient aucune activité, qu'elles étaient juste là, des* blobs. *Mais ce n'est pas vrai. Nous savons à présent que les cellules graisseuses sont en fait des tissus endocriniens. Au même titre que l'ovaire ou l'hypophyse. Elles produisent des signaux chimiques, et elles reçoivent des signaux chimiques. Ce sont des glandes endocriniennes actives. »* Elle explique que ce système de stockage des graisses, comme n'importe quel système de l'organisme, est programmé, « configuré » pendant le développement, à la manière d'un thermostat. *« La manière dont le corps réagit à son environnement plus tard dans la vie est complètement déterminée par cette configuration pendant le développement. Peu importe ce qui arrive après, quels facteurs, quels types de substances chimiques, d'alimentation, d'environnement. Tout interagit à partir de cet arrière-fond.* » Dans le cas des cellules graisseuses, leur nombre et leur taille – le schéma directeur qui accompagnera l'être pendant toute sa vie – est déterminé juste après la naissance. C'est-à-dire sa façon de répondre aux signaux chimiques et hormonaux envoyés dans l'organisme, « *comme les indices envoyés par le cerveau et l'estomac pour dire : "OK, arrête. Tu n'as plus faim, tu n'as plus besoin de manger". Ou bien : "Tu as besoin d'un peu plus"* ».

Depuis peu, Retha Newbold étudie aussi le bisphénol-A. Parce que les chercheurs qui travaillent sur la substance ont également eu de grosses surprises. Ana Soto l'a remarqué dès sa première expérience avec le bisphénol-A. Chez les souris, les effets sont comparables à ceux du distilbène : elles deviennent obèses à l'âge adulte. La chercheuse de l'Université de Tuffs en semble encore toute stupéfaite. Elle mesure aussi le chemin parcouru depuis la réunion de Wingspread, il y a plus de quinze ans. « *Nous pensions aux œstrogènes, aux androgènes ou aux anti-androgènes en nous concentrant sur les possibilités d'altération de la reproduction. Nous ne pensions pas à l'obésité à ce moment-là,* dit-elle. *Depuis, nous avons découvert plusieurs choses que nous n'avions pas imaginées. Nous n'avions jamais pensé qu'un œstrogène comme le distilbène ou le bisphénol-A pourrait rendre un animal obèse.* » Une équipe américaine, dont faisait partie Shanna Swan, l'auteur de « l'étude bœuf », a voulu voir si les phtalates pouvaient également être liés à l'obésité. Dans une étude très récente, les chercheurs ont montré une association significative entre les taux de phtalates dans les urines des hommes testés et un tour de taille bien plus conséquent que la moyenne. Ils ont aussi observé des signes de résistance à l'insuline, avant-coureurs de diabète de type 2 (11). Tous ces travaux font un écho troublant à une expérience menée par Christopher Lau, le chercheur de l'Agence américaine de protection de l'environnement (EPA) avec le PFOA, cette substance qui sert notamment à fabriquer le Teflon. Des souriceaux soumis à de fortes doses de PFOA pendant la gestation meurent très vite après la naissance de problèmes respiratoires. Si les doses sont plus faibles, les souriceaux ne meurent pas. Ils naissent plus chétifs, se développent avec retard. Mais, si on les laisse vivre, ils finissent par se rétablir, atteignent l'âge adulte et là, deviennent obèses (12). Sur une photo, des paumes gantées de latex bleu montrent une souris blanche normale et une grosse mémère (ou gros pépère, la légende ne le précise pas), qui semble peser le double. Les chercheurs ont réussi à identifier le (ou peut-être un parmi d'autres) mécanisme biologique sur lequel le PFOA agit. Il semblerait qu'il parasite le fonctionnement d'un autre récepteur des cellules graisseuses, appelé PPAR-alpha. PFOS et PFOA sont d'ailleurs soupçonnés aujourd'hui d'être aussi des perturbateurs endocriniens.

Pour Retha Newbold comme pour Bruce Blumberg, ces substances obésogènes ne seraient pas des causes de l'obésité à proprement parler mais des facteurs de risque. Avec elles, *« il est seulement plus difficile de ne pas devenir obèse,* dit Bruce Blumberg. *Si votre corps veut fabriquer plus de cellules graisseuses et remplir ces cellules de graisses, vous pouvez bien sûr le combattre en mangeant une alimentation équilibrée et en multipliant les activités physiques. Et bien que vous ayez deux fois plus de cellules graisseuses que votre voisin, vous pourriez garder un poids normal. Mais ce sera bien plus dur.* » Ces découvertes pourraient avoir un impact radical sur la prévention de l'obésité qui, une fois installée à l'âge adulte, est difficile à éliminer. Selon Retha Newbold, le rôle des substances chimiques se superpose « *aux effets de la génétique, de l'alimentation et de l'activité physique. Mais j'ignore à quel point. Nous avons vraiment besoin d'études supplémentaires parce que l'obésité devient une épidémie mondiale* ».

Panier de crabes

Toutes ces perturbations de l'ordre des choses dans le petit univers des « *blobs* » surviennent dans le ventre de la mère ou juste après la naissance. Des événements hormonaux minuscules touchent le bébé en développement et modifient le fonctionnement de son corps à vie. Invisibles, indétectables dans les premiers moments de l'existence, les effets ne se manifestent que plus tard dans la vie, quand le bébé est devenu un adulte. Depuis les années quatre-vingt, cette problématique des « origines développementales des maladies adultes » a pris un essor considérable. En mai 2007, elle faisait l'objet d'un consensus dans la revue scientifique *Reproductive Toxicology*. Des dizaines de chercheurs y affirmaient avec force l'impact majeur que peut avoir sur des bébés une exposition à des substances chimiques. Ils mettaient surtout l'accent sur l'importance des fenêtres d'exposition, ces moments fondamentaux du développement qui rendent les fœtus particulièrement vulnérables (13). Quand elles sont administrées pendant la gestation sur des animaux de laboratoire, c'est sur les petits que la plupart des substances ont un impact. Pas sur leurs mères. Le PFOS et le PFOA causent des troubles respiratoires dont l'origine n'est pas encore identifiée. Les pesticides et les phtalates entraînent un syndrome de dysgénésie testiculaire et une baisse de fertilité, le bisphénol-A des aberrations chromosomiques sur deux générations, entre autres. La plupart d'entre eux sont aussi capables de provoquer divers cancers. Toujours sur les générations suivantes. Or, du côté des humains, la situation du cancer n'est pas des plus brillantes.

Si certains cancers comme celui de l'estomac ou du col de l'utérus sont en baisse dans les pays industrialisés, la plupart des autres sont en augmentation. Le plus marquant dans les statistiques françaises, c'est ce qu'on appelle « l'effet cohorte » : le pourcentage de risque augmente d'une génération à l'autre. Un phénomène qui suggère, selon les auteurs du rapport le plus récent sur l'incidence du cancer en France, *« l'apparition récente d'un nouveau facteur de risque »*. Par exemple, le risque de développer un cancer du système nerveux central augmente de 52 % pour un homme né en 1953 par rapport à un homme né en 1913, de 92 % pour le myélome multiple et les maladies immunoprolifératives. Le risque de lymphome malin non hodgkinien est doublé (14). Dans les pays riches, les cancers dits hormono-dépendants – parce que les hormones jouent un rôle dans leur genèse – sont tous en augmentation. C'est le cas du cancer du sein qui représente 23 % des cancers chez les femmes dans le monde. Du cancer des testicules, qui représente 0,8 % des cancers chez les hommes, mais bien plus élevé dans les pays riches que dans les pays en développement : 7,9 cas pour 100 000 en Europe de l'Ouest, 5,4 en Amérique du Nord et seulement 0,4 en Chine (15). Du cancer de la prostate qui, en

France, a quadruplé ces vingt dernières années : le risque est multiplié par 12 entre un homme né en 1913 et un homme né en 1953. Sans parler de la Martinique où le taux de cancer de la prostate est l'un des plus élevés au monde, et serait même le second après les États-Unis (16).

Les soins se sont considérablement améliorés. La mortalité a beaucoup baissé. Mais le nombre de cas, lui, n'a cessé de progresser. En France, le cancer a augmenté de 63 % en 20 ans. Un chiffre effarant qu'il faut cependant délester de plusieurs explications : le vieillissement de la population, les diagnostics plus performants ou encore l'amélioration du dépistage. C'est le cas par exemple du cancer de la thyroïde qui a augmenté de 146 % en 20 ans en France, mais qui est mieux dépisté grâce aux techniques d'imagerie médicale. Pour la thyroïde comme pour certains autres cancers, ces facteurs contribuent à l'augmentation, sans pour autant l'expliquer dans sa totalité. En les soustrayant des chiffres, les experts estiment que l'augmentation réelle serait de 35 %. Ce qui est tout de même beaucoup. Aucune analyse de ce type ne peut non plus expliquer pourquoi le cancer augmente chez les enfants et les adolescents dans tous les pays développés, même s'il demeure heureusement rare. Aux États-Unis, le taux d'incidence du cancer chez les enfants a augmenté de 13 % entre 1973 et 1997. Certaines formes de cancers augmentent plus que d'autres, comme le lymphome non hodgkinien (+ 30 %), le cancer du cerveau et la leucémie lymphoïde aiguë, (+ 21 % chacun) (17). En France aussi, les chiffres augmentent légèrement. Mais le registre national des cancers de l'enfant, informatisé au milieu des années quatre-vingt-dix, a été mis en place trop récemment pour confirmer la tendance, selon

Joëlle Le Moal, épidémiologiste en charge des questions liées à l'environnement à l'Institut national de veille sanitaire (INVS).

« Dans vingt ans, nous aurons vaincu le cancer. » Cette déclaration tonitruante, faite en 1971 par Richard Nixon dans son discours sur l'état de l'Union, résonne aujourd'hui de manière bien pathétique. Des milliards de dollars et d'euros ont été investis dans la recherche d'une cure, mais personne, à vrai dire, n'est aujourd'hui en mesure d'écrire *Les causes du cancer pour les nuls*. En France, où *« la culture médicale est très en retard »*, la tendance est encore à mettre *« la médecine de réparation et non la cause des maladies au premier plan »* estime Joëlle Le Moal. Certes, on guérit plus du cancer qu'hier, et personne ne s'en plaindra. Mais la démarche purement curative semble avoir atteint ses limites. C'est la conviction de Dominique Belpomme. Ce médiatique cancérologue français, à qui l'on doit notamment un rapport sur la contamination des Antilles françaises au chlordécone, est convaincu que la santé publique passe complètement à côté des véritables causes d'un certain nombre de cancers et de maladies contemporaines. Le 7 mai 2004, il réunit des dizaines de scientifiques de grand renom à l'Unesco pour signer *l'Appel de Paris*. Ce texte énonce que *« le développement de nombreuses maladies actuelles est consécutif à la dégradation de l'environnement »* (article 1), que *« la pollution chimique constitue une menace pour l'enfant et la survie de l'homme »* (article 2), que *« notre santé, celle de nos enfants et celle des générations futures étant en péril, c'est l'espèce humaine qui est elle-même en danger »* (article 3) (18). Depuis, près d'un millier de scientifiques internationaux, plusieurs Prix Nobel, des ONG et

de simples citoyens ont signé cet appel. Parmi les 200 000 signatures, figurent aussi celles du Conseil national de l'ordre des médecins et le Comité permanent des médecins européens qui représente deux millions de praticiens. *« Il est aujourd'hui scientifiquement prouvé qu'il existe bien un lien entre les produits chimiques et l'apparition de maladies telles que les cancers, l'infertilité, les maladies dégénératives qui atteignent le système nerveux central, et les allergies »* disent ces derniers. Signataire de l'Appel, le spécialiste britannique du développement Vyvyan Howard n'a plus de doutes : *« Si vous regardez les données sur la santé humaine, un certain nombre de choses sont vraiment en train de se passer : l'incidence du cancer augmente, et pour certains cancers les gens sont atteints bien plus tôt dans leur vie qu'auparavant. »* Que ce soit les troubles de la fertilité, du développement ou les cancers, il est selon lui parfaitement sensé de relier ces affections à des expositions chimiques pendant la grossesse. *« Tout ce dont nous parlons est biologiquement plausible. Seulement, ce n'est pas possible de le prouver »* dit-il avant d'ajouter, provocateur, *« mais pas besoin d'être un génie pour faire 2 + 2 ».*

Relativement peu de substances sont reconnues « cancérogènes certains » (groupe 1) par le Centre international de recherche sur le cancer (CIRC) : elles étaient 95 en 2005. Les cancérogènes probables (Groupe 2A) comptaient 66 membres, tandis que les cancérogènes possibles (Groupe 2B) étaient 240. Difficile alors d'affirmer, chiffres à l'appui, quelle proportion des cancers peut être attribuée à la pollution chimique, à la pollution tout court ou à l'environnement en général. Tout dépend d'ailleurs de ce que l'on entend par « environnement ». Manchettes de journaux et rapports d'organismes internationaux titrent sur ces maladies et décès « dus à l'environnement ». Mais l'environnement a le dos large, et le terme englobe bien des éléments qui n'ont rien à voir avec la pollution. Il existe en fait deux conceptions de l'environnement, selon Joëlle Le Moal. La première, une conception scientifique très globale, prend en compte tous les facteurs extérieurs à un individu, que ce soit le tabagisme passif ou l'exposition aux rayons du soleil, par opposition aux facteurs intérieurs qui vont de son bagage génétique à son état de santé. La deuxième, une conception de santé publique, retient aussi bien les facteurs sociaux et la pollution que les comportements ou le régime alimentaire. Selon le point de vue que l'on adopte, les estimations peuvent donc varier du tout ou tout. Sans même parler de la multitude de biais d'analyse qui entrent en jeu. Ainsi le débat chez les spécialistes est interminable. Certains, par exemple, se réfèrent à un article scientifique sur les causes du cancer qui date de 1981. Rédigée par des scientifiques de renom, cette publication antique mais influente a longtemps été la référence en matière d'épidémiologie du cancer. Les auteurs, Sir Richard Doll et Richard Peto, n'incluent pas l'alimentation, qui représente environ 30 % des facteurs de cancer, dans le vocable « environnement ». Parlant en termes de mortalité, ils écrivent que seuls 3 à 9 % des décès par cancer seraient attribuables à l'environnement (19). Peut-être est-il intéressant de noter que l'éthique de Sir Richard Doll n'était pas des plus nettes. On le sait depuis que des articles retentissants l'ont révélé : sir Doll avait dissimulé de graves conflits d'intérêts. Financièrement lié à des sociétés chimiques productrices de PVC comme Dow Chemical, sous contrat avec le groupe Monsanto entre 1970 et 1990, Sir Doll faisait aussi relire ses productions à des représentants de l'industrie (20).

Bien avant que les conclusions de Doll et Peto ne soient craquelées par le doute, certains scientifiques considéraient déjà leurs estimations aberrantes et grossièrement sous-estimées. Dominique Belpomme, lui, va jusqu'à avancer qu'entre 60 et 70 % des cancers seraient induits par la pollution au sens large (21). *« On ne peut pas être péremptoire dans ce domaine-là,* juge Joëlle Le Moal. *Il existe suffisamment d'inconnues – moins de 50 % des cancers sont expliqués par des facteurs connus – pour que l'on soit très prudent dans les affirmations sur les fractions attribuables qu'on calcule par des méthodes tout à fait empiriques. »* Directrice de l'Unité épidémiologie environnementale des cancers, à l'INSERM de Villejuif, Jacqueline Clavel partage ce point de vue : *« Je n'arrive pas à être d'accord pour dire les choses dans ces termes-là. Je ne vois pas comment on peut calculer une chose pareille ou arriver à la conclusion complètement absurde du contraire qui est que 3 % des cancers sont liés à l'environnement comme va le publier l'Académie de Médecine. »* En septembre 2007 en effet, l'Académie nationale de Médecine publiait un rapport sur *Les causes du cancer en France,* rédigé en collaboration avec le CIRC. Dans ce texte, l'accent était surtout mis sur l'alcool et le tabac, dont on ne peut certes contester la part de responsabilité, mais le rôle de la pollution y était réduit à bien moins de 3 %. *« Contrairement à certaines allégations, la proportion de cancers liés à la pollution de l'eau, de l'air et de l'alimentation est faible en France, de l'ordre de 0,2 %. Elle pourrait atteindre 0,8 % si les effets de la pollution de l'air atmosphérique étaient confirmés »* peut-on y lire (22). Responsable du groupe Mode de vie, environnement et cancer au CIRC, Paolo Boffetta est l'un des experts auteurs de ce rapport. Il n'a de cesse d'asséner ce point de vue : les expositions environnementales, entendues dans le sens de pollution, ont un rôle minime dans les causes du cancer. En sus du tabagisme passif, il admet la responsabilité de la pollution atmosphérique urbaine, du radon, des produits de chloration dans l'eau. Mais la liste s'arrête là. « *Les preuves disponibles sur les risques du cancer suivant une exposition à d'autres polluants environnementaux incluant les pesticides, les dioxines ou les champs électromagnétiques ne sont pas concluantes* » écrit-il (23). En fait, Paolo Boffetta – tout comme l'Académie de Médecine – ne retient dans ses critères que les cancérogènes certains (groupe 1). Un groupe dans lequel ne figure aucun pesticide. Et même si des kilomètres d'études relient les pesticides à des cancers, « stricto sensu, *il a raison* » dit Jacqueline Clavel qui ne souscrit pas à cette approche. De l'avis de beaucoup de scientifiques, ce type de raisonnement est plus que réducteur.

Comment aborder intelligemment les causes du cancer dans un pays qui ne possède pas de registre national des cancers ? Les statistiques françaises sont établies à partir de données ne couvrant que 14 % de la population, essentiellement en dehors des zones urbaines (24). Cela suffit peut-être pour saisir les grandes tendances, mais pas pour entreprendre des analyses plus précises, sur des expositions environnementales spécifiques notamment. Se pose aussi une question cruciale : comment comprendre les chemins du cancer quand l'exposition à des substances chimiques n'est prise en compte qu'au moment du diagnostic ? Et non sur toute l'histoire de vie, y compris fœtale, du malade. Tout juste commence-t-on à se pencher sur « *les expositions pendant la vie intra-utérine, durant les premières années et même avant la vie intra-utérine c'est-à-dire préconceptionnelle* » explique Joëlle Le Moal. Aucune étude épidémiologique de grande échelle ne s'est encore intéressée aux substances qui, si elles ne sont pas directement des causes de cancer, créent une vulnérabilité, un terrain favorable chez une personne exposée alors qu'elle n'était qu'une petite chose dans le ventre de sa mère.

*****

Type de produits pouvant contenir des organoétains :

– Objets en PVC : ballon de plage, carte de crédit, couche pour bébés, emballage et emballage alimentaire, flacon de détergent et de produit d'hygiène (shampoing), gants, jouet gonflable, masque de déguisement, piscine gonflable, revêtement de mur et sol, rideau de douche, sac, sandales, tétine, tuyau d'acheminement des eaux, tuyau d'arrosage.

– Autres : acaricides appliqués sur les cultures, bouchons d'oreille, impression et motif sur vêtement, éponge, livre pour enfants en tissu rembourré, matériau de construction, papier de cuisson, produit de protection du bois, protection des toiles et tapis, serviette hygiénique et protège-slip, serviette pour l'incontinence, peinture, pesticide, tampon hygiénique, tapis, tapis d'activité pour enfants, vêtements.

– Usages devant être supprimés dans le cadre de la directive biocide : oreiller anti-allergénique, semelle intérieure de chaussure, short de cyclisme, traitement en *spray* pour le pied de l'athlète (au TBT).

Sources : 4, 5. Agence danoise de protection de l'environnement.

La complainte du progrès

Matériel électrique et électronique, tissus, matelas

Il y a quelque chose qui cloche chez Minou. Il ne tient pas en place. Il se jette sur ses croquettes avec une voracité inédite. Même : Minou mange et boit comme quatre, mais il perd du poids. Longtemps restée mystérieuse, cette affection n'existait pas avant 1979, année où elle est rapportée pour la première fois chez les chats domestiques. Aujourd'hui très courante, elle a désormais un nom. Glissé dans un appareil d'imagerie médicale, Minou révèle son secret. Dans son cou, une petite zone apparaît en rouge, surdimensionnée : sa glande thyroïde. Ses taux d'hormones thyroïdiennes, trop élevés, provoquent tous ces symptômes. Vétérinaire à l'Agence américaine de protection de l'environnement (EPA), Janice Dye s'est demandé si cette hyperthyroïdie, épidémique chez les chats, avait un lien avec un polluant chimique. En 2007, elle a examiné 23 chats, sains et malades. Tous avaient dans le sang d'importantes concentrations d'une substance utilisée depuis les années soixante-dix, justement, pour retarder la progression du feu dans le matériel électrique, électronique et les tissus d'ameublement : des diphényléthers polybromés (PBDE). Chez les chats souffrant d'hyperthyroïdie, les concentrations de PBDE étaient nettement supérieures. L'un d'entre eux, même, crevait les plafonds. Une seule étude ne suffit pas à établir un lien formel entre leur hyperthyroïdie et la substance. Mais parce que chez les chats les concentrations de PBDE sont 20 à 100 fois supérieures à celles de l'Américain moyen, Janice Dye propose que les chats domestiques servent de sentinelles aux humains afin de mieux évaluer l'exposition et les effets sur le long terme (1). Les chats. Ou les enfants. Car le niveau moyen de PBDE dans le sang des chats est parfois comparable avec celui que l'on retrouve chez les petits, voire les tout petits.

On ne joue pas avec le feu

Les PBDE sont une famille nombreuse : ils sont environ 200. Persistants, certains s'accumulent dans les tissus. La découverte de la contamination de l'environnement et de l'homme s'est étalée sur trois décennies. De nos jours, les concentrations humaines de PBDE atteignent les mêmes niveaux que les PCB, ces substances qui polluent jusqu'aux peuples inuits. Mais les chiffres varient du tout au tout selon les continents. En Europe, elle est estimée à environ 3 microgrammes par kilogramme de poids en lipide (µg/kg[1]). Le sang des Américains, le plus contaminé au monde avec 47 µg/kg, ressemble au sang d'ouvriers suédois qui démantèlent des ordinateurs à longueur de journée. À l'automne 2004, *The Oakland Tribune*, un journal californien, décidait d'initier une étude scientifique et de financer le travail d'une équipe de chercheurs. Lesquels avaient dans l'idée de mesurer les taux de PBDE, et éventuellement des différences, chez quatre personnes d'une même famille, qui partagent donc le même style de vie et le même environnement. L'équipe prélève des échantillons de sang d'une famille vivant à Berkeley, dans la baie de San Francisco. Pour l'ensemble des PBDE mesurés, les concentrations de papa s'élèvent à 87 µg/kg, celles de maman à 120 µg. Leur fillette de 5 ans, en revanche, atteint 390 µg. Et leur bébé de 18 mois 651 µg (2). C'est encore pire quand on mesure les taux dans les tissus graisseux et non dans le sang, comme l'a fait l'équipe de Kurunthachalam Kannan en analysant des déchets de liposuccion à New York. Les chiffres vont cette fois de 17 à 9 630 µg/kg, ce dernier établissant un record mondial. En fait, les taux américains sont 10 à 100 fois plus élevés que les taux européens (3). Mais personne ne sait vraiment expliquer pourquoi.

Comme pour la plupart des « nouvelles » substances, les experts en sont encore à essayer de comprendre quelles sont les principales sources d'exposition. Pour les adultes, l'Organisation mondiale de la santé (OMS) estime que c'est l'alimentation qui en est la première responsable. Aux États-Unis et au Canada, les

[1] Sauf indication contraire, toutes les mesures à venir sont en µg/kg de poids de lipide.

contributeurs essentiels seraient la viande, la volaille et produits qui en dérivent : œufs et produits laitiers. Dans les pays européens et au Japon en revanche, le poisson et les produits de la mer semblent représenter les principales sources (4). Comme toute substance capable de bioaccumulation, les PBDE contaminent le sommet de la chaîne alimentaire marine avec une prédilection pour les prédateurs à chair grasse. Ils aiment le maquereau, l'anchois, le bar, la sardine, le saumon et, par-dessus tout, l'anguille. Ce serait d'ailleurs l'une des explications aux taux vertigineux de PBDE chez les chats. Leurs boîtes de délicieuse pâtée à base de rognures de poisson en contiennent 100 fois plus que la nourriture destinée aux humains. Organoétains, métaux lourds, PCB, PBDE : les poissons sont assaisonnés à l'indésirable. Dans une recommandation qui n'a pas bénéficié d'une grande publicité, l'Agence française de sécurité sanitaire des aliments (Afssa) demande officiellement aux femmes enceintes et allaitantes, et aux petits enfants de *« veiller à ne pas consommer plus d'une portion de poissons prédateurs sauvages par semaine »* (5). Exactement comme le recommandent déjà plusieurs pays d'Europe. Mais les quantités de PBDE relevées dans les aliments de supermarché, infimes, se mesurent en centièmes de microgrammes (6). La nourriture seule ne suffit certainement pas à expliquer les quantités de PBDE dans le lait maternel. Des études menées sur plusieurs années par des chercheurs suédois ont montré que les taux y augmentaient de façon exponentielle depuis 1972 et doublaient tous les cinq ans en moyenne. Puisque les mères américaines sont plus contaminées que les Européennes, un bébé de New York nourri au sein ingère aussi bien plus de PBDE qu'un mini-Européen.

C'est dans la poussière des maisons que les scientifiques cherchent des réponses. En Amérique du Nord, les niveaux de PBDE dans les poussières vont de 614 à 16 366 parties par billion (ppb) (8). Certains estiment que la poussière représenterait même 80 % de l'exposition quotidienne des bébés, ces petits êtres qui, vivant à une altitude inférieure à un mi-mollet, en ingèrent 100 mg par jour et introduisent des objets qui ont traîné par terre dans leur bouche (9). Les bébés partagent d'ailleurs ce trait avec les chats qui ont pour coutume de s'affaler sur le sol et de manger la poussière en faisant leur toilette. Trait commun qui expliquerait en partie leurs taux voisins de PBDE. Reste ensuite à déterminer quels sont les objets qui se débarrassent de leurs PBDE et les déposent dans les moutons de poussière. Mais impossible de reconnaître ces substances à l'œil nu : elles sont intégrées dans les plastiques et les matières. Est-ce le téléviseur, le rembourrage du canapé, la cafetière, les interrupteurs, la télécommande, peut-être le sèche-cheveux ou alors le matelas ? Tout le matériel électrique ou électronique d'une maison en contient. La plupart des tissus et des mousses d'ameublement aussi. Ce n'est pas pour rien, d'ailleurs. Les PBDE font partie d'une famille hétéroclite, les retardateurs de flammes bromés, qui remplit l'importante fonction de retarder la progression du feu en cas d'incendie. Le marché des retardateurs de feu est en pleine expansion : les industriels doivent suivre des normes anti-incendie de plus en plus strictes en Europe comme dans certains États américains.

Si la question la plus pressante reste la source et la manière dont les enfants sont exposés, c'est parce que leurs niveaux de PBDE frôlent parfois les doses qui provoquent des effets chez les animaux de laboratoire. Pas sur leurs organes génitaux ni sur leur poids, mais sur le développement de leur cerveau. À Uppsala, en Suède, une équipe de chercheurs universitaires mène des travaux qui embarrassent jusqu'à la Commission européenne. Depuis plusieurs années, au département de Toxicologie environnementale de Per Eriksson, on expose les souris à des doses variables de PBDE et on observe comment elles modifient leur comportement. Pour mesurer ces changements, les scientifiques disposent de multiples dispositifs expérimentaux. Per Eriksson explique comment se déroule le test de comportement spontané, par exemple. En laboratoire, les souris vivent en petites communautés de 4 à 7 par cage. À l'occasion du test, les chercheurs prennent une souris et la déposent seule dans une cage vide et inconnue. Le but est de mesurer l'activité de la petite bête pendant une heure. Les souris témoins, qui n'ont été exposées à aucune substance, s'agitent pendant un moment. Un comportement normal : les souris ont l'exploration dans la peau. Mais quand elles comprennent *« que cela ressemble plus ou moins à la maison, mais sans leurs camarades »* et qu'elles ont mémorisé la géographie du nouveau lieu, elles s'y habituent et se calment. Les souris exposées au PBDE, en revanche, ne se calment pas. Au bout d'une heure, elles sont toujours aussi fébriles. Per Eriksson dit qu'elles sont *« hyperactives ». « Ces troubles de ce qu'on appelle le comportement spontané et l'habituation signifient qu'elles ne peuvent pas recueillir les informations et les intégrer afin de revenir à un comportement moteur normal »* décrypte-t-il. En fait, la mémoire de ces souris est amoindrie, et leur capacité d'apprentissage émoussée.

Plusieurs PBDE peuvent causer ces effets, parfois même avec une dose unique, administrée juste après leur naissance, et non pas pendant la grossesse. Per Eriksson a en effet observé que cet impact n'a lieu que lorsque les PBDE sont administrés à un moment très précis, une période critique du développement du cerveau (10). *« Cette période chez le rat et la souris se situe juste après la naissance car c'est à ce moment que leur cerveau se développe. Mais chez les humains, cette période critique commence pendant le dernier trimestre de la gestation et se poursuit chez les nouveaux-nés. »* Avant d'étudier les PBDE, Per Eriksson a longtemps travaillé sur les effets neurotoxiques des PCB. Et c'est précisément pour cette raison qu'il est inquiet. Sur les animaux de laboratoire, les PBDE font figure de challengers des PCB. Les concentrations de PBDE que l'on mesure chez les enfants, comme le bébé de la petite famille de Berkeley, par exemple, sont dans le même ordre de grandeur que celles qui induisent des effets neurotoxiques chez les souris d'Uppsala. Mais existe-t-il un risque pour les humains ? *« Je me pose cette question très souvent »* dit Per Eriksson. Il souligne que les doses de PCB et celles de PBDE qui causent des troubles chez les souris sont équivalentes. *« Si l'on reconnaît que les PCB sont un problème, je n'exclurais pas que les* PBDE *en soient un. »*

Fuite de cerveau

La littérature scientifique sur les PCB s'amasse. Parce qu'ils sont toxiques pour le cerveau des animaux, leurs effets sur les humains font l'objet d'une attention toute particulière. Pionniers de cette recherche, les psychologues Sandra et Joseph Jacobson étudient l'impact des PCB sur le développement du cerveau humain depuis les années quatre-vingt. À cette époque, ils « *recrutent* » des femmes enceintes de la région des Grands Lacs américains, consommatrices de poissons du lac fortement contaminés aux PCB. Ils ont ensuite suivi leurs enfants pendant plus d'une décennie. Des évaluations sont menées des premières années de leur vie jusqu'à leurs 11 ans. Les observations des Jacobson laissent peu de doute. Les enfants aux taux de PCB légèrement supérieurs à la moyenne manifestent des troubles de la mémoire, des difficultés de compréhension. Leurs résultats aux tests de quotient intellectuel (QI) sont inférieurs de 2 à 6 points. Les PCB – mais peut-être également d'autres substances auxquelles leurs mères ont été exposées – ont imperceptiblement mais durablement amoindri leurs facultés intellectuelles (11). Combien y en a-t-il, de ces substances chimiques capables de freiner le développement du cerveau d'un bébé ? Philippe Grandjean a trente ans de mercure et de développement du cerveau derrière lui. Ce chercheur respecté, qui travaille entre le Danemark et l'École de santé publique d'Harvard, n'hésite pas à parler de la « *pandémie silencieuse* » qui toucherait aujourd'hui des millions d'enfants. Silencieuse parce que l'accumulation des connaissances sur la nocivité de ces produits évolue en suivant un même processus. Mercure, plomb, PCB, pesticides : « *On voit d'abord les empoisonnements aigus. Plus tard, on reconnaît qu'il peut y avoir des effets chroniques. Ensuite on s'aperçoit qu'ils peuvent survenir à des doses plus faibles chez les enfants, mais aussi à la suite d'expositions pendant la grossesse. Cette prise de conscience vient avec le temps,* explique-t-il. *Depuis la première constatation des effets sur le cerveau des adultes jusqu'à ce qu'on ait une perspective globale des effets à de plus faibles doses, tout cela peut prendre des décennies. Et pendant qu'on examine les éléments scientifiques, les expositions continuent.* » Tandis que la science s'interroge, les effets de ces substances sont invisibles dans les statistiques de santé publique.

Avec son confrère Philip Landrigan, professeur à l'École de médecine Mount Sinaï à New York, et qui, lui, vient du plomb, Philippe Grandjean a décidé de secouer les consciences. Les deux hommes dressent la liste complète des substances chimiques dont l'action neurotoxique sur le cerveau des adultes a été prouvée. Elles sont près de 200. La plupart d'un usage courant. Au milieu des métaux lourds, des pesticides ou des solvants, figurent notamment les PBDE. En novembre 2006, les deux scientifiques publient un article retentissant dans le *Lancet* (12). Le cerveau du fœtus et de l'enfant est bien plus fragile que celui d'un adulte, expliquent-ils. Toutes ces substances, dangereuses pour le cerveau de l'adulte, le seront sans doute encore plus pour celui d'un enfant, en de plus faibles quantités de surcroît. Pour Philippe Grandjean, plus que la dose, c'est « *le moment qui fait le poison* ». Les dommages dépendent de l'instant précis auquel une substance vient s'immiscer dans une phase cruciale du développement du cerveau. Les tests de toxicité standard ne le prennent pourtant pas en compte. La raison en est peut-être financière : selon l'Agence américaine de protection de l'environnement (EPA), un test de neurotoxicité du développement coûterait environ 150 000 dollars. Le chercheur ne manque pas d'arguments pour étayer son hypothèse. Mais, pas plus que Niels Skakkebaek avec la baisse de fertilité, il ne peut fournir la preuve de ce qu'il avance. « *C'est une tradition, dans le domaine des sciences, de toujours exprimer un certain degré d'humilité. Et c'est souvent mal compris. Les gens disent alors : "Oh, alors vous voulez dire que vous n'avez pas prouvé que le mercure était toxique ?" Le scientifique dira alors : "Vous savez qu'il est très difficile d'obtenir une preuve définitive, et nous ne pouvons pas vraiment exclure que, peut-être, bla bla bla"*, raconte Philippe Grandjean avec ironie. *Cela revient à dire que toutes ces substances chimiques sont innocentes jusqu'à ce qu'on ait prouvé le contraire. Ce qui est, bien sûr, incorrect. Mais conformément à la tradition de la science qui est de ne pas fournir de preuve totale, nous n'avons jamais de certitude à 100 %.* »

Outre les données purement scientifiques, Philippe Grandjean dispose néanmoins d'un certain nombre de statistiques. Un comité d'experts du National Research Council américain a estimé que 3 % des handicaps mentaux étaient le résultat direct d'expositions environnementales. Et 25 % celui d'une interaction entre des facteurs environnementaux et la susceptibilité génétique de l'individu. Tout dépend aussi de ce que l'on entend par « handicap mental ». Le terme plus large de maladies liées au développement du cerveau regroupe plusieurs formes d'affections. Il englobe tous les troubles du fonctionnement du cerveau qui affectent le comportement, la mémoire et les capacités d'apprentissage de l'enfant. Donc les retards mentaux, les troubles de l'apprentissage, mais aussi la dyslexie, le trouble déficitaire d'attention avec hyperactivité (ou plus simplement hyperactivité), ainsi que l'autisme et les désordres qui s'y rattachent. Ces troubles sont loin d'être rares. Ils touchent entre 3 et 8 % des enfants européens et américains (13). Même si l'amélioration des diagnostics au fil du temps explique une partie de ce gonflement des chiffres, ces derniers n'en restent pas moins impressionnants. Selon les statistiques américaines, l'hyperactivité concerne entre 3 et 6 % des écoliers, les troubles de l'apprentissage entre 5 et 10 %, et le retard mental 1 % d'entre eux. Observées sur les trente dernières années, les tendances de l'hyperactivité mais surtout de l'autisme sont inquiétantes. Entre les années soixante et la fin des années quatre-vingt-dix, le nombre de cas a doublé. Une étude menée en Californie il y a quelques années avait fait grand bruit. Elle observait une augmentation de 210 % des cas entre 1987 et 1998 (14). Les Centers for Disease Control (CDC) viennent d'achever une étude sur quatorze États américains. Selon leurs résultats, 1 enfant sur 160 correspondrait aujourd'hui au diagnostic de l'autisme. Cette maladie aux origines inconnues ne touchait auparavant qu'un enfant sur 500 (15). Pour tous ces troubles du neurodéveloppement, les causes ne sont d'ailleurs connues que dans un quart des situations. Et, comme pour la baisse de fertilité ou l'augmentation de l'obésité, ils n'ont commencé à être visibles dans les courbes statistiques qu'au cours des années soixante-dix et quatre-vingt (16).

Depuis les travaux pionniers des Jacobson sur les PCB, certains chercheurs redoutent une baisse des facultés intellectuelles dans la population générale. À l'Université d'Ulster, le spécialiste du développement Vyvyan Howard insiste : « *Nous parlons ici de déficits neurocomportementaux très subtils chez les enfants et au sein de la population. Si vous prenez n'importe lequel d'entre eux individuellement, ils sont tous dans le champ de ce que l'on appelle la "normalité". Mais si l'ensemble de la population a été rendu légèrement plus stupide, c'est une mauvaise nouvelle.* » Le QI est en lui-même un élément de mesure controversé. Beaucoup considèrent qu'une variation de 5 points serait même indétectable avec ce système qui fixe la moyenne du « normal » à 100 points (plus ou moins 15). L'économiste Tom Muir a essayé d'évaluer l'impact qu'aurait une baisse de QI de 5 points dans l'ensemble de la population. Car une réduction de l'intelligence a un coût pour la société. Cinq points en moins, c'est augmenter le nombre de personnes se situant en dessous de la limite des 70 où le diagnostic de retard mental est porté. Mais c'est aussi réduire le nombre de personnes au-dessus des 130 points. D'un côté, le poids pour la société s'alourdit, notamment en termes de sécurité sociale. De l'autre, la société se retrouve privée d'une partie du potentiel, de créativité, d'excellence et de productivité qui contribuent au progrès. D'après les calculs de Tom Muir, 5 points de QI en moins sur l'ensemble du pays coûteraient jusqu'à 326 milliards de dollars par an aux États-Unis.

Les substances de synthèse capables d'imiter les œstrogènes étaient le point de départ de la recherche sur la perturbation endocrinienne. Puis les scientifiques ont découvert que des substances, parfois les mêmes, pouvaient freiner les hormones sexuelles masculines. Que d'autres, encore, pouvaient bloquer les œstrogènes. Bref, la recherche s'est dans un premier temps focalisée sur les hormones sexuelles. Mais avec des substances comme les PBDE, qui agissent sur l'axe de la thyroïde, ou comme les organoétains qui interfèrent avec les hormones des tissus graisseux, de nouvelles pistes s'offrent aux chercheurs. *« Je dirais que nous avons buté sur la perturbation hormonale parce qu'elle a des effets assez évidents sur la fertilité ou sur le système génital en provoquant des malformations. Mais nous avons à peine commencé à considérer le reste* » estime Vyvyan Howard. Comment savoir si les perturbateurs endocriniens peuvent parasiter d'autres systèmes auxquels personne n'a encore pensé ?

Peine de substitution

Aujourd'hui, le QI est en légère baisse chez les jeunes conscrits danois. Mais quand les pays d'Europe du Nord engagent les premières mesures à l'encontre des PBDE, dans les années quatre-vingt, la contamination de l'environnement les préoccupe bien plus que le QI de leurs enfants. En 1998, l'OSPAR inscrit les PBDE sur sa liste des produits chimiques devant faire l'objet de mesures prioritaires. En août 2004, l'Union européenne bannit deux sortes de PBDE : le pentaBDE – toxique pour la reproduction catégorie 2 – et l'octaBDE – considéré comme potentiellement nocif pour les enfants nourris au sein. Ils étaient consommés à hauteur de 2 675 tonnes par an en Europe en 1994 (17). Les fabricants américains suivent. Ils arrêtent leur production fin 2004. Selon l'organisation industrielle européenne Cefic, la production mondiale de ces deux PBDE serait arrêtée depuis 2005 dans son groupement d'entreprises. Mais, soulignent des chercheurs néerlandais inquiets de leur grande persistance dans l'environnement et les tissus des êtres vivants, « *l'exposition continuera pendant les prochaines décennies* » (18). Très récemment d'ailleurs, les pays signataires de la convention de Stockholm ont proposé l'inscription du pentaBDE et de l'octaBDE sur leur fameuse liste des « *12 salopards* ». En Europe, ces substances sont aussi concernées par une autre décision réglementaire. Appliquée depuis le 1er juillet 2006, la directive qui restreint l'usage de certaines substances dangereuses dans les équipements électriques et électroniques a une visée plus large. Elle interdit aux fabricants d'employer les métaux lourds et un certain nombre de produits toxiques, dont le pentaBDE, l'octaBDE, et d'autres sortes de retardateurs de flammes bromés (19). L'un des PBDE, cependant – le décaBDE – a été exempté par la Commission européenne. Il reste, *de facto*, autorisé. Choqués par cette décision, le Parlement européen et le Danemark ont lancé des procédures légales à l'encontre de la Commission. Trop d'incertitudes demeurent sur le décaBDE, pensent-ils. Certains experts estiment notamment que les molécules de décaBDE se dégradent dans l'environnement et peuvent se transformer en pentaBDE ou en octaBDE. Si cela s'avère, l'exemption du décaBDE ne changerait rien à la contamination de la nature et des hommes. La Suède a même décidé de faire bande à part, de s'asseoir sur l'exemption officielle et d'appeler à l'interdiction du décaBDE. Aux États-Unis, la politique sur les substances chimiques, inscrite dans le Toxic Substances Control Act de 1976, est bien moins stricte que la réglementation européenne. Comme pour les phtalates dans les jouets, ce sont les États qui prennent des initiatives à l'encontre du décaBDE. En 2007, l'État de Washington était le premier à l'interdire dans les produits de consommation, notamment dans les matelas, dont il est un gros fabricant. Il a été suivi par le Maine. La même décision pourrait être prise en 2008 en Californie, selon les industriels.

Au CEFIC – l'association industrielle européenne –, le directeur du groupe de secteur en charge des retardateurs de flammes bromés, René Montaigne, n'a d'abord pas très envie de commenter la situation : *« Des mails ont été échangés au CEFIC au sujet de votre demande. Nous avons décidé qu'il n'était pas nécessaire d'y répondre. »* La mauvaise grâce presque générale au sein des associations industrielles européennes était donc un mot d'ordre. Il renvoie sur une autre association industrielle plus spécialisée, le panel des industries européennes des retardateurs de flammes bromés, EBFRIP. Mais en ce qui concerne le décaBDE, EBFRIP ne possède pas de statistiques récentes *« pour des raisons de respect des règles de concurrence »* explique-t-on, avant d'indiquer que les statistiques de 2004 sont toujours valables. En Europe, la consommation s'élèverait donc à 8 300 tonnes par an, dont 2 500 tonnes pour les textiles, et 5 800 tonnes pour les plastiques destinés aux équipements électriques et électroniques. Ce à quoi il faut ajouter les 1 300 tonnes de produits finis importés dans l'UE chaque année (20). La Commission européenne a rédigé son rapport d'évaluation des risques sur le décaBDE en 2004. Mais il est en cours de correction. Comme dans le cas des parabens, la Commission a demandé à l'industrie de répliquer certaines études de neurotoxicité du développement, celles de Per Eriksson en particulier, dont les implications sont les plus graves. *« L'industrie a accepté de faire des études sur la possibilité d'effets neurotoxiques non pas selon le protocole de ce chercheur suédois qui n'est connu par personne, mais avec des protocoles reconnus »* explique René Montaigne, qui consent malgré tout, et sans aucune difficulté, à répondre à quelques questions. Depuis que les études sont terminées, les débats, selon lui, *« s'éternisent »*. *« C'est désespérant,* soupire-t-il. *Si on s'en tenait uniquement à la science, il n'y aurait aucun problème. Mais quand on veut chercher des arguments pour tuer un produit, on en trouve.* » Pense-t-il réellement que, depuis leurs laboratoires universitaires, les chercheurs d'Uppsala ont pour ambition de mettre les industriels à genoux ? « *Les scientifiques sont des êtres humains. Ils ont des idées préconçues comme tous les êtres humains* » dit-il.

René Montaigne a beau être optimiste sur le sort du décaBDE, l'interdiction totale de la substance devait être évoquée avant la fin de l'année 2007, selon des sources européennes. Principale raison : il existe d'autres solutions chimiquement plus sûres pour retarder la propagation du feu dans les objets. Seulement, lors de la rédaction du rapport de l'évaluation des risques, « *l'industrie a convaincu qu'il n'existait pas de solution alternative de substitution. Or, nous savons maintenant qu'il y en a* » souligne un responsable européen. Début 2007 d'ailleurs, le Bureau européen des substances chimiques publiait un rapport sur ces possibles alternatives moins risquées pour l'environnement et la santé. En fait, 200 formes commerciales de retardateurs de flammes sont disponibles sur le marché, sans compter les nouveaux matériaux en cours de développement. Electrolux, Epson, Hewlett-Packard, Intel, Nec, Panasonic, Samsung, Toshiba : de très nombreux fabricants de matériel électrique et électronique ont commencé à remplacer le décaBDE il y a plusieurs années. Certains s'y mettent sous la pression des organisations environnementales, comme Apple, régulièrement interpellé par Greenpeace. D'autres, comme Ericsson, IBM, Philips ou Sony les auraient déjà totalement supprimés (21). Côté textile, Ikea ne vend aucun article contenant des PBDE. Dans les mousses de polyuréthane qui servent par exemple au rembourrage des canapés, l'entreprise suédoise les a remplacés… par des paraffines chlorées notamment, tout en travaillant à leur élimination (22). Mais l'industrie traîne des pieds. À qui veut l'entendre, l'association industrielle EBFRIP affirme que le décaBDE ne pose aucun problème pour l'environnement ou la santé publique. « *Le décaBDE est actuellement le seul retardateur de flammes qui ait fait l'objet de plus de 1 000 publications scientifiques, lesquelles n'ont identifié aucun risque.* » Essayant de toucher leurs interlocuteurs au cœur, les industriels estiment que « *le public a le droit d'être informé sur les substances chimiques qu'il rencontre dans sa vie quotidienne* ». Certes oui. Quant à interdire le décaBDE ou toute substance sous prétexte qu'elle est détectée dans la nature, ce serait, selon eux, « *la fin de la société moderne telle que nous la connaissons* ». Ce n'est pas faux (23).

Une torpille pour les bonnes intentions

Au cœur du projet européen de réglementation des substances chimiques, REACH, deux principes s'alliaient pour assurer un certain degré de sécurité aux citoyens de l'Union. Du principe de précaution dérivait le principe de substitution. L'idée, assez simple sur le papier, consistait à contraindre l'industrie à remplacer les substances douteuses par d'autres, moins dangereuses. Avant même l'adoption de REACH, les industriels ont effectivement appliqué le principe de substitution, de leur plein gré, quoiqu'à reculons et à leur manière. D'abord, pour qu'une substance soit remplacée, elle doit être mise en cause depuis un bon moment déjà. Dans un deuxième temps, un peu acculée, l'industrie remanie le principe de substitution, l'adapte à la convenance des chiffres d'affaires qui doivent demeurer intacts. Pour ensuite substituer sans prendre de risques et sans réellement investir. L'industrie remplace alors en piochant dans la même famille de produits chimiques. Les paraffines chlorées à chaîne courte sont remplacées par des paraffines chlorées à chaîne moyenne et longue. Le PFOS et le PFOA par des composés du même type. Les pesticides par d'autres pesticides. Les phtalates par d'autres phtalates. Les nitromuscs par des muscs polycycliques. Les retardateurs de flammes bromés par d'autres composés bromés. Par quoi va-t-on remplacer le TBT ? Tous ces remplaçants n'ont pourtant pas été plus évalués que leurs prédécesseurs. Dans un certain nombre de cas, déjà, on s'aperçoit d'ailleurs qu'ils sont tout aussi suspects. Le but du principe de substitution était de stimuler l'industrie, l'activité économique et l'innovation. Mais l'industrie n'en voulait pas. Le mercredi 13 décembre 2006, après des années de négociations tendues, le Parlement européen adoptait le texte définitif de REACH à 529 voix contre 98 et 24 abstentions. Ont voté contre : les Verts et la Gauche unitaire européenne (communistes). Le principe de précaution est toujours là, puisqu'il sous-tend l'idée même de REACH. Le principe de substitution, en revanche, n'est plus obligatoire pour toutes les substances.

Les produits persistants, bioaccumulables et toxiques ; les produits cancérogènes, mutagènes et toxiques pour la reproduction (CMR) et les perturbateurs endocriniens pour lesquels il n'existe pas de seuil de nocivité (substances « sans seuil ») devront être remplacés. Ils sont considérés comme des substances *« extrêmement préoccupantes »*. Mais les substances

CMR et les perturbateurs endocriniens « avec seuil » n'y sont pas soumis. Même si des alternatives existent, l'industrie pourra les garder à condition d'exercer une *« maîtrise valable »* des risques qu'ils impliquent. *« Une fumisterie ! »* s'exclame Yannick Vicaire qui a suivi les débats pour Greenpeace France. *« En français, on appelle ça "maîtrise valable" des risques. Le terme anglais est* "adequate control", *qui se rapproche beaucoup plus d'un terme historique en français qui est "usage contrôlé" et qu'on utilisait pour l'amiante. Et l'usage contrôlé de l'amiante, c'est l'idée que le* lobby *de l'amiante* – via *le comité permanent amiante dans les années quatre-vingt – a réussi à vendre à l'État pour gagner encore 15 ans. Oui, l'amiante est dangereux, mais nous allons en prôner l'usage contrôlé, un peu comme on fait aujourd'hui avec l'agriculture raisonnée en contrôlant les pesticides. Mais c'est de la pure poudre aux yeux. Parce qu'une fois que vous avez disséminé de l'amiante dans des faux plafonds, dans des plaquettes de frein, dans des systèmes d'isolation thermique un peu partout dans toutes sortes de produits, comment voulez-vous en faire un usage contrôlé ? »* Plus sobrement, mais non sans la même indignation, 68 experts internationaux de l'Appel de Paris, réunis par le cancérologue français Dominique Belpomme, l'affirment : *« Il n'existe aucun moyen technico-scientifique permettant de prouver que les risques toxiques d'un produit mis sur le marché à grande échelle, c'est-à-dire destiné à être largement consommé, puissent être valablement maîtrisés. »* (24)

Ce n'est plus un secret pour personne, REACH a fait l'objet d'un *lobbying* d'une ampleur inédite en Europe (25). D'ailleurs, le CEFIC et toutes ses branches, ainsi que les multiples associations industrielles, ont leurs bureaux à Bruxelles. Plus pratique sans doute. Mais aussi un bon moyen de faire sentir au quotidien le poids économique monumental de l'industrie chimique. Son chiffre de vente s'élevait à 1 476 milliards d'euros au niveau mondial en 2005. Celui de l'industrie européenne, leader mondial, à 436 milliards d'euros, selon le CEFIC. « *Le* lobbying *et la pression politique subis par le corps exécutif de l'Union européenne au sujet de la proposition* REACH *ont été plus intensifs que sur toute autre législation proposée par l'actuelle Commission européenne depuis son installation en 1999* » ont déclaré Margot Wallström et Erkki Liikanen, alors commissaires en charge de l'Environnement et des Entreprises. REACH touchant les produits importés en Europe, le *lobbying* a traversé l'Atlantique et s'est également exercé depuis les États-Unis où l'industrie chimique est l'une des généreuses contributrices aux campagnes présidentielles. Les industriels américains redoutaient un effet « liste noire » pour les substances mises à l'index. Comment leur serait-il possible de justifier qu'un produit interdit en Europe puisse être vendu aux États-Unis ? *Lobbying* de la part de l'industrie, donc, mais aussi de la part de chefs d'États soucieux de leur PIB. Ainsi, en septembre 2003, Gerhard Schröder, Jacques Chirac et Tony Blair envoyaient une lettre au président de la Commission, Romano Prodi, lui demandant « *de ne pas porter atteinte à la compétitivité internationale de la chimie européenne* ». La bagarre a laissé un peu amer du côté des organisations environnementales comme Greenpeace. Yannick Vicaire le regrette : « *Pendant trois ans, nous avons dû convaincre les politiques que le projet qu'ils avaient imaginé était bien ce qu'il fallait faire. Et au bout du compte, on est arrivé à ce qu'on appelle une solution de compromis, mais de compromis avec quoi ? Compromis avec des mensonges sur les coûts et une forme d'immobilisme de l'industrie qui refuse d'endosser une quelconque forme de responsabilité.* » Les ambitions du législateur ont été sérieusement revues à la baisse. Dans le projet de départ, les industriels devaient fournir des informations complètes (usage et toxicité) sur toutes les substances dont la production dépassait une tonne, soit 30 000 substances. Mais au final, ces données ne sont exigées que pour 12 500 d'entre elles. Les 17 500 restantes se divisent en deux catégories. Pour celles produites entre 1 et 10 tonnes par an, ne seront demandées que les propriétés physiques et chimiques de base. Celles produites entre 10 et 1 000 tonnes ne seront pas soumises à la batterie complète des tests, comme ceux qui concernent la toxicité pour la reproduction. L'Union européenne s'est donné jusqu'à 2013 pour réfléchir au sort qu'elle réserve aux perturbateurs endocriniens, mentionnés seulement trois fois dans le texte de 850 pages (26).

Le mot clé, dans la bataille de Bruxelles, est « coût ». Avec, de préférence, l'adjectif « monstrueux » dans les environs. Très vite après la naissance du projet REACH, en 2001, les industriels jettent au visage des commissaires européens une succession de rapport catastrophistes sur l'impact économique supposé de REACH. À les croire, ce sont les dix plaies d'Égypte qui s'apprêtent à fondre sur l'Europe et à la transformer en un continent en récession peuplé de chômeurs. En 2002, une étude de 200 pages d'équations à 16 chiffres du cabinet Arthur D. Little, missionné par la confédération de l'industrie allemande, annonce la perte inévitable de 2,35 millions d'emplois et une chute de 6,4 % du PIB en Allemagne (27). En 2003, une étude de Mercer Management Consulting pour l'Union des industries chimiques françaises (UIC) prophétise un coût situé entre 29 et 54 milliards d'euros sur 10 ans pour la seule industrie française, 670 000 pertes d'emplois et une réduction du PIB de 3,2 %. Par an, et le plus sérieusement du monde. L'année suivante, le même cabinet tente de se remettre sur les rails de la crédibilité et revoit ses évaluations à la baisse : 28 milliards d'euros, baisse de 1,6 % du PIB et perte de 360 000 emplois, le tout sur 10 ans (28). Günther Verheugen, commissaire à l'Industrie, qui n'était pourtant pas le partisan le plus forcené de REACH, l'a reconnu lui-même : *« Les chiffres avancés par l'industrie étaient, pour le moins, un peu exagérés. »* (29) Le coût pour l'industrie chimique sera bien inférieur à toutes ces projections extravagantes. Il est en fait évalué à 2,3 milliards d'euros sur 11 ans, soit moins de 1 % de son chiffre d'affaires. Et puis l'Europe n'a pas décidé sur un coup de tête de répertorier toutes les substances chimiques du marché pour le simple plaisir d'enquiquiner l'industrie. L'impact positif de REACH sur la santé se mesure, lui aussi, en milliards. En 2005, la Commission estimait que si REACH parvenait à réduire de seulement 10 % les maladies liées aux produits chimiques, les dépenses de santé seraient soulagées de 50 milliards d'euros sur 30 ans. En 2006, elle rectifiait : ce serait 95 milliards d'euros d'économies pour la santé et environnement (30).

Le 1er juin 2007, REACH est entré en vigueur. Le compte à rebours a commencé pour les industriels : ils ont maintenant entre 3 et 11 ans pour déposer leurs dossiers de demande d'enregistrement. Mais cela n'a pas l'air de les tracasser outre mesure. REACH ? *« Je suis ravi !* lâche dans un rire Michel de Poortere, représentant du CEFIC. *L'industrie était pour REACH. »* Faut-il voir une confirmation de cet étrange enthousiasme dans les propos d'un haut responsable européen : *« Le but de REACH est de créer un environnement de travail simplifié pour l'industrie, pas de protéger les consommateurs » ?*

*****

Type de produits pouvant contenir des PBDE :

Bureautique et informatique : clavier, fax, imprimante, modem, moniteur vidéo, ordinateur de bureau et ordinateur portable, photocopieur, télécommande, scanner, téléphone mobile. **Divers** : mousse de fleuriste. **Électroménager et matériel électrique** : adaptateur de courant, ampoule, aspirateur, bouilloire, câble, cafetière, cuisinière, douille, fer à friser, fer à repasser, four, four à micro-ondes, grille-pain, hotte aspirante, interrupteur, lave-vaisselle, machine à laver, matériel hi-fi et vidéo (chaîne, lecteur DVD etc), piles, prise électrique, radio-réveil, réfrigérateur, sèche-cheveux, sèche-linge, téléviseur (panneau arrière), ventilateur, circuit imprimé, ainsi que les emballages de tous ces produits. **Matériaux de construction** : isolation thermique, fauteuil de stade, tuyau, peinture. **Meubles et textiles** : dossier de moquette, matelas et literie, oreiller, store, tissu d'ameublement (canapé, rideau, chaise de bureau), tapis, tente, tissu pour les sièges de transports publics, trains et avions. **Voitures** : appuie-tête, auto-radio, boîtier et support de batterie, connecteurs électriques, ordinateur intégré, pare-soleil, plastiques, système GPS, tableau de bord, textiles.

Sources : Betts KS. Finding pbde s in couches and TVs, *ES&T on line, 13 juin 2007.*

Bromine science and environmental forum (BSEF). BFRS Applications for Brominated Flame Retardants, novembre 2005.

Stiffler L. *« PBDES : They are everywhere, they accumulate and they spread »*, Seattle Post-Intelligencer, 28 mars 2007.

Le futur des petites générations

40 substances chimiques dans un seul être humain

De bon matin, la femme enceinte européenne standard bondit ou tombe du lit. Elle baille et aspire une grande goulée de composés organiques volatils en suspension. Pour le petit-déjeuner, ce sera un bon café, 27 traitements de pesticides, un yaourt au PCB et une tartine. Sous la douche, elle étale des parabens et des muscs sur sa tête et son corps, avec une larme d'organoétains. Devant le miroir, s'enduit, se décore, se parfume aux phtalates, parabens, muscs et tant d'autres. Une *final touch* de nonylphénol sur les paupières et elle est prête à affronter le monde. Une grande bouteille de bisphénol-A sous le bras, elle part travailler. Passons ces quelques heures de transport et de bureau et les polluants qui leur sont propres. De retour à la maison, elle passe un coup de serpillère gonflée de PFOS sur le carrelage qui défie les lois de la propreté. Ce soir, elle fera revenir une jardinière de pesticides dans une poêle de PFOA, mettra des filets de TBT en papillotes. Et puis, elle réchauffera ce reste de sauce au bisphénol-A dans le micro-ondes. Se reposant enfin, lovée contre un accoudoir enduit de PFOS et dans les bras du futur papa européen standard, elle somnole. Les PBDE ronronnent dans la lumière bleutée de l'écran. Non, elle n'a pas tant sommeil. Le ménage remue beaucoup et c'est un feu d'artifice de perméthrine et de décaBDE qui s'échappe du matelas. Individuellement, chacune de ces expositions est peut-être « négligeable », comme le disent les évaluations des risques de l'Union européenne. Mais à quoi ressemble le bilan sanguin d'une femme après 24 heures de vie quotidienne ? Et celui du bébé qu'elle porte, après 9 mois à ce rythme ?

24 heures de la vie d'une femme standard

« Nous sommes tous, à notre insu, sans que nous en soyons conscients, exposés à des substances chimiques dont nous ne connaissons même pas le nom ! Elles pénètrent dans notre organisme et, en un sens, violent notre intégrité physique » résume, implacable, Philippe Grandjean, le spécialiste du développement cérébral. Quelle est la composition biochimique « normale » d'un organisme ? Quels sont ses métabolisme, physiologie, fonctionnement « normaux » ? On ne le saura probablement plus jamais : la planète est dépourvue de sujets témoins, vierges de toute

exposition. Personne n'a oublié l'expérience du chercheur canadien Éric Dewailly, parti chercher une population témoin chez les Inuits, et découvrant sans doute les êtres les plus pollués du monde. Philippe Grandjean fait une supposition. Imaginons, dit-il, qu'il veuille administrer à des femmes enceintes et à des enfants de très faibles doses d'une substance chimique, sachant qu'elle a des effets nocifs sur les animaux de laboratoire, mais qu'on ignore tout de son impact sur les humains. Imaginons qu'il dépose sa demande auprès d'un comité d'éthique. *« Je peux vous assurer que ce comité me dira que je suis fou de proposer quelque chose d'aussi dangereux, qui pourrait causer des dommages permanents au développement ou au cerveau de ces enfants. »* C'est pourtant ce qui est en train d'arriver, dit-il. À grande échelle et sans que personne n'ait signé de consentement éclairé. En ce sens, la société mène une expérience scientifique qu'il qualifie d'*« amorale ». « Nous commettons une erreur quand nous disons que nous n'agirons pas tant qu'il n'y aura pas de preuve. Car si cette preuve implique que nous devons étudier ce qui arrive à nos enfants, alors nous sommes effectivement en train de mener une expérience. Et mon problème avec cette expérience, c'est qu'il nous faudra des décennies avant de posséder suffisamment de connaissances. Pendant ce temps, nous aurons causé tout ce dommage, et je ne pense pas que nos enfants, leurs enfants, et les enfants de leurs enfants nous le pardonneront. »*

Dépourvue d'éthique, cette expérience l'est aussi parce que personne n'en consigne les résultats. Dix ans, cinq ans même après l'exposition d'un bébé dans le ventre de sa mère, il est trop tard. Les informations sont perdues. Aucun dossier médical ne permet de les retrouver. Aucun enseignement ou connaissance scientifique ne pourront en être tirés. Allemagne, Belgique, Grande-Bretagne et République tchèque : seule une poignée de pays européens possèdent des programmes de surveillance destinés à suivre le degré d'imprégnation de la population aux substances chimiques, qu'on appelle le *biomonitoring*. Pour sa part, la France met en place une gigantesque étude de cohorte qui devrait démarrer en 2009. Entre autres aspects sociaux, économiques, ou psychologiques, l'étude Elfe s'intéressera aussi à l'impact des facteurs environnementaux sur la santé et le développement de l'enfant. Près de 20 000 nouveaux-nés, dont les échantillons de sang ombilical seront prélevés, devraient être suivis jusqu'à l'âge adulte. Leur exposition aux substances chimiques fera l'objet d'un suivi et sera orientée sur celles qui proviennent des maisons. Outre les métaux lourds, seront relevées les expositions à des produits organiques persistants comme les PCB, à certains pesticides pyréthroïdes et organochlorés, aux phtalates, aux retardateurs de flammes bromés, aux alkylphénols. Mais il n'existe nulle part de *biomonitoring* d'une ampleur comparable à celui qu'ont instauré les Américains dès 2001 sur la population générale. Tous les deux ans, après avoir analysé les échantillons de sang et d'urine de 2 400 personnes, enfants et adultes, les Centers for Disease Control (CDC) publient désormais un catalogue de l'exposition nationale de plus en plus complet. Le premier rapport mesurait 27 substances. Le second, 116. Le dernier en date – pas moins de 148. Ces études apportent une contribution essentielle à l'amélioration des connaissances sur la question (1).

Quant au bilan sanguin de la femme standard, il est difficile à obtenir. Seules les études menées par des organisations non gouvernementales permettent d'avoir ne serait-ce qu'une vague idée des expositions chimiques à une échelle individuelle. Horriblement dispendieux, ce genre d'analyses n'est pas à la portée du premier laboratoire académique venu. Il en coûte au minimum 100 euros par substance recherchée et par échantillon. En 2004, le WWF frappe fort. Tandis que les débats sur REACH atteignent des pics de tension, l'organisation prélève le sang de 39 députés européens. Elle y détecte 76 différentes substances chimiques, avec une moyenne de 41 par personne. En 2007, dans l'État du Maine, aux États-Unis, l'organisation Alliance for a Clean and Healthy Maine organise la même opération sur une demi-douzaine de personnes. Elise, lycéenne de 18 ans, Paulette, 48 ans, employée de la Croix-Rouge, ou Bettie, infirmière de 60 ans : toutes véhiculent des substances chimiques dans le sang, bien sûr. Certaines sont systématiquement présentes comme les phtalates, les retardateurs de flammes et les composés perfluorés. D'autres pas. Les niveaux varient considérablement d'une personne à l'autre. Russell, 50 ans, pourtant président de l'association locale des agriculteurs biologiques, était, avec 41 familles de substances, le plus chargé de tous et battait le record de retardateurs de flammes bromés. Deux années auparavant, l'organisation américaine Environmental Working Group (EWG) entreprenait d'analyser le cordon ombilical de 10 nouveaux-nés dans le détail. EWG recherchait individuellement chaque membre de plusieurs familles de substances chimiques. C'est-à-dire que chaque composé de la famille des retardateurs de flammes bromés par exemple était considéré comme une substance à part entière. Au total, EWG mesurait entre 154 et 231 substances distinctes par bébé, parmi lesquels des composés perfluorés, des pesticides organochlorés, des PBDE, des PCB (2). Les humains ne sont pas exposés à une seule substance à la fois. Du nourrisson au vieillard, chacun détient la recette secrète de son petit cocktail personnel. Et tous les chercheurs s'accordent pour dire que c'est l'impact de l'ensemble de cette mixture chimique sur les organismes qu'il faut maintenant étudier.

Combien de riens pour faire quelque chose

« Les études ne portant que sur une seule substance à la fois ne devraient plus être publiées ! » Dans un anglais distingué, le chercheur allemand Andreas Kortenkamp aime lâcher de petites perles d'humour provocateur. *« Nous devons arrêter les croisades sur des substances considérées seules, regarder l'intégralité du spectre des polluants, et nous demander comment ils travaillent ensemble »* explique-t-il. La spécialité d'Andreas Kortenkamp est un peu particulière. Expert reconnu de la vraie vie, il consacre ses recherches à ces cocktails chimiques de la vie réelle, – une expression désormais courante dans la littérature scientifique – auxquels chacun d'entre nous est confronté. À la London School of Pharmacy, son travail consiste à essayer de reproduire *in vitro* ce qui peut se passer dans le corps d'un homme ou d'une femme standard. Le processus, extrêmement complexe, exige précision, rigueur et patience à toute épreuve. Première étape : Andreas Kortenkamp choisit 8 perturbateurs endocriniens comme des PCB, des parabens et du bisphénol-A, qui imitent les œstrogènes et que l'on mesure couramment dans le sang de la population. Il mesure d'abord les effets individuels de chaque substance. Il détermine ainsi l'effet

zéro de chacune d'elles. Dans un second temps, il prépare une mixture qui comporte l'ensemble de ces substances, en des quantités qui ne provoquent donc aucun effet. Andreas Kortenkamp s'intéresse en fait aux petits riens, « *c'est*, dit-il *toute notre philosophie* ». Il lui importe de savoir si un cocktail constitué de plusieurs zéros peut avoir un effet. Or, quand son cocktail est mis en contact avec des cellules sensibles aux œstrogènes, le chercheur constate une action. C'est-à-dire que les faibles doses à effet zéro se sont additionnées et ont fini par produire un effet. « *Quelque chose en partant de rien* » résume-t-il. Autrement formulé par l'un de ses confrères : 0 + 0 + 0 = 7. Ce que cela veut dire, c'est qu'un cocktail chimique constitué de doses infimes de substances peut potentiellement avoir un impact sur un être vivant. Pour le vérifier, une équipe de chercheurs danois a exposé *in utero* des rats à une mini mixture. Les trois substances, des anti-androgènes cette fois, leur ont causé des malformations génitales sévères (3).

Il y a de plus en plus d'ingrédients dans la « *mixture du monde réel* » d'Andreas Kortenkamp. Des muscs artificiels ou des pesticides comme l'endosulfan et le DDT ont été ajoutés. Il en est aujourd'hui à une trentaine de substances et il n'est pas au bout de ses découvertes. « *Au sommet de nos priorités actuelles peut se trouver une substance chimique qui est présente à des niveaux relativement élevés dans les tissus humains, mais qui n'est pas très puissante. Ou alternativement : une substance chimique qui est extrêmement puissante mais qui n'est présente qu'en de très faibles quantités.* » Mais, explique-t-il, ce qui compte vraiment, c'est l'effet qu'ont ces substances réunies dans un organisme. Parce que ce ne sont pas forcément les plus puissantes qui produisent le plus d'effets dans une mixture de vie réelle. Chacune apporte sa propre contribution et, *« surprise !* s'exclame-t-il, *beaucoup des substances qui contribuent le plus à un effet biologique ne font pas partie de la surveillance de routine. Les gouvernements se focalisent sur les* PCB, *les dioxines ou certains pesticides organochlorés. Mais pas sur des substances comme le bisphénol-A ou les parabens, pour lesquels nous disposons de relativement peu d'informations en ce qui concerne leur présence dans les tissus humains. Ce que nous avons fait pourrait servir d'instrument pour établir des priorités dans les programmes de surveillance sur des bases plus rationnelles. »*

Les recherches d'Andreas Kortenkamp et des rares spécialistes de ce qu'on appelle « la question des mixtures » ont d'énormes implications en termes de santé publique. Le défi semble monumental : comment prendre en compte les effets additifs des faibles doses dans le cadre d'une évaluation des risques ? Et même, quelle valeur ont les évaluations des risques telles qu'elles sont réalisées aujourd'hui, substance par substance ? *« Les gens commencent à nous écouter,* raconte Andreas Kortenkamp. *Parce que cela veut dire que dans certaines situations – pas toutes – on peut conclure à tort : "Ah, tout va bien ! Il n'y a aucun risque parce que la concentration de ma substance est si infime." Mais si, en tant qu'évaluateur des risques, vous ignorez que l'exposition dans le monde réel est constituée d'un grand nombre de substances qui produisent le même effet mais qui, prises individuellement, n'en ont que très peu, alors vous avez de bonnes chances de sous-estimer la situation. Parce qu'elles agissent toutes ensemble. »* D'où l'importance cruciale de la quantité de substances chimiques contenues dans un seul individu. En dehors des enquêtes des ONG, les programmes de *biomonitoring* ne disent jamais si ceux qui présentent de fortes concentrations de parabens ont aussi de fortes concentrations de bisphénol-A, par exemple. *« Un goulet d'étranglement »* dans l'amélioration des connaissances, conclut Andreas Kortenkamp.

***Reality show* (saison 2)**

La totalité de l'exposition individuelle est d'autant plus fondamentale que chacun d'entre nous possède un bagage génétique et une physiologie uniques. Nos susceptibilités, notre capacité à éliminer les substances chimiques de nos organismes, notre faculté à réagir face à cette invasion intime nous sont propres. Aujourd'hui, pour les chercheurs, le grand enjeu consiste à savoir quelle est l'exposition de la population dans la vraie vie. Et donc en partie d'en déterminer les sources. À Zürich, Martin Scheringer et sa méthode de scénarios d'exposition réelle s'inscrivent dans cette problématique. Si l'ingénieur suisse s'est tout particulièrement intéressé aux phtalates, c'est parce que *« les phtalates ont été détectés dans le sang des Européens, mais que personne ne sait d'où ils viennent »*. Il a ainsi calculé l'exposition totale en évaluant les contributions de chaque produit de la vie courante, de la bière à la poussière, en passant par les yaourts et les après-rasages. Mais aussi en prenant en compte le temps d'exposition qui diffère d'une personne à l'autre, d'une génération à la suivante, selon le genre d'activités auxquelles elles s'adonnent : télévision, shopping ou encore succion de jouets. Et ce, pour chaque type de phtalate. Un travail de fourmi. Pour l'ensemble des phtalates et de la population, il estime que la nourriture et la poussière représentent les principales sources d'exposition. Les adultes reçoivent une dose supplémentaire avec les cosmétiques et les produits d'hygiène. La poussière, mais aussi le lait maternel et les jouets portés à la bouche sont les sources majeures pour les petits enfants, dont il considère l'exposition particulièrement élevée. *« Nous ne nous attendions pas à une telle exposition »* s'inquiète-t-il (3).

Martin Scheringer peaufine des calculs théoriques qui ont pour point de départ l'exposition de la population. D'autres partent de l'autre extrémité de la chaîne et développent les outils qui mesurent les concentrations de ces substances dans le corps humain. Antonia Calafat est l'une des plus grandes expertes au monde dans ce domaine. Aux CDC, c'est elle, notamment, qui exploite et analyse les résultats du *biomonitoring* réalisé tous les deux ans aux États-Unis. Et ce n'est pas si simple. Si certaines substances restent intactes une fois dans les corps, certaines sont « digérées » par l'organisme et transformées en plusieurs produits de dégradation, les métabolites. Certains métabolites sont plus nombreux ou plus importants que d'autres : il arrive que les métabolites d'une substance soient plus nocifs sur les animaux de laboratoire que la substance elle-même. Il est donc crucial d'identifier ceux qui importent le plus et de pouvoir les détecter. *« Nous savons comment mesurer. Nous disposons des outils analytiques. Pour certaines substances, il est très clair que les biomarqueurs que nous mesurons sont les bons. Mais pour d'autres, comme les phtalates dont le poids moléculaire est le plus élevé, nous savons qu'ils sont dégradés en de multiples métabolites* » explique-t-elle. Une fois repérés, ces métabolites permettront de faire une juste estimation des concentrations. Mais Antonia Calafat peut aussi se servir de ces données pour remonter le cours des événements corporels afin de déduire le degré de l'exposition initiale. *« Nous avons besoin de savoir d'où provient exactement l'exposition, de comprendre comment nous sommes exposés à ces substances chimiques,* dit-elle. *Mais dans certains cas, nous ne savons pas d'où elle vient. En particulier quand les sources possibles sont multiples comme dans le cas des phtalates. »*

Des phtalates au roquefort

À l'Université d'Erlangen-Nüremberg, Jürgen Angerer a voulu en avoir le cœur net. Particulièrement préoccupé par les phtalates, le réputé chercheur allemand a voulu mesurer la quantité exacte et totale de phtalates qu'un être humain peut absorber dans la vie réelle. Dans ce but, il lui fallait traquer les différents métabolites, repérer ceux qui sont directement évacués par le corps, ceux qui se promènent un temps dans le sang, ceux qui sont éliminés dans les urines. Puis comparer la différence avec une dose initiale donnée. Pour cela, il a donc mangé des phtalates. *« Les gens absorbent des phtalates tous les jours, alors pourquoi ne l'aurais-je pas fait en connaissance de cause ? »* plaisante-t-il. Quelques mignardises, préparées par ses doctorants attentionnés, attendent un matin Jürgen Angerer à son arrivée au laboratoire. Des morceaux de pain et de fromage, un petit verre de vin rouge et trois sortes de phtalates. Les substances sont ensuite mélangées au roquefort – les phtalates sont attirés par le gras, s'il faut une justification scientifique à la tendresse marquée du professeur pour le fromage français. *« Et je les ai mangés avec grand appétit »* et un petit coup de rouge pour faire descendre la connaissance de cause. Ses résultats lui permettent alors de calculer l'exposition réelle. Mais l'objectif de Jürgen Angerer était surtout de déterminer si cette exposition peut se révéler dangereuse. Il additionne donc les doses journalières admissibles (DJA) fixées individuellement par l'Union européenne pour chacun des phtalates, et compare la somme avec ses résultats. Ils dépassent de 20 fois la DJA.

« *Les industriels disent que chaque phtalate est une substance chimique individuelle et qu'il n'existe pratiquement aucun effet additif. Mais nous affirmons que les effets sont additifs,* explique-t-il. *Les structures des phtalates sont très similaires. Je pensais donc qu'ils devaient agir de la même manière. Et c'est effectivement ce qu'ils font.* » Pour cette raison, il est convaincu que les phtalates finiront par être tous interdits. À l'instar du Danemark, qui ne fait pas dans la nuance quand il s'agit de santé publique, et les a tous inscrits sur sa liste des produits chimiques indésirables en vue de leur élimination. Selon les estimations de Jürgen Angerer, la population dans son ensemble est exposée à des doses qui tournent autour de la dose journalière admissible cumulée. Mais une fraction la dépasse de 10 à 20 fois. Pour les enfants, il considère la situation encore plus inquiétante. Il a mesuré la quantité totale de phtalates dans le corps de 239 enfants qui avaient entre 3 et 14 ans. Il a pu ainsi observer qu'ils ne les métabolisaient pas de la même manière que les adultes : leurs organismes en absorbent 2 ou 3 fois plus (4). Les différences d'un enfant à l'autre sont frappantes : certains d'entre eux sont exposés à 10 fois plus de phtalates que la limite maximale fixée par l'UE. Et en général, 60 % des enfants la dépassent plus ou moins largement. Jürgen Angerer, qui est un homme plutôt raisonnable, ne cache pas sa crainte : *« J'estime, personnellement, que les phtalates représentent aujourd'hui l'un des problèmes les plus importants pour la santé de la population générale. »*

Chère Prudence

S'il est un domaine où l'exposition aux phtalates est particulièrement préoccupante, c'est dans celui des soins médicaux. Certains médicaments en contiennent d'importantes quantités. Comme les gélules gastro-résistantes à libération progressive, ces médicaments qui ne doivent relâcher leurs ingrédients curatifs qu'une fois arrivés dans l'intestin grêle ou le colon. Leur enrobage est constitué de matières plastiques, des polymères, qui comportent du diéthyl-phtalate (DEP) et du dibutyl-phtalate (DBP). C'est ainsi à un anti-inflammatoire intestinal, la mésalazine, que l'on doit le record mondial de DBP dans les urines d'un patient (16 868 nanogrammes par millilitre) (5). Mais là où la présence de phtalates suscite le plus de questionnements, c'est dans le matériel médical utilisé par les hôpitaux. Poches de sang, cathéters, sacs pour intraveineuses, tubes d'alimentation, gants, jusqu'aux sols, aux revêtements muraux et aux électrodes à électrocardiogrammes : entre 15 et 20 % des équipements hospitaliers reposent sur le PVC, qui contient de grandes quantités de phtalates, et en particulier du diéthylhexyl-phtalate (DEHP). Le DEHP, qui représente 20 % de la consommation européenne de phtalates, classé toxique pour la reproduction, catégorie 2, est considéré comme le plus nocif de tous. Dans son rapport préliminaire d'évaluation des risques sur le DEHP, la Commission européenne souligne que l'exposition au DEHP par le biais des soins médicaux comporte des risques trop élevés et recommande l'instauration de mesures pour la réduire (6).

Le DEHP fait partie des phtalates interdits dans les jouets destinés aux enfants de moins de trois ans. Mais il ne l'est pas dans le matériel médical utilisé par les unités néonatales de soins intensifs. Des bébés prématurés ou malades risquent ainsi d'être exposés à des doses de DEHP considérées comme suffisamment importantes pour altérer leur santé. La chercheuse des CDC Antonia Calafat a participé à plusieurs études qui ont confirmé que l'exposition de ces nouveaux-nés pouvait se montrer très élevée (7). « *Il existe désormais une impulsion pour rechercher des alternatives qui permettraient de minimiser l'exposition dans les unités néonatales de soins intensifs* » raconte-t-elle, avant de remarquer que, sans ces traitements, les enfants ne survivraient pas, et que les bénéfices l'emportent sur les risques. Conscients de la gravité potentielle de la situation, mais aussi soucieux des problèmes de pollution environnementale que posent les déchets en PVC, plusieurs pays ont entrepris des politiques volontaristes de substitution du PVC dans leurs hôpitaux. À Stockholm en Suède, et dans la province d'Aarhus au Danemark, le mouvement est engagé depuis près de 20 ans. En Autriche, l'association des hôpitaux de Vienne, qui regroupe 18 hôpitaux et centres de soins, a commencé à supprimer le PVC de ses équipements dans le but d'éliminer les phtalates. D'ici peu, la clinique pédiatrique de Glanzing aura achevé sa politique de substitution. Idem en République tchèque et aux États-Unis, dans les centres de soins de Kaiser Permanente, le plus grand fournisseur américain de soins gratuits (8). Quelques initiatives isolées ont aussi lieu en France. À Béziers, la clinique Champeau a conçu l'extension d'un bâtiment avec des matériaux entièrement écologiques. Elle a donc exclu toute utilisation de PVC dans son enceinte. Son directeur, Olivier Toma, voudrait aller plus loin. Il cherche à supprimer les poches et autres équipements en PVC. Mais ne trouve pas de fournisseurs (11). Pour les autres applications du DEHP, la tendance est à la substitution. On le remplace par d'autres phtalates comme le DNIP ou le DIDP. Une aberration, pour Jürgen Angerer. D'après lui, certains industriels ont déjà beaucoup investi dans la recherche de substances alternatives qui ne seraient pas des phtalates. Le géant chimique allemand BASF, par exemple, disposerait désormais des installations industrielles adéquates pour les remplacer par de l'hexamol. *« Ils ont quadruplé leurs capacités,* affirme-t-il*, ce qui veut dire qu'ils ont mis de l'argent là-dedans. »*

Chimiphobie

Aux États-Unis, les phtalates, qui ne sont soumis à aucune régulation, font l'objet d'une attention toute particulière de la part des médias et des associations de consommateurs. La controverse sur le bisphénol-A fait également beaucoup de bruit. Assez en tout cas pour faire passer un sale quart d'heure aux biberons. Car la plupart des biberons sont faits en polycarbonate, ce plastique translucide fabriqué avec du bisphénol-A. En février 2007, l'organisation Environment

California publie *Biberons toxiques*. Cet angoissant rapport montre que, chauffés, les biberons de cinq marques populaires laissent échapper du bisphénol-A dans le lait des enfants en des quantités comparables à celles qui endommagent les animaux de laboratoire (12). Perplexes face aux messages contradictoires véhiculés par les ONG et les scientifiques comme Fred vom Saal d'une part, les industriels et les autorités d'autre part, les jeunes parents se ruent massivement sur les biberons en polyéthylène, en polypropylène ou en polyamide. En plein *come-back*, les biberons en verre sont en rupture de stock. Le mois suivant en Californie, des consommateurs se sont regroupés pour conduire une *class-action* contre cinq fabricants de biberons : Gerber, Evenflo, Avent, Playtex et Dr Brown's. Comme dans le cas des phtalates, municipalités et États prennent l'initiative de réguler des substances auxquelles le gouvernement fédéral n'impose aucun contrôle. En 2006, la Californie a classé le bisphénol-A parmi ses 200 substances potentiellement dangereuses. L'industrie a désormais trois ans pour fournir la preuve de l'innocuité de ses biberons. En mai 2007, la chambre des représentants de l'État du Maine procédait à des auditions de scientifiques et d'industriels sur la présence du bisphénol-A dans les biberons et des phtalates dans les produits destinés aux enfants. Elle prépare une loi qui interdirait les deux substances (13).

Depuis la fin des années quatre-vingt-dix, au Japon, plusieurs centaines de municipalités ont changé la vaisselle des écoles. Assiettes, verres et tasses en polycarbonate étaient beaucoup employés dans les cantines. Mais leur usage intensif en altérait la matière plastique, et le gouvernement s'était alarmé de la forte exposition des enfants au bisphénol-A. Quand, en 1998, l'exposition moyenne d'un homme adulte s'élevait à 0,049 microgramme par kilogramme et par jour, celle d'un enfant de 1 à 6 ans était de 1,2 µg/kg/jour. Très efficace, la suppression de la vaisselle en polycarbonate a réduit l'exposition des petits Japonais à 0,3 µg/kg. Poussés par le gouvernement, les fabricants de boîtes de conserve ont cessé d'employer de la résine époxy, à base de bisphénol-A, et modifié la composition du revêtement intérieur (14). Souvent d'ailleurs, les politiques de substitution présentées comme des actions volontaires de l'industrie ne font en fait qu'anticiper des restrictions à venir, parfois inévitables. Accomplis la mort dans l'âme, les remplacements sont plus motivés par la crainte d'une sanction de l'opinion que par la hargne créatrice ou un authentique souci d'innovation.

Action/réaction

Les pressions exercées sur l'industrie peuvent aussi provenir d'acteurs plus inattendus. Quand la mauvaise publicité fait chuter le cours des actions en Bourse, les actionnaires se révoltent. Jamais les marchés financiers n'ont été aussi attentifs au sort des animaux de laboratoire. DuPont en fait les frais depuis plusieurs années. L'attitude défensive du géant chimique, en plein déboire avec le Teflon, n'a rien fait d'autre que consolider la détermination d'un groupe d'actionnaires teigneux qui regroupe lui-même plusieurs groupes d'investisseurs. Le DuPont Shareholders for Fair value ne cesse d'agacer la direction de DuPont. À plusieurs reprises, il réclame des informations précises sur les risques du PFOA pour la santé humaine et sur le degré de contamination de l'environnement. Pour lui, tout autant de promesses d'actions en justice et de presse alarmiste. Donc de risques financiers. Mais DuPont fait la sourde oreille. En 2005, les actionnaires saisissent la Securities and Exchange Commission, l'autorité régulatrice du marché, qui enjoint DuPont à délivrer les informations réclamées. Au mois d'avril 2007, à la grande fureur du groupe d'actionnaires qui l'attaque à coups de rapports cinglants, DuPont n'avait toujours pas réagi. Le groupe reproche à DuPont d'avoir omis de le tenir au courant de l'étude menée à Johns Hopkins sur les bébés, d'avoir négligé de le prévenir des modifications des limites maximales de PFOA dans les eaux par certains États. Lui-même exige « *une description plus équilibrée des éléments scientifiques qui mettent en cause le PFOA* ». Il demande des explications, conscient que la majorité des autres fabricants se sont engagés d'ores et déjà à remplacer le PFOA par des substances alternatives, sauf DuPont. Désormais bien informés, les consommateurs font pleuvoir lettres, pétitions et menaces de *class-action* sur les industriels qui utilisent du PFOA dans la manufacture de leurs produits. Notamment McDonald's et ses emballages de *fast-food*, ou encore Gap et Levi Strauss pour le secteur textile (15).

Investir, oui, mais investir proprement, pour ne pas perdre d'argent. En 2007, un groupe d'investisseurs publiait un guide fiduciaire qui examinait « *les dimensions financières liées au risque des substances chimiques toxiques dans les produits, la chaîne alimentaire et les portefeuilles de nombreux investisseurs* ». Agrémenté de photographies de conseillers financiers aux brushings évoquant les coupes des Playmobils et de médecins pensifs plongés dans leurs notes, le guide informe ses investisseurs des décisions réglementaires prises par l'Union européenne, raconte les travaux scientifiques les plus récents sur les phtalates ou les retardateurs de flammes bromés, insiste sur le coût du cancer, de l'asthme ou des troubles du neurodéveloppement pour la société. La même année, ce groupe d'investisseurs rédigeait également un rapport du même tonneau sur l'industrie cosmétique. « *Les anges déchus des compagnies qui n'ont pas réagi de façon adéquate aux peurs des consommateurs jonchent le sol de Wall Street* » écrivent les auteurs (16).

Solutions de poche

À l'Université du Missouri, Fred vom Saal pense que c'est précisément ce genre de pressions qui feront changer la situation. Par le passé, les actions en justice à l'encontre des industriels, comme les *class-actions* aux États-Unis, ont participé à la révélation d'informations auparavant inconnues du grand public. Il cite comme exemples les cas du plomb, de l'amiante ou encore du tabac. « *Il ne s'est rien passé entre 1995 et 2000, d'un point de vue scientifique, qui ait montré que le tabac était nocif. Seulement les gens ont été informés de l'existence de documents provenant de l'industrie du tabac, documents qui révélaient les stratégies des dirigeants du secteur pour leur mentir. Et tout le monde connaît ces documents. Tout le monde accepte l'idée que le tabac est nocif. Mais ce n'est pas grâce à la science. C'est parce que les gens ont vu ces lettres et ces documents.* » Fred vom Saal estime que l'industrie du plastique pourrait un jour être confrontée à cette même mésaventure.

En changeant son mode de vie et ses « habitudes de consommation », une certaine frange de la population commence aussi, de manière très indirecte, à faire pression sur l'industrie. L'agriculture biologique par exemple, en pleine expansion, représente aujourd'hui 4 % des terres cultivables en Europe. C'est encore bien peu, estiment certains. En Autriche, 11 % des cultures sont déjà certifiées agriculture biologique. Ailleurs, les prix sont encore bien trop élevés pour que les produits de cette agriculture soient à la portée de tous, et l'offre est souvent inférieure aux demandes. En France, le marché des produits bios progresse de près de 10 % chaque année, mais représente seulement 1 % du marché alimentaire. Boycottant l'esprit supermarché, en plein rejet de la pitance industrielle, à la recherche de nourriture saine, les Britanniques votent massivement pour les fruits et légumes bios *home made*. Les ventes de semences pour les légumes explosent et les Londoniens se jettent sur les dernières parcelles cultivables de la capitale. Les potagers amateurs y produisent désormais près de 16 000 tonnes de légumes par an (17). Cela suffit-il ? *« Je pense que les stratégies personnelles d'évitement ne marcheront pas. »* Le spécialiste de la « vie réelle », Andreas Kortenkamp, plus que dubitatif, est carrément pessimiste. *« La pression de la part des gens est nécessaire,* dit-il. *Mais il y a une vérité qui dérange beaucoup : une fois que le truc est dans l'environnement, on ne peut pas l'en extirper. »* Il raconte avoir regardé une émission télévisée *« conçue de manière assez naïve »*, mais pleine d'enseignements. *« Ils avaient sélectionné deux groupes de personnes. D'un côté, un groupe qui vivait à la campagne, composé de gens très conscients, très écolos, qui ne mangeaient que des produits bios, etc. Et ils les ont comparés à un groupe de citoyens britanniques moyens, pas très conscients de ce genre de choses, qui ne mangeaient pas très sainement, etc. Puis ils ont analysé certains polluants dans leur sang. Et, à la très grande horreur des gens bios, c'est eux qui avaient les taux les plus élevés de retardateurs de flammes bromés et d'autres substances chimiques variées. Quels enseignements pouvons-nous en tirer ? Les stratégies personnelles d'évitement ne marchent pas ! Ce dont nous avons besoin, c'est d'un effort concerté de régulation. »*

Impossible d'échapper à la chimie dans un monde chimique. Dans nos sociétés, cette prise de conscience ne survient que par crises, à l'occasion d'incidents spectaculaires comme, au cours de l'été 2007, le rappel par le groupe Mattel de 18 millions de jouets décorés à la peinture au plomb par des ouvriers chinois. Souvent, les scientifiques qui travaillent sur toutes ces substances chimiques comparent leur problématique avec celle du réchauffement climatique. Car il ne se passe rien de spectaculaire. Incrédulité et stupeur molle accompagnent pendant de longues années l'éveil des consciences. Le spectaculaire, même, finit par créer une certaine accoutumance. Cyclones ahurissants ou banquise estivale réduite à la taille d'un timbre-poste passeront bientôt à la fin des journaux télévisés, déchus au même rang anecdotique que la naissance de petits pandas en captivité. De la même manière, la pollution chimique s'est installée dans notre paysage. « *Personne ne va tomber par terre et mourir des substances chimiques, ce n'est pas ça le problème,* dit Martin Scheringer. *Le problème est différent. Il est subtil, complexe à voir, à discerner, ce qui rend difficile une prise de conscience dans l'opinion : les gens ne le perçoivent pas.* » Au National Institute of Environmental Health and Science

(NIEHS), la chercheuse Retha Newbold semble vouloir se délester d'un peu de cette humilité et de cette prudence dont Philippe Grandjean soulignait les potentiels effets pervers. « *Il existe aujourd'hui tant de maladies dont l'étiologie ou les causes nous sont parfaitement inconnues. Mais les indications que nous fournissent les études sur les animaux montrent une certaine corrélation entre l'exposition à certaines substances et des effets sur les animaux. Nous n'avons aucune raison de penser que le système humain est meilleur que celui des animaux.* »

De son côté, la toxicologue suisse Margret Schlumpf se dit que les consciences seront peut-être plus ouvertes à la problématique quand les troubles de la fertilité deviendront tels qu'il sera difficile pour les couples de concevoir des bébés. Quelle est l'échéance selon elle ? Elle lâche un petit rire triste. « *En fait, on y est déjà. Et pour les enfants, les dégâts ont déjà été accomplis,* souffle-t-elle, soudainement abattue. « *J'ai le sentiment qu'ils vont gâcher notre avenir, vraiment. Parce que, même si l'on sait que ces substances ont un effet, je ne sens ni ne vois de différence. Vous n'avez qu'à ouvrir Google et demander, et Google vous répondra que telle chose est dangereuse pour vous, telle autre pour la reproduction, que telle l'est en particulier pour les enfants. Et tout le monde s'en fout.* » Mais qui sont-« *ils* », Margret Schlumpf ? « *"Ils", c'est nous, nous tous. L'utilisation des substances et technologies chimiques a connu un énorme essor entre 1960 et 2000. C'est le moment où nous étions dans la vie active, et donc responsables de ce qui arrivait. Je dis même parfois que notre génération est responsable si quelque chose tourne mal. Je vous présente mes excuses.* » Retha Newbold, elle, se montre la plus optimiste de tous. « *Je sais que nous ne pouvons pas changer toutes les expositions. Je pense néanmoins que nous pouvons faire la différence à une échelle individuelle,* dit-elle. *Je suis persuadée que les moments dont nous devons nous préoccuper sont la grossesse et la période qui suit immédiatement la naissance. Même s'il est impossible de tout éviter, on peut essayer de contourner toutes ces choses pendant cette période. Si nous parvenons à contrôler cette période, alors nous pouvons avoir quelque espoir. »*

« Les humains vivent plus longtemps, en meilleure santé et plus confortablement que dans le passé, au moins en partie grâce aux produits chimiques. Un monde sans produits chimiques est non seulement impossible mais probablement ni plus sain ni même plus agréable » plaident les industriels des phtalates, et personne ne peut leur donner tort sans faire preuve d'une absolue mauvaise foi (18). Mais peut-être ce monde de confort et d'abondance s'est-il construit sur des bases discutables. Sincèrement inquiets, les chercheurs qui travaillent sur ces questions ont parfois l'impression de devoir soulever des montagnes pour poser des questions qui leur paraissent sinon simples, du moins parfaitement légitimes. Et graves. La grande invasion de notre intimité physique par les substances chimiques – ils en sont convaincus – est liée à la fertilité endommagée, à l'augmentation de certains cancers, à l'incidence accrue des affections neurologiques et des troubles respiratoires. S'ils ont raison, ce qu'ils distinguent aujourd'hui s'est sans doute passé il y a vingt ou trente ans dans les liquides amniotiques. S'ils ont raison, dans vingt ou trente ans, nos petites générations constateront les effets de ce que nous avons fait aujourd'hui. Et tandis que chercheurs, gouvernements et industriels

tergiversent et se chamaillent sur des considérations théoriques, techniques et économiques, tandis que les études scientifiques les plus rigoureuses sont disséquées avec suspicion par des gens dont ce n'est pas le métier, la santé publique doit prendre patience et nous, monsieur et madame tout-le-monde, continuer à être surexposés, chaque jour, à de plus ou moins « faibles doses » de substances dont aucune certitude n'a encore pu triompher.

Le principe de précaution, parce que je le veux bien

Réduire son exposition

« On nous enseigne l'hygiène biologique dès le plus jeune âge. On nous dit : "Quand tu vas aux toilettes, lave-toi les mains à cause des bactéries, etc." Je pense qu'il y a de bonnes raisons de commencer à enseigner aux gens l'hygiène chimique. » Vyvyan Howard déclare la leçon ouverte. À l'exception de ceux qui assurent avoir toujours mené une vie saine, imprégnée de principes écologiques – comme Philippe Grandjean qui se dit *« ornithologue amateur »* et respectueux de la nature depuis l'enfance –, la grande majorité des scientifiques interviewés au cours de cette enquête ont

modifié leurs « *habitudes de consommation* » et leur mode de vie. « *Quand je sais qu'un produit contient une substance chimique toxique, j'essaie d'en réduire l'utilisation. Si je ne peux pas l'éviter, j'essaierais au moins de réduire mon exposition. C'est ce que je suggérerais à tout le monde* » conseille Christopher Lau. Comme la plupart des gens, les scientifiques ne vont pas analyser leurs courses dans leur laboratoire. Avant tout teinté de bon sens, leur mot d'ordre pourrait se résumer en ces termes : « *Ne vous servez que des produits dont vous avez vraiment besoin. Et quand vous le faites, n'en utilisez que le strict minimum.* » Les chapitres de ce livre permettent aussi de déduire un certain nombre de recommandations. Il semble évident à Retha Newbold d'écarter les produits qui peuvent avoir une influence sur le système hormonal. Comme il est impossible de s'extraire totalement de notre monde de substances chimiques, à moins, plaisante Per Eriksson « *de revenir au temps où les gens s'habillaient en peaux de bêtes* », voilà ce que ces scientifiques font chez eux et recommandent à leurs enfants et à leur entourage.

Air intérieur et maison

Charles Weschler aère en grand au moins une demi-heure par jour. Pendant les grandes chaleurs qui chargent d'ozone l'atmosphère, il ferme ses fenêtres le jour et aère la nuit. Il les garderait bien plus longtemps ouvertes s'il faisait des travaux. Shanna Swan filtre son air. Elle n'utilise plus de Scotchgard. Fred vom Saal, le plus radical d'entre tous, a fait attention aux matériaux d'isolation et de construction dans sa maison. Chez lui, les sols sont en bois et il n'y a pas de tapis.

Aliments

Beaucoup essaient de manger des produits issus de l'agriculture biologique. Si Charles Sultan recherche les fruits *« les moins traités possible »*, tous déplorent qu'ils demeurent *« un luxe »*. Shanna Swan conseille donc de laver soigneusement les fruits et légumes avec un peu de vinaigre ou, mieux, de les éplucher. Chez les vom Saal, il n'y a pas de boîte de conserves : frais ou surgelé seulement. *« Ma recherche a profondément modifié nos habitudes alimentaires »* assure Fred vom Saal qui n'achète pas de nourriture préemballée dans du plastique, surtout quand elle est grasse. Comme le fromage, précise Niels Skakkebaek. Certains chercheurs sont équipés de systèmes de purification de l'eau. Beaucoup ne boivent plus d'eau qui provient d'une bouteille en plastique. *« Je serais complètement idiot de ne pas réduire mon exposition autant que je le peux »* dit Bruce Blumberg, très attentif à l'alimentation de ses filles. S'il est convaincu que les *« stratégies personnelles d'évitement ne marcheront pas »*, Andreas Kortenkamp a tout de même déserté les supermarchés pour la viande et les produits laitiers, qu'il achète dans des magasins bios, tout comme Niels Skakkebaek. *« Les produits persistants comme les* PCB *ou le* DDT *s'accumulent dans les graisses. Quand j'achète de la viande, j'enlève le gras »* explique Kurunthachalam Kannan. Amateur de pop-corn micro-ondable, le chercheur indien place le sac sous la hotte aspirante quand il l'ouvre pour éviter les vapeurs chargées de PFOS. *« J'ai changé beaucoup de choses et je continuerai au fur et à mesure du progrès de mes connaissances »* confie-t-il.

Ustensiles de cuisine

Pour Fred vom Saal, *« rien de ce qui est en matière plastique ne peut être chauffé sans qu'il y ait un risque ».* Comme lui, beaucoup ont éliminé le plastique de leur cuisine, que ce soit sous la forme de récipients pour conserver les aliments ou pour les réchauffer au micro-ondes. *« Ma famille ne met pas de plastique au micro-ondes. C'est un non de principe »* raconte Retha Newbold qui mène une guerre au plastique dans sa maison. Pour cuisiner, Bruce Blumberg se sert de casseroles et de poêles en pyrex ou en inox. Comme Shanna Swan, il s'est débarrassé des ustensiles anti-adhésifs. Pas Kurunthachalam Kannan, qui allume la hotte quand il fait chauffer une poêle à revêtement anti-adhésif.

Cosmétiques et produits d'hygiène

Dans la famille de Philippa Darbre, on n'utilise plus de déodorant et on se lave les aisselles deux fois par jour avec du savon et de l'eau. Dans celle de Vyvyan Howard, on recourt aux bâtons de pierre d'alun. Depuis des années, Niels Skakkebaek essaie de convaincre sa femme d'arrêter les cosmétiques – *« je ne suis pas sûr d'y être parvenu ».* Margret Schlumpf recommande aux femmes enceintes et à celles qui allaitent leur enfant de remplacer leurs cosmétiques par des produits biologiques. Anna-Maria Andersson n'achète que des produits *« sans parfums »* et vérifie qu'ils ne contiennent pas de parabens. Elle n'a lavé le plus jeune de ses fils qu'à l'eau claire jusqu'à ce qu'il ait environ 3 ans. *« Ni savon, ni shampoing, ni quoi que ce soit »* à l'exception de quelques gouttes d'huile d'amande douce. *« Les bébés n'ont pas à sentir le parfum. Ils peuvent sentir le bébé »* dit-elle.

Détergents

Shanna Swan n'utilise que des détergents écologiques, de même qu'Anna-Maria Andersson, particulièrement vigilante sur les parfums de synthèse contenus dans les lessives et les adoucissants, sources d'allergies, qui se retrouvent en contact avec la peau une fois les vêtements propres. Quand il s'attaque au grand ménage de sa péniche, Vyvyan Howard est seulement équipé d'une bouteille de vinaigre blanc agrémenté de quelques gouttes de citron.

Biocides

« Je partais de loin » raconte Ghislaine Bouvier qui a dû jadis recourir à des fumigènes, mais évite désormais les bombes insecticides *« au maximum »*. Fred vom Saal n'utilise pas d'herbicides dans son jardin. Philippa Darbre *« manipule ces produits avec précaution dans la maison »*, quand elle doit exterminer une colonie de fourmis par exemple. Mais ne s'en sert jamais à proximité de la nourriture.

Matières plastiques

Fred vom Saal sait par cœur les symboles des emballages en plastique (chiffres situés à l'intérieur des triangles de recyclage), *« mais combien de personnes les connaissent ? »* Voici leur signification :

N°1 – PET ou PETE : polyéthylène téréphthalate.

N°2 – HDPE ou PEHD : polyéthylène haute densité.

N°3 – V ou PVC : chlorure de polyvinyle (polyvinyl chloride).

Peut contenir des phtalates. Industrie source de dioxines. À éviter.

N°4 – LDPE ou PELD : polyéthylène basse densité.

N°5 – PP : polypropylène.

N°6 – PS : polystyrène. À éviter.

N°7 – Autres types de plastiques comme le polycarbonate qui contient du bisphénol-A. À éviter.

À force d'être questionnée sur les phtalates ou le bisphénol-A, Shanna Swan a rédigé un document destiné au public et aux médias qui répertorie nombre de solutions. Certaines sont déjà mentionnées ci-dessus. Voici un condensé des autres :

– Éviter le contact direct du PVC avec les aliments.

– Éviter tout emballage alimentaire en plastique.

– Utiliser un filtre à charbon actif pour l'eau du robinet (la quantité de phtalates dans l'eau destinée à la consommation n'est pas régulée).

– Faire attention aux jouets et aux articles de puériculture (en Europe, seuls les produits destinés aux moins de trois ans ne contiennent pas de phtalates).

– Éviter les biberons en polycarbonate, qui contiennent du bisphénol-A.

– Lire les notices de médicaments pour voir s'ils contiennent des phtalates.

– Éviter le PVC dans les matériaux de construction.

« Si les risques liés à ces produits n'ont pas été établis, ces actions de précaution ne peuvent pas faire de mal » écrit-elle.

Sigles et abréviations

4-MBC : 4-methyl-benzylidene camphor (filtre ultra violet)

Afssa : Agence française de sécurité sanitaire des aliments

Afssaps : Agence française de sécurité sanitaire des produits de santé.

Afsset : Agence française de sécurité sanitaire de l'environnement et du travail.

AHTN : musc artificiel.

BBP : butylbenzyl phtalate.

BERPC : Bureau d'évaluation des risques des produits et agents chimiques.

BEUC : Bureau européen des unions de consommateurs.

CDC : Centers for Disease Control (États-Unis).

CERHR : Centre d'évaluation des risques pour la reproduction humaine (États-Unis).

CIRC : Centre international de recherche sur le cancer.

CMR : cancérogène, mutagène, toxique pour la reproduction.

CSTB : Centre scientifique et technique du bâtiment.

CSPC : Comité scientifique des produits de consommation de l'Union européenne.

Colipa : association européenne des cosmétiques et de la parfumerie.

COV : composés organiques volatils.

DBP : dibutyl phtalate.

DBT : dibutylétain (organoétain).

DEHP : diéthylhexyl phtalate.

DEMP : di-methoxyethyl phtalate.

DEP : diéthyl phtalate.

DES : diéthylstilbestrol, ou distilbène.

DDT : dichlorodiphényltrichloroéthane.

décaBDE : déca bromo diphényléther.

DGCCRF : Direction générale de la concurrence, de la consommation et de la répression des fraudes.

DIBP : di-isobutyl phtalate.

DIDP : di-isodécyl phtalate.

DINP : di-isononyl phtalate.

DJA : dose journalière admissible.

DNOP : di-n-octyl phtalate.

EPA : Agence de protection de l'environnement (États-Unis).

EWG : Environmental Working Group.

Efsa : Agence européenne de sécurité des aliments.

FDA : Food and Drug Administration (États-Unis).

FEMA : Agence fédérale pour la gestion des situations d'urgence (États-Unis).

HHCB : musc artificiel.

IFRA : International Fragrance Association.

INRS : Institut national de recherche et de sécurité.

INERIS : Institut national de l'environnement industriel et des risques.

INSERM : Institut national de la santé et de la recherche médicale.

InVS : Institut national de veille sanitaire.

MBT : monobutylétain.

MEP : monoéthyl phtalate (métabolite du DEP).

NIEHS : National Institute of Environmental Health Sciences (États-Unis).

NIH : National Institutes of Health (États-Unis).

octaBDE : octa bromo diphényléther.

OMS : Organisation mondiale de la santé.

OQAI : Observatoire de la qualité de l'air intérieur.

OSPAR : Convention pour la protection de l'environnement marin de l'Atlantique du nord-est.

PBDE : diphényléthers polybromés (qui comprennent le pentaBDE, l'octaBDE, le décaBDE).

PCB : biphényles polychlorés.

PCCC : paraffines chlorées à chaînes courtes.

pentaBDE : penta bromo diphényléther.

PFOA : acide de perfluorooctane (utilisé dans la fabrication du Teflon).

PFOS : sulfonate de perfluorooctane (Scotchgard).

PFTE : polytetrafluoroéthylène (Teflon).

POP : produit organique persistant.

ppm / ppb / ppt : partie par million / partie par billion / partie par trillon

PVC : chlorure de polyvinyle.

REACH : Réglementation européenne d'enregistrement, évaluation et autorisation des substances chimiques.

RFB : retardateur de flammes bromé.

TBT : tributylétain (organoétain).

TPT : triphénylétain (organoétain).

TDS : Testicular Dysgenesis Syndrome ou syndrome de dysgénésie testiculaire.

Références bibliographiques

Chapitre 1 – Pirates de l'air

1. Cruz G. *Grilling FEMA Over Its Toxic Trailers Time*, 19 juillet 2007. **2.** United States Environmental Protection Agency (US EPA). *Healthy Buildings, Healthy People : a Vision for the 21st Century*. EPA 402-K-01-003, octobre 2001. **3.** California Air Resources Board. *Indoor air pollution in California. Draft for Board review*. California EPA, février 2005. **4.** Observatoire de la qualité de l'air intérieur. *Campagne nationale logements : état de la qualité de l'air dans les logements français*. Rapport final, novembre 2006. **5.** Scientific Committee on Health and Environmental Risks (SCHER). *Opinion on the report* « Emission of chemicals by air fresheners. Tests on 74 consumer products sold in Europe » (BEUC report January 2005). Bruxelles, 27 janvier 2006. **6.** Que Choisir. *Désodorisants d'intérieur. Retour sur la pollution cachée*, 25 janvier 2005. **7.** IARC Monographs vol. 88. *Formaldehyde, 2-butoxyethanol and 1-tert-Butoxypropan-2-ol*. Décembre 2006. **8.** Cicollela A., Benoît Browaeys D. *Alertes santé. Experts et citoyens face aux intérêts privés*. Fayard, 2005. **9.** Farrow A *et al. Symptoms of mothers and infants related to total volatile organic compounds in household products*, Arch Environ Health. 2003 Oct ; 58(10) : 633-41. Sherriff A *et al. Frequent use of chemical household products is associated with persistent wheezing in pre-school age children*, Thorax. 2005 Jan ; 60(1) : 45-9. ALSPAC Study. *Air fresheners can make mothers and babies ill*, communiqué de presse, 19 octobre 2004. **10.** Research information center. *Large European-led study links regular aerosol use and asthma*, Commission européenne, juillet 2007. http://ec.europa.eu/research/index.cfm **11.** *Programme d'actions, de prévention et de prise en charge de l'asthme* 2002-2005, ministère délégué à la Santé, 2002. **12.** WHO Europe. *Des nuisances environnementales déclenchent des troubles allergiques chez les enfants*. Document d'information EURO/01/03, 4 avril 2003. **13.** Rumchev K.B. *et al. Domestic exposure to formaldehyde significantly increases the risk of asthma in young children, Eur Respir* J. 2002 Aug ; 20(2) : 4 03-8. **14.** INVS. *Exposition professionnelle au formaldéhyde et effets sur la santé*. Rapport d'expertise, mai 2007 (mise à jour de la version de septembre 2006). **15.** California Air Resources Board. *Proposed airborne toxic control measure to reduce formaldehyde emissions from composite wood products*. California EPA, 26 avril 2007. **16.** Charles Weschler, communication personnelle, 8 mai 2007. **17.** Bako-Biro Z. *et al. Effects of pollution from personal computers on perceived air quality, SBS symptoms and productivity in offices, Indoor Air*. 2004 Jun ; 14(3) : 178-87. **18.** Mendell M.J., Heath G.A. *Do indoor pollutants and thermal conditions in schools influence student performance ? A critical review of the literature. Indoor Air.* 2005 Jan ; 15(1), 27-52. **19.** Méar G. *Nos maisons nous empoisonnent*. Terre Vivante, 2003. **20.** Morin H. *L'étrange syndrome du bâtiment malsain, Le Monde*, 14 juillet 2007. Salines G. *Comment tirer partie de l'expérience ?, Bulletin épidémiologique hebdomadaire*, INVS 24 avril 2007, N°15-16 p121-136. **21.** National Institutes of Environmental Health Sciences (NIEHS). http://web.health.gov/environment/mcs/toc.htm **22.** Twombly R. *MCS : A sensitive issue, Environ Health Perspect*. 1994 Sep ; 102(9) : 746-50.

Chapitre 2 – Les traîtresses de maison

1. Krautter M., Seidl E. *Les polluants persistants. Une menace pour la vie alpine*. Greenpeace, 9 octobre 2002. **2.** European Union Risk Assessment Report. *Alkanes, C10-13, chloro*. European Chemicals Bureau. Commission européenne, 2000. **3.** Ritter L. *et al. Les polluants organiques persistants. Rapport d'évaluation*. Programme international sur la sécurité des substances chimiques (PISSC), décembre 1995. **4.** *Convention de Stockholm sur les produits organiques persistants*. UNEP, 22 mai 2001. **5.** Rectificatif au règlement (CE) n° 850/2004 du Parlement européen et du Conseil du 29 avril 2004 concernant les polluants organiques persistants et modifiant la directive 79/117/CEE. *Protocole à la convention sur la pollution atmosphérique transfrontière à longue distance de 1979, relatif aux polluants organiques persistants*. UNECE,

1998. **6**. Colborn T. *et al. L'homme en voie de disparition ?*, Terre Vivante, 1997. **7**. Dewailly E. *et al. High levels of PCB s in breast milk of Inuit women from arctic Quebec, Bull Environ Contam Toxicol.* 1989 Nov ; 43(5) : 641-6. **8**. Dallaire F. *et al. Acute infections and environmental exposure to organochlorines in Inuit infants from Nunavik, Environ Health Perspect.* 2004 Oct ; 112(14) : 1359-65. **9**. Arctic Monitoring and Assessment Programme (AMAP). *Arctic pollution* 2002. Oslo, 2002. **10**. Thomas G.O. *et al. Short and medium chain length chlorinated paraffins in UK human milk fat, Environ Int. 2006 Jan* ; 32(1) : 34-40. **11**. Santillo D. *et al. Consommation toxique. Les substances dangereuses dans les poussières du logement : des indicateurs de l'exposition chimique dans l'environnement domestique.* Greenpeace 2003. **12**. Butte W., Heinzow B. *Pollutants in house dust as indicators of indoor contamination, Rev Environ Contam Toxicol.* 2002 ; 175 : 1-46. **13**. Barber J.L. *et al. Spatial and temporal variability in air concentrations of short-chain (C10-C13) and medium-chain (C14-C17) chlorinated n-alkanes measured in the U.K. atmosphere, Environ Sci Technol.* 2005 Jun 15 ; 39(12) : 4407-15. **14**. OSPAR Hazardous substances series. *Short Chain Chlorinated Paraffins*, OSPAR Commission, 2001. **15**. Bayen S. *et al. Chlorinated paraffins: a review of analysis and environmental occurrence, Environ Int.* 2006 Sep ; 32(7) : 915-29. **16**. IARC Monographs vol. 48. *Some flame retardants and textile chemicals, and exposures in the textile manufacturing industry. Chlorinated paraffins.* 1990. **17**. Directive 2002/45/CE du Parlement européen et du Conseil du 25 juin 2002 portant vingtième modification de la directive 76/769/CEE du Conseil en ce qui concerne la limitation de la mise sur le marché et de l'emploi de certaines substances et préparations dangereuses (paraffines chlorées à chaîne courte). **18**. Zencak Z., Oehme M. *Chloride-enhanced atmospheric pressure chemical ionization mass spectrometry of polychlorinated n-alkanes, Rapid Commun Mass Spectrom.* 2004 ; 18(19) : 2235-40. Erickson T.B. et al. *Acute renal toxicity after ingestion of Lava light liquid, Ann Emerg Med.* 1996 Jun ; 27(6) : 781-4. **19**. Iino F. et al. *Risk assessment of short-chain chlorinated paraffins in Japan based on the first market basket study and species sensitivity distributions, Environ Sci Technol* 2005 ; 39 : 859-66. **20**. Filyk G. *et al. Short Chain Chlorinated Paraffins (SCCP) Substance Dossier - Final draft II.* Environment Canada, 2003. **21**. Décision PARCOM 95/1 sur l'abandon des paraffines chlorées à chaîne moléculaire courte. OSPAR, 26-30 juin 1995. **22**. Canadian Environmental Protection Act, 1999. *Follow-up Report on a PSL1 Substance for Which Data Were Insufficient to Conclude Whether the Substance Was* « Toxic » *to Human Health. Chlorinated Paraffins.* Octobre 2003. **23**. European Commission. *Environment fact sheet* : *REACH – a new chemicals policy for the UE.* Février 2006. **24**. Commission des communautés européennes. *Livre blanc. Stratégie pour la future politique dans le domaine des substances chimiques.* COM (2001) 88 final.

Chapitre 3 – Une conception maculée

1. 3M. *A Century of innovation. The 3M Story*. 3M Company, 2002. **2**. 3M. *Fluorochemical use, distribution and release overview.* 3M Company, 26 mai 1999. **3**. OSPAR. *Hazardous substance series – Perfluooctane sulphonate (PFOS).* OSPAR commission 2005 (2006 Update). **4**. Giesy J.P. Kannan K. *Global distribution of perfluorooctane sulfonate in wildlife, Environ Sci Technol.* 2001 Apr 1 ; 35(7) : 1339-42. **5**. 3M. *3M phasing out some of its specialty Materials.* St Paul, 16 mai 2000. **6**. Auer C. *Phaseout of PFOS.* EPA, email du 16 mai 2000. **7**. 3M. *Technical Report Bioaccumulation of Fluorochemicals in Tenn. River Fish* – James E. Gagnon, Project 78-2740, Decatur, Alabama – *Tennessee River Fish*, Report Number 001, May 22, 1979. Et Lettre de William A. Weppner à Charles Auer, juillet 2000. **8**. Quality Assurance Project Plan for Empirical Human Exposure Assessment Multi-City Study Sampling Task May 14, 1999 Prepared by Battelle, 397 Washington Street Durtbury, MA 02332 (781) 934-0571. **9**. 3M. *Perfluorooctane Sulfonate : Current Summary of Human Sera, Health, and Toxicology Data*, 21 janvier 1999 (AR226-0548). **10**. Thomford P.J. *26-week capsule toxicity study with Perfluorooctane Sulfonic Acid Potassium Salt (PFOS : T-6295) in Cynomolgus Monkeys.* Draft Report for 3M, 12 avril 2000. **11**. Kannan K. *et al. Perfluorooctanesulfonate and related fluorochemicals in human blood*

from several countries. Environ Sci Technol. 2004 Sep 1 ; 38(17) : 4489-95. **12.** Calafat *et al. Polyfluoroalkyl Chemicals in the U.S. Population : Data from the National Health and Nutrition Examination Survey (NHANES) 2003-2004 and Comparisons to NHANES 1999–2000, Environ health perspect.* 2007. In print. Publication en ligne 29 août 2007. **13.** Directive 2006/122/CE du 12 décembre 2006 portant trentième modification de la directive 76/769/CEE du Conseil concernant le rapprochement des dispositions législatives, réglementaires et administratives des États membres relatives à la limitation de la mise sur le marché et de l'emploi de certaines substances et préparations dangereuses (sulfonates de perfluorooctane). **14.** Moriwaki. *et al. Concentrations of perfluorooctane sulfonate (PFOS) and perfluorooctanoic acid (PFOA) in vacuum cleaner dust collected in Japanese homes, J Environ Monit.* 2003 Oct ; 5(5) : 753-7. **15.** Tittlemier S.A. *et al. Dietary Exposure of Canadians to Perfluorinated Carboxylates and Perfluorooctane Sulfonate via Consumption of Meat, Fish, Fast Foods, and Food Items Prepared in Their Packaging. J Agric Food Chem.* 2007 Apr 18 ; 55(8) : 3203-10. **16.** Thomas P. *Teflon : out of the frying pan, The Ecologist,* 1er juin 2005. **17.** DuPont Shareholders for Fair Value. *The shareholder's right to know more. DuPont's market and liability – Exposures continue from PFOA and related issues.* 2007 Update. **18.** Shoeib M. *et al. Perfluorinated sulfonamides in indoor and outdoor air and indoor dust : occurrence, partitioning, and human exposure, Environ Sci Technol.* 2005 Sep 1 ; 39(17) : 6599-606. **19.** Sinclair E. *et al. Quantitation of gas-Phase Perfluoroalkyl Surfactants and fluorotelomer alcohols released from nonstick cookware and microwave popcorn bags, Environ Sci Technol.* 2007 Feb 15 ; 41(4) : 1180-5. **20.** Emmett E.A. *et al. Community exposure to perfluorooctanoate: relationships between serum concentrations and exposure sources, J Occup Environ Med.* 2006 Aug ; 48(8) : 759-70. **21.** Renner R. *New Jersey dives into PFOA water guidance, Environmental Science and technology on line,* 11 avril 2007. **22.** US EPA. Perfluorooctanoic Acid Human Health Risk Assessment Review Panel (PFOA Review Panel). http://www.epa.gov/sab/panels/pfoa_rev_panel.htm 34. **23.** Lau C. *et al. Perfluoroalkyl acids : A review of monitoring and toxicological findings, Toxicol Sci.* 2007 Oct ; 99(2) : 366-94. **24.** Midasch O. *et al. Transplacental exposure of neonates to perfluorooctanesulfonate and perfluorooctanoate: a pilot study, Int Arch Occup Environ Health.* 2007 Jul ; 80(7) : 643-8. **25.** Weiss B., Landrigan P.J. *The developing brain and the environment : an introduction, Environ Health Perspect.* 2000 ; 108 (suppl 3) : 373–374. **26.** *Apelberg B.J. et al. Determinants of Fetal Exposure to Polyfluoroalkyl Compounds in Baltimore, Maryland, Environ Sci Technol.* 2007 Jun 1 ; 41(11) : 3891-7. **27.** Kärrman A. *et al. Exposure of perfluorinated chemicals through lactation : levels of matched human milk and serum and a temporal trend, 1996-2004, in Sweden, Environ Health Perspect.* 2007 Feb ; 115(2) : 226-30. **28.** Ward K. *Cancer rates high in C8 areas : Year-old study by state released inadvertently, Charleston Gazette,* 22 mars 2007. **29.** Poulsen P.B. *et al. More environmentally friendly alternatives to PFOS-compounds and PFOA.* Force technology for the Danish Ministry of the Environment. Environmental Protection Agency. Environmental Project No. 1013 2005 Miljøprojekt. **30.** US EPA. 2010 / 15 PFOA stewardship Program.
http://www.epa.gov/opptintr/pfoa/pubs/pfoastewardship.htm **31.** Renner R. *PFOA in people, Environmental Science & Technology,* 23 mai 2007. D'eon J.C., Mabury S.A. *Production of Perfluorinated Carboxylic Acids (PFCAs) from the Biotransformation of Polyfluoroalkyl Phosphate Surfactants (PAPS) : Exploring Routes of Human Contamination, Environ. Sci. Technol.* 2007 Jul 1 ; 41(13) : 4799-805.

Chapitre 4 – La fée du logis est un imposteur

1. Colborn T. *et al. Op. cit.* **2.** CSTEE. *Opinion on Human and Wildlife Health Effects of Endocrine Disrupting Chemicals, with Emphasis on Wildlife and on Ecotoxicology Test Methods.* Bruxelles, mars 1999. **3.** Le Déaut J.Y. *Rapport fait au nom de la mission d'information sur les enjeux des essais et de l'utilisation des organismes génétiquement modifiés.* Assemblée nationale. 13 avril 2005 **4.** DG Environnement.
http://ec.europa.eu/environment/endocrine/index_en.htm DHI. *Study on enhancing the Endocrine*

Disrupter prioriy list with a focus on low production volume chemicals. DG environnement Mai 2007. **5**. European Union Risk Assessment Report. *4-nonylphenol (branched) and nonylphenol.* European Chemicals Bureau. Commission européenne, 2002. **6**. OSPAR. *Hazardous substance series – Nonylphenol / Nonylphenolethoxylates.* OSPAR commission 2001 (2004 Update). **7**. U.S. Geological Survey. *Emerging Contaminants Project.* Mai 2002. **8**. Brignon J.M., Sureau S. *Octylphénols.* INERIS, 30 mars 2006. **9**. Gross-Sorokin M.Y. *et al. Assessment of Feminization of Male Fish in English Rivers by the Environment Agency of England and Wales, Environ Health Perspect.* 2006 Apr ; 114 (suppl. 1) : 147-51. **10**. OSPAR. *Hazardous substance series – Octylphenol.* OSPAR commission 2003 (2006 Update). Décision PARCOM 92/8 sur les éthoxylates nonylphénoliques. OSPAR, 1992. **11**. Directive 2000/60/CE du Parlement européen et du Conseil du 23 octobre 2000 établissant un cadre pour une politique communautaire dans le domaine de l'eau. Directive 2003/53/CE du Parlement européen et du Conseil du 18 juin 2003 portant vingt-sixième modification de la directive 76/769/CEE du Conseil concernant la limitation de la mise sur le marché et de l'emploi de certaines substances et préparations dangereuses (nonylphénol, éthoxylate de nonylphénol et ciment). **12**. CEPAD. http://www.cepad.eu. **13**. Guenther K. *et al.* (2002). *Endocrine disrupting nonylphenols are ubiquitous in food, Environ Sci Technol.* 2002 Apr 15 ; 36(8) : 1676-80. **14**. Pedersen H., Hartmann J. *Chimie chez Mickey. Substances toxiques dans les vêtements pour enfants Disney.* Greenpeace, 16 avril 2004. **15**. Calafat A.M. *et al. Urinary concentrations of bisphenol A and 4-nonylphenol in a human reference population, Environ Health Perspect.* 2005 Apr ; 113(4) : 391-5. **16**. Herbst A.L. *et al. Adenocarcinoma of the vagina. Association of maternal stilbestrol therapy with tumor appearance in young women, N Engl J Med.* 1971 Apr 15 ; 284(15) : 878-81. **17**. Breithaupt H. *A cause without a disease, EMBO reports.* 2004 ; 5(1) : 16-18. **18**. Rudel R.A. *et al. Phthalates, alkylphenols, pesticides, polybrominated diphenyl ethers, and other endocrine-disrupting compounds in indoor air and dust, Environ Sci Technol.* 2003 Oct 15 ; 37(20) : 4543-53.

Chapitre 5 – Les bourses et la vie

1. Carson R. *Printemps silencieux.* Plon, 1963. (Jamais réédité en France). **2**. Carlsen E. *et al. Evidence for decreasing quality of semen during past 50 years, BMJ.* 1992 Sep 12 ; 305(6854) : 609-13. **3**. Auger J. *et al. Decline in semen quality among fertile men in Paris during the past 20 years, N Engl J Med.* 1995 Feb 2 ; 332(5) : 281-5. **4**. Nyboe Andersen A., Erb K. *Register data on Assisted Reproductive Technology (ART) in Europe including a detailed description of ART in Denmark, Int J Androl.* 2006 Feb ; 29(1) : 12-6. Et Bouyer J. *et al. Surveillance dans le domaine de la reproduction et de la périnatalité.* InVS, décembre 2004. **5**. Skakkebaek N.E. *Is human fecundity declining ? Int J Androl.* 2006 Feb ; 29(1) : 2-11. **6**. *Vallombrosa Consensus Statement on environmental contaminants and human fertility compromise.* Octobre 2005. Et Swan S.H., *et al. Semen quality in relation to biomarkers of pesticide exposure. Environ Health Perspect.* 2003 Sep ; 111(12) : 1478-84. **7**. Vigouroux-Villard A. *Niveaux d'imprégnation de la population générale aux pesticides : sélection des substances à mesurer en priorité.* Rapport de Stage, Afsset, 2005-2006. **8**. Airparif. *Des pesticides dans l'air parisien.* Actualité n° 29, juin 2007. **9**. *Les pesticides dans les eaux. Données 2003 et 2004.* Les dossiers IFEN, n° 5, août 2006 Et. Lefeuvre J.C. *et al. La qualité de l'eau en France.* Étude du Museum d'Histoire Naturelle. Paris, juin 2005. **10**. DGS. *L'eau potable en France 2002-2004.* Ministère de la Santé et des Solidarités, 2005. **11**. Heudorf U., Angerer J. *Metabolites of pyrethroid insecticides in urine specimens : current exposure in an urban population in Germany. Environ Health Perspect.* 2001 Mar ; 109(3) : 213-7. Et Becker K. *et al. GerES IV pilot study: assessment of the exposure of German children to organophosphorus and pyrethroid pesticides, Int J Hyg Environ Health.* 2006 May ; 209(3) : 221-33. **12**. Commission européenne. *Commission Staff Working document. Monitoring of Pesticide residues in products of plant origin in the European Union, Norway, Iceland and Liechtenstein 2004.* Bruxelles SEC(2006) 1416, 25 octobre 2006. Et Ministère de l'Agriculture, de l'Alimentation, de la Pêche et des Affaires rurales. *Le verger poursuit sa recomposition.* Agreste Primeur, n° 127, mai 2003. **13**. Belpomme D. *et al. Rapport d'expertise et d'audit* *externe concernant la pollution par les pesticides en Martinique. Conséquences agrobiologiques, alimentaires et sanitaires et proposition d'un plan de sauvegarde en cinq points.* Artac, Paris, 23 juin 2007. **14**. Directive 98/8/CE du 16 février 1998 concernant la mise sur le marché des produits biocides. Décret n° 2004-187 du 26 février 2004 relatif au contrôle de la mise sur le marché des produits biocides. **15**. Bouvier G. *Contribution à l'évaluation de l'exposition de la population francilienne aux pesticides.* Thèse de doctorat. Faculté des sciences pharmaceutiques et biologiques, service Santé publique et environnement. Université René Descartes, Paris. 163 p. 9 décembre 2005. **16**. International Programme on Chemical Safety. *Lindane.* Environmental Health Criteria n° 124, 1991. **17**. International programme on chemical safety. *Report of the informal consultation on aircraft disinsection.* WHO/HQ, Genève, 6-10 novembre 1995. **18**. WHO. *Principles for evaluating health risks in children associated with exposure to chemicals. Environmental health criteria* 237, WHO, 2006. **19**. Menegaux F. *et al. Household exposure to pesticides and risk of childhood acute leukaemia, Occup Environ Med.* 2006 Feb ; 63(2) : 131-4. **20**. *Whyatt R.M. et al. Contemporary-use pesticides in personal air samples during pregnancy and blood samples at delivery among urban minority mothers and newborns, Environ Health Perspect.* 2003 May ; 111(5) : 749-56. **21**. Zhang S.Y. *et al. Permethrin may disrupt testosterone biosynthesis via mitochondrial membrane damage of Leydig cells in adult male mouse, Endocrinology.* 2007 Aug ; 148(8) : 3941-9. **22**. Jeandel C. *et al. Environmental disruptors and disorders of the external genitals in male newborns : A case-control study, Horm Res.* 2005 ; 64 (1) : 128. **23**. Union des entreprises pour la protection des jardins et des espaces verts (UPJ) *Enquête exclusive UPJ/CSA Les Français et leur potager : entre alimentation et passion.* 2007. **24**. Paulozzi L.J. *International trends in rates of hypospadias and cryptorchidism. Environ Health Perspect.* 1999 Apr ; 107(4) : 297-302. **25**. Sharpe R.M., Skakkebaek N.E. *Are oestrogens involved in falling sperm counts and disorders of the male reproductive tract ? Lancet.* 1993 May 29 ; 341(8857) : 1392-5.

Chapitre 6 – Le plastique, c'est pas fantastique

1. Nagel S.C. *et al. Relative binding affinity-serum modified access (RBA-SMA) assay predicts the relative* in vivo *bioactivity of the xenoestrogens bisphenol A and octylphenol, Environ Health Perspect.* 1997 Jan ; 105(1) : 70-6. **2**. EWG. *A. Survey of bisphenol A in US canned foods.* 5 mars 2007. **3**. Polycarbonate/BPA global group. www.bisphenol-a.org. **4**. Calafat A.M. *et al. Urinary concentrations of bisphenol A and 4-nonylphenol in a human reference population. Environ Health Perspect.* 2005 ; 113(4) :391-395. **5**. US EPA. *Oral RfD Assessment: Bisphenol A.* Integrated Risk Information System, 1987. **6**. Opinion of the Scientific Panel on Food Additives, Flavourings, Processing Aids and Materials in Contact with Food on a request from the Commission related to 2,2-bis(4-hydroxyphenyl)propane (Bisphenol A) Question number EFSA-Q-2005-100. Adopted on November 29 2006. **7**. vom Saal F.S., Bronson FH. *Sexual characteristics of adult female mice are correlated with their blood testosterone levels during prenatal development, Science.* 1980 May 9 ; 208(4444) : 597-9. **8**. Timms B.G. *et al. Estrogenic chemicals in plastic and oral contraceptives disrupt development of the fetal mouse prostate and urethra, Proc Natl Acad Sci USA.* 2005 May 10 ; 102(19) : 7014-9. **9**. European Union Risk Assessment Report. *4,4'-isopropylidenediphenol (bisphenol-A).* European Chemicals Bureau, 2003.

10. http://rcp.missouri.edu/endocrinedisruptors/vomsaal/vomsaal.html

11. Durando M. *et al. Prenatal bisphenol A exposure induces preneoplastic lesions in the mammary gland in wistar rats. Environ Health Perspect.* 2007 Jan ; 115(1) : 80-6. Vandenberg L.N. *et al. Exposure to environmentally relevant doses of the xenoestrogen bisphenol-A alters development of the fetal mouse mammary gland, Endocrinology.* 2007 ; 148(1) : 116-27. **12**. Schönfelder G. *et al. Parent Bisphenol-A accumulation in the human maternal-fetal-placental unit, Environ Health Perspect.* 2002 ; 110(11) : A703–7. **13**. Palmer J.R. *et al. Prenatal diethylstilbestrol exposure and risk of breast cancer, Cancer Epidemiol Biomarkers Prev.* 2006 Aug ; 15(8) : 1509-14. **14**. Remontet L. *et al. Évolution de l'incidence et de la mortalité par cancer en France de 1978 à 2000.* InVS, août 2003. **15**. Parkin D.M. *et al. Global cancer statistics, 2002, CA Cancer J Clin.* 2005

Mar-Apr ; 55(2) · 74-108. **16**. Buck Louis G.M. *et al. Environmental influences on femaie fecundity and fertility, Semin Reprod Med.* 2006 Jul ; 24(3) : 147-55. **17**. Herman-Giddens M.E. *et al. Secondary sexual characteristics and menses in young girls seen in office practice : a study from the Pediatric Research in Office Settings network, Pediatrics.* 1997 Apr ; 99(4) : 505-12. **18**. Howdeshell K.L. *et al. Exposure to bisphenol A advances puberty, Nature.* 1999 Oct 21 ; 401(6755) : 763-4. **19**. vom Saal F.S., Hughes C. *An extensive new literature concerning low-dose effects of bisphenol A shows the need for a new risk assessment, Environ Health Perspect.* 2005 Aug ; 113(8) : 926-33. **20**. Hunt P.A. *et al. Bisphenol A exposure causes meiotic aneuploidy in the female mouse. Curr Biol.* 2003 Apr 1 ; 13(7) : 546-53. Susiarjo M. *et al. Bisphenol A exposure* in utero *disrupts early oogenesis in the mouse.* PLoS Genet. 2007 Jan 12 ; 3(1) : e5. **21**. www.reproductivegenetics.org. **22**. Cone M. *Public health agency linked to chemical industry, Los Angeles Times,* 4 mars 2007. **23**. Center for the Evaluation of Risks to Human Reproduction (CERHR) Interim DRAFT. NTP-CERHR Report on the Reproductive and Developmental Toxicity of Bisphenol A. Avril 2007. **24**. Kaiser, J. 2007. *Common plastic ingredient may be cause for concern, Science Magazine,* août 2007. **25**. vom Saal F.S. *et al. Chapel Hill bisphenol A expert panel consensus statement : Integration of mechanisms, effects in animals and potential to impact human health at current levels of exposure, Reprod Toxicol.* 2007 Aug-Sep ; 24(2) : 131-8.

Chapitre 7 – Laisse pas traîner ton fils

1. Skakkebaek N.E. *Possible* carcinoma-in-situ *of the testis, Lancet.* 1972 Sep 9 ; 2(7776) : 516-7. Et Skakkebaek NE *et al.* Carcinoma-in-situ *of the testis : possible origin from gonocytes and precursor of all types of germ cell tumours except spermatocytoma, Int J Androl.* 1987 Feb ; 10(1) : 19-28. **2**. Skakkebaek N.E. *et al. Testicular dysgenesis syndrome: An increasingly common developmental disorder with environmental aspects, Hum Reprod.* 2001 May ; 16(5) : 972-8. **3**. Skakkebaek NE *et al. Is human fecundity declining ?, Int J Androl.* 2006 Feb ; 29(1) : 2-11. **4**. Boisen K.A. *et al. Hypospadias in a cohort of 1072 Danish newborn boys: prevalence and relationship to placental weight, anthropometrical measurements at birth, and reproductive hormone levels at three months of age, J Clin Endocrinol Metab.* 2005 Jul ; 90(7) : 4041-6. Richiardi L. *et al. Testicular cancer incidence in eight northern European countries : secular and recent trends, Cancer Epidemiol Biomarkers Prev.* 2004 Dec ; 13(12) : 2157-66. **5** . Boisen K.A. *et al. Difference in prevalence of congenital cryptorchidism in infants between two Nordic countries, Lancet.* 2004 Apr 17 ; 363(9417) : 1264-9. **6**. Hedelin G., Remontet L. *Évolution du cancer du testicule en France, Andrologie* 2002, 12, n° 3 269-273. **7**. Damgaard I.N. *et al. Nordic Cryptorchidism Study Group. Persistent pesticides in human breast milk and cryptorchidism. Environ Health Perspect.* 2006 Jul ; 114(7) : 1133-8. **8**. Lottrup G. *et al. Possible impact of phthalates on infant reproductive health, Int J Androl.* 2006 Feb ; 29(1) : 172-80. **9**. Nilsson N.H. *et al. Survey and health assessment of chemicals substances in sex toys.* Et Danish EPA. *Survey of Chemical Substances in Consumer Products,* n° 77. 2006. **10**. Houlihan J. *et al. Not too Pretty. Phthalates, Beauty Products & the FDA.* EWG /HCWH/Coming Clean, 8 juillet 2002. **11**. Silva M.J. *et al. Urinary levels of seven phthalate metabolites in the U.S. population from the National Health and Nutrition Examination Survey (NHANES) 1999-2000, Environ Health Perspect.* 2004 Mar ; 112(3) : 331-8. **12**. Directive 2004/93/CE de la Commission du 21 septembre 2004 portant modification de la directive 76/768/CEE du Conseil en vue de l'adaptation au progrès technique de ses annexes II et III. Directive 2005/80/CE de la Commission du 21 novembre 2005 portant modification de la directive 76/768/CEE du Conseil relative aux produits cosmétiques en vue de l'adaptation au progrès technique de ses annexes II et III **13**. Greenpeace. *Parfums de scandale. Une enquête sur la composition chimique des parfums.* 2005. **14**. Sharpe R.M. *Phthalate Exposure during Pregnancy and Lower Anogenital Index in Boys : Wider Implications for the General Population ?* Environ Health Perspect Volume 113, Number 8, August 2005. **15**. Phthalates Information Center. www.phthalates.org. **16**. Hauser R. *et al. DNA damage in human sperm is related to urinary levels of phthalate monoester and oxidative metabolites. Hum Reprod.*

2007 Mar ; 22(3) : 688-95. **17**. Swan S.H. *et al. Decrease in anogenital distance among male infants with prenatal phthalate exposure. Environ Health Perspect.* 2005 Aug ; 113(8) : 1056-61. **18**. Académie nationale des sciences. *Charte de l'environnement. Conclusion et recommandations.* 18 mars 2003. **19**. Ministère de l'Économie, des Finances et de l'Industrie. Arrêté du 5 juillet 1999 portant suspension de la mise sur le marché et ordonnant le retrait de certains jouets et articles de puériculture destinés à être mis en bouche par les enfants de moins de trente-six mois. **20**. Norris B. Smith S. *Research into the mouthing behavior of children up to 5 years old.* Consumer and competition policy directorate, Londres, juillet 2002. **21**. Directive 2005/84/CE du Parlement européen et du Conseil du 14 décembre 2005 modifiant pour la vingt-deuxième fois la directive 76/769/CEE du Conseil concernant le rapprochement des dispositions législatives, réglementaires et administratives des États membres relatives à la limitation de la mise sur le marché et de l'emploi de certaines substances et préparations dangereuses (phtalates dans les jouets et les articles de puériculture). **22**. Kay J. *Supervisors tweak ordinance banning* "toxic" *child products, San Francisco Chronicle,* 11 avril 2007. **23**. Denhez F. *Les pollutions invisibles.* Delachaux et Niestlé, 2005. **24**. Swan S.H. *et al. Semen quality of fertile US males in relation to their mothers' beef consumption during pregnancy, Hum Reprod.* 2007 Jun ; 22(6) : 1497-502. **25**. Directive 96/22/CE du Conseil, du 29 avril 1996, concernant l'interdiction d'utilisation de certaines substances à effet hormonal ou thyréostatique et des substances ß-agonistes dans les spéculations animales et abrogeant les directives 81/602/CEE, 88/146/CEE et 88/299/CEE. **26**. Klip H. *et al. Hypospadias in sons of women exposed to diethylstilbestrol* in utero *: a cohort study, Lancet.* 2002 Mar 30 ; 359(9312) : 1102-7.

Chapitre 8 – Lindustrie dans le boudoir

1. Janjua N.R. *et al. Systemic uptake of diethyl phthalate, dibutyl phthalate, and butyl paraben following whole-body topical application and reproductive and thyroid hormone levels in humans, Environ Sci Technol.* 2007 Aug 1 ; 41(15) : 5564-70. **2**. Darbre P.D. *et al. Concentrations of parabens in human breast tumours, J Appl Toxicol.* 2004 Jan-Feb ; 24(1) : 5-13. **3**. Mirick D.K. *et al. Antiperspirant use and the risk of breast cancer, Journal of the National Cancer Institute,* 2002 Oct ; 94(20) : 1578-80. Et McGrath KG. *An earlier age of breast cancer diagnosis related to more frequent use of antiperspirants/deodorants and underarm shaving. Eur J Cancer Prev.* 2003 Dec ; 12(6) : 479-85. **4**. Ye X. *et al. Parabens as urinary biomarkers of exposure in humans, Environ Health Perspect.* 2006 Dec ; 114(12) : 1843-6. **5**. Oishi S. *Effects of propyl paraben on the male reproductive system, Food Chem Toxicol.* 2002 Dec ; 40(12) : 1807-13. **6**. SCCP. *Opinion on Parabens. COLIPA n° P82.* Bruxelles, 10 octobre 2006. **7**. Avis du groupe scientifique sur les additifs alimentaires, les arômes, les auxiliaires technologiques et les matériaux en contact avec les aliments [AFC] concernant les para hydroxybenzoates (E 214-219). Question n° : EFSA-Q-2004-063. **8**. Directive 76/768/EEC for the purpose of adapting its Annexes II and III to technical progress. 25 septembre 2004. **9**. Eriksson E., Andersen H.R., Ledin A. *Substance flow analysis of parabens in Denmark. Journal of Hazardous Materials.* In print. **10**. EWG. *Skin Deep.* www.cosmeticsdatabase.com. **11**. Schlumpf M. *et al.* In vitro *and* in vivo *estrogenicity of UV screens, Environ Health Perspec.* 2001 March ; 109(3) : 239-244. **12**. Tinwell H. *et al. Confirmation of uterotrophic activity of 3-(4-methylbenzylidine) camphor in the immature rat. Environ Health Perspect.* 2002 May ; 110(5) : 533-6. **13**. Durrer S. *et al. Estrogen target gene regulation and coactivator expression in rat uterus after developmental exposure to the ultraviolet filter 4-methylbenzylidene camphor, Endocrinology.* 2005 May ; 146(5) : 2130-9. **14**. Buser H.R. *et al. Occurrence of UV filters 4-methylbenzylidene camphor and octocrylene in fish from various Swiss rivers with inputs from wastewater treatment plants, Environ. Sci. Technol.* 2002 ; 40, 1427-1431. **15**. Rimkus G.G., Wolf M. *Polycyclic musk fragrances in human adipose tissue and human milk, Chemosphere.* 1996 Nov ; 33(10) : 2033-43. **16**. Kannan K. *Polycyclic musk compounds in higher trophic level aquatic organisms and humans from the United States, Chemosphere.* 2005 Nov ; 61(5) : 693-700. **17**. Reiner J.L. *et al. Synthetic Musk Fragrances in Human Milk from the United States,*

Environ Sci Technol, 2007 Jun 1 ; 41(11) : 3815-20. **18**. Directive 76/768/CEE du Conseil, du 27 juillet 1976, concernant le rapprochement des législations des États membres relatives aux produits cosmétiques. **19**. Greenpeace. *Parfums de scandale. Une enquête sur la composition chimique des parfums*, 2005. **20**. European Union Risk Assessment Report. *5-tert-butyl-2,4,6-trinitro-m-xylene (musk xylene).* European Chemicals Bureau, 2005. European Union Risk Assessment Report. *4'-4'-tert-butyl-2',6'-dimethyl-3',5'dinitroacetophenone (musk ketone).* European Chemicals Bureau, 2005. **21**. Wormuth M. *et al. Linking the Use of Scented Consumer Products to Consumer Exposure to Polycyclic Musk Fragrances, Journal of Industrial Ecology*. 2005 ; 9(1-2) : 237-258.

Chapitre 9 – Maison de gros

1. CREDO cluster of research into endocrine disruption in Europe. http://www.credocluster.info **2**. Règlement (CE) n° 782/2003 du Parlement européen et du Conseil du 14 avril 2003 interdisant les composés organostanniques sur les navires. **3**. Huet M. *et al. Imposex- TBT. Suivi annuel de l'imposex le long des côtes françaises. Rapport final. Réseau national d'observation.* Ifremer, novembre 2005. **4**. Afssa. Saisine n° 2005-SA-0091. Avis de l'Agence française de sécurité sanitaire des aliments relatif à l'évaluation des risques liés à la présence d'organoétains dans les aliments. Maisons-Alfort, 18 avril 2006. **5**. RPA. *Risk assessment studies on targeted consumer applications of certain organotin compounds. Final report prepared for the Europen Commission.* Londres, septembre 2005. *Mono- and disubstituted methyltin, butyltin, and octyltin compounds.* Concise International Chemical Assessment Document 73. WHO, 2006. **6**. Grun F., Blumberg B. *Environmental obesogens : organotins and endocrine disruption via nuclear receptor signaling, Endocrinology*. 2006 Jun ; 147(6 Suppl) : S50-5. Grun F. *et al. Endocrine-disrupting organotin compounds are potent inducers of adipogenesis in vertebrates, Mol Endocrinol.* 2006 Sep ; 20(9) : 2141-55. **7**. Kannan K. *et al. Occurrence of butyltin compounds in human blood, Environ Sci Technol* 1999 ; 33 : 1776–1779. **8**. Newbold R.R. *et al. Developmental exposure to endocrine disruptors and the obesity epidemic, Reprod Toxicol.* 2007 Apr-May ; 23(3) : 290-6. **9**. International Obesity Task Force. *Childhood Obesity report.* Mai 2004. INSERM, TNS Healthcare Sofres, Roche. *Enquête épidémiologique nationale sur le surpoids et l'obésité, Obépi.* Roche 2006. **10**. Newbold R.R. *et al. Developmental exposure to estrogenic compounds and obesity, Birth Defects Res A Clin Mol Teratol* 2005 ; 73 : 478–80. **11**. Stahlhut R.W. *et al. Concentrations of urinary phthalate metabolites are associated with increased waist circumference and insulin resistance in adult U.S. males, Environ Health Perspect.* 2007 Jun ; 115(6) : 876-82. **12**. Lau C. *et al. Op. cit.* **13**. *Fetal Basis of Adult Disease, Reproductive Toxicology*, Volume 23, Issue 3 pp. 257-470 (April-May 2007). Baillie-Hamilton PF. *Chemical toxins: a hypothesis to explain the global obesity epidemic, J Altern Complement Med* 2002 ; 8 :185–92. **14**. Remontet L. *et al. Op. cit.* **15**. Parkin D.M. *et al. Global cancer statistics, 2002, CA Cancer J Clin.* 2005 Mar-Apr ; 55(2) : 74-108. **16**. Belpomme D. *et al. Op. cit.* **17**. Pritchard-Jones K *et al. Cancer in children and adolescents in Europe : developments over 20 years and future challenges, Eur J Cancer.* 2006 Sep ; 42(13) : 2183-90. Commission de coopération environnementale. *Les substances toxiques et la santé des enfants en Amérique du Nord.* Commission de coopération environnementale, Montréal 2006. **18**. Appel de Paris. www.artac.info **19**. Doll R., Peto R. *The causes of cancer : quantitative estimates of avoidable risks of cancer in the United States today, J Natl Cancer Inst* 1981; 66(6) : 1191-308. **20**. Hardell L. *et al. Secret ties to industry and conflicting interests in cancer research, Am J Ind Med.* 2007 Mar ; 50(3) : 227-33. **21**. Belpomme D. *Ces maladies créees par l'homme.* Paris, Albin Michel, 2004. **22**. Académie nationale de Médecine. *Les causes du ancer en France.* Paris, 13 septembre 2007. **23**. Boffetta P. *Human ancer from environmental pollutants : the epidemiological evidence, Mutat Res.* 2006 Sep 28 ; 608(2) : 157-62. **24**. Le Moal J. *et al. Cancers prioritaires à surveiller et étudier en lien ave l'environnement.* INVS, juillet 2006.

Chapitre 10 – La complainte du progrès

1. Dye J.A. *et al. Elevated PBDE Levels in Pet Cats : Sentinels for Humans ? Environ. Sci. Technol*, 41 (18), 6350-6356, 2007. **2**. Fischer D. *et al. Children show highest levels of polybrominated diphenyl ethers in a California family of four : a case study, Environ Health Perspect.* 2006 Oct ; 114(10) : 1581-4. **3**. Johnson-Restrepo B. *et al. Polybrominated diphenyl ethers and polychlorinated biphenyls in human adipose tissue from New York, Environ Sci Technol.* 2005 Jul 15 ; 39(14) : 5177-82. **4**. Joint FAO/WHO Expert Committee on Food Additives. *Evaluation of certain food contaminants : sixty-fourth report of the Joint FAO/WHO Expert Committee on Food Additives.* WHO technical report series ; 930, Rome, 2005. **5**. Leblanc J.C. *et al.* Calipso. *Étude des consommations alimentaires de produits de la mer et imprégnation aux éléments traces, polluants et Oméga 3.* Afssa, 2006. **6**. Schecter A. *et al. Polybrominated diphenyl ether (PBDE) levels in an expanded market basket survey of U.S. food and estimated PBDE dietary intake by age and sex, Environ Health Perspect.* 2006 Oct ; 114(10) : 1515-1520. **8**. Sharp R., Lunder S. *In the Dust. Toxic Fire retardants in American Homes.* EWG, 2004. **9**. Jones-Otazo H.A. *et al. Is house dust the missing exposure pathway for PBDE s ? An analysis of the urban fate and human exposure to PBDEs, Environ Sci Technol.* 2005 Jul 15 ; 39(14) : 5121-30. **10**. Viberg H. *et al. Neonatal exposure to higher brominated diphenyl ethers, hepta-, octa-, or nonabromodiphenyl ether, impairs spontaneous behavior and learning and memory functions of adult mice, Toxicol Sci.* 2006 Jul ; 92(1) : 211-8. **11**. Jacobson J.L., Jacobson SW. *Intellectual impairment in children exposed to polychlorinated biphenyls* in utero, *N Engl J Med.* 1996 Sep 12 ; 335(11) : 783-9. **12**. Grandjean P., Landrigan P.J. *Developmental neurotoxicity of industrial chemicals, Lancet.* 2006 Dec 16 ; 368(9553) : 2167-78. **13**. European Environment Agency. *Environment and health.* EEA Report n°10/2005. **14**. Muir T., Zegarac M. *Societal costs of exposure to toxic substances : economic and health costs of four case studies that are candidates for environmental causation, Environ Health Perspect.* 2001 Dec ; 109(6) : 885-903. **15**. CDC. *New Data on Autism Spectrum Disorders (ASDs) from Multiple Communities in the United States*, 8 février 2007. **16**. Weiss B., Landrigan P.J. *The developing brain and the environment : an introduction. Environ Health Perspect.* 2000 ; 108(3) : 373–374 185–198. **17**. Directive 2003/11/EC of the European Parliament and of the Council of 6 February 2003 amending for the 24th time Council Directive 76/769/EEC relating to restrictions on the marketing and use of certain dangerous substances and preparations (pentabromodiphenyl ether, octabromodiphenyl ether). Et OSPAR priority substance list. *Certain Brominated Flame Retardants – Polybrominated Diphenylethers, Polybrominated Biphenyls, Hexabromo Cyclododecane.* OSPAR Commission, 2001 (2004 Update). **18**. Zuurbier M. *et al. Children's exposure to polybrominated diphenyl ethers. Acta Paediatr Suppl.* 2006 Oct ; 95(453) : 65-70. **19**. Directive 2002/95/CE du Parlement européen et du Conseil du 27 janvier 2003 relative à la limitation de l'utilisation de certaines substances dangereuses dans les équipements électriques et électroniques. **20**. European Union Risk Assessment Report. *Update of the risk assessment of bis(pentabromophenyl) ether (decabromodiphenyl ether).* European Chemicals Bureau, mai 2004. **21**. Pakalin S. *et al. Review on production processes of decabromodiphenyl ether (decaBDE) used in polymeric applications in electrical and electronic equipment, and assessment of the availability of potential alternatives to decaBDE.* European Chemicals Bureau, janvier 2007. **22**. Delahaye E., Herrera M., Oudot C. *Évalutation et gestion des risques liés à l'exposition aux substances ignifuges bromées.* École nationale de la santé publique, Rennes, 2005. **23**. EBFRIP. www.ebfrip.org **24**. Mémorandum de l'appel de Paris, 9 novembre 2006. **25**. Contiero M. *Lobby Toxique ou comment l'industrie chimique essaie de tuer REACH.* Greenpeace, mai 2006. **26**. *REACH.* Regulation (EC) n° 1907/2006 of the european Parliament and of the Council of 18 December 2006. **27**. Arthur D. Little. *Economic effects of the EU Substances Policy.* 18 décembre 2002. **28**. Mercer Management Consulting. *Study of the Impact of the Future Chemicals Policy.* Commissioned by UIC and French government, 2003. Mercer Management Consulting. *Study of the impact of the future chemicals policy. Additional study following the regulation proposal of the 29th*

October 2003. Prepared for UIC, 2004. **29**. EurActiv. *verheugen : Europe needs a strong industrial base*. euractiv.com, 2 août 2005. **30**. European Commission. *Extended Impact Assessment of the economic, social, and environmental impacts of the New Chemicals Policy proposals*. Brussels, SEC, 2003. Et Directorate General Environment of the European Commission. *The impact of REACH on the environment and human health*. 15 février 2006.

11 – Le futur des petites générations

1. *Third national report on human exposure to environmental chemicals*. Centers for Disease Control and Prevention, 2005. **2**. WWF. Campagne Détox, 2004. Schmitt C. *et al. Body of evidence. A study of the pollution in Maine People*. Alliance for a clean and healthy Maine, juin 2007. Houlihan J. *et al. Body Burden. The pollution in newborns*. EWG, 14 juillet 2005. **4**. Silva E. *et al. Something from* "nothing" *– eight weak estrogenic chemicals combined at concentrations below NOECs produce significant mixture effects, Environ Sci Technol*. 2002 Apr 15 ; 36(8) : 1751-6. Metzdorff S.B. *et al. Dysgenesis and histological changes of genitals and perturbations of gene expression in male rats after* in utero *exposure to antiandrogen mixtures. Toxicol Sci*. 2007 Jul ; 98(1) : 87-98. **3**. Wormuth M. *et al. What are the sources of exposure to eight frequently used phthalic acid esters in Europeans ?, Risk Anal*. 2006 Jun ; 26(3) : 803-24. **4**. Koch H.M. *et al. Di-n-butylphthalate and butylbenzylphthalate - urinary metabolite levels and estimated daily intakes : pilot study for the German Environmental Survey on children, J Expo Sci Environ Epidemiol*. 2007 Jul ; 17(4) : 378-8. **5**. Hauser R. *et al. Medications as a source of human exposure to phthalates. Environ Health Perspect*. 2004 May ; 112(6) : 751-3. **6**. European Union Risk Assessment Report. Bis(2-ethylhexyl) phthalate. European Chemicals Bureau, Consolidated Final Report, septembre 2001. **7**. Weuve J. *et al. Exposure to phthalates in neonatal intensive care unit infants : urinary concentrations of monoesters and oxidative metabolites, Environ Health Perspect*. 2006 Sep ; 114(9) : 1424-31. **10**. Health Care without Harm. www.noharm.org. **11**. Pour une santé durable. Soigner sans polluer. www.c2ds.org **12**. Gibson RL. *Toxic baby bottles*. Environment California, février 2007. **13**. Watson T. *States and cities move to curb toxic substances the EPA hasn't, USA Today*, 8 mai 2007. **14**. Nakanishi J. *et al. Bisphenol A Risk Assessment Document*. AIST Risk Assessment Document Series n° 6, Japon, novembre 2005. **15**. DuPont Shareholders for Fair Value. *The shareholder's right to know more. DuPont's market and liability – Exposures continue from PFOA and related issues*. 2007 Update. **16**. Ambachtssheer J. *et al. Fiduciary guide to toxic chemical risk*. The Investor Environmental Health Network. Rose foundation for communities and the environment, mars 2007. Et Little T. *et al. Beneath the skin. Hidden liabilities, market risk and drivers of change in the cosmetics and personal care products industry*. The Investor Environmental Health, février 2007. **17**. Cabinet Precepta, groupe Xerfi. *Le boom des ventes des produits bios, résultat des efforts conjugués des distributeurs*, communiqué du 26 juillet 2007. Mitchell A. Shields R. *Organic food helps revive fortunes of Europe's farmers. The Independent*, 14 juin 2007. Vidal J. *Digging in : Britain's green revolution on the home front Monday. The Guardian*, 9 avril 2007. **18**. Phthalate info center. www.phthalates.org

Ouvrages grand public

Belpomme D. *Avant qu'il ne soit trop tard.* Fayard, 2007.

Bouttier-Guérive G. *et al. Planète attitude santé.* WWF/Seuil, 2006.

Cicollela A., Benoît Browaeys D. *Alertes santé. Experts et citoyens face aux intérêts privés*. Fayard, 2005.

Colborn T. *et al. L'homme en voie de disparition ?*, Terre Vivante, 1997.

Denhez F. *Les pollutions invisibles*. Delachaux et Niestlé, 2005.

Méar G. *Nos maisons nous empoisonnent.* Terre Vivante, 2006.

Nicolino F., Veillerette F. *Pesticides. Révélations sur un scandale français.* Fayard, 2007.

Nouzille V. *Les Empoisonneurs*. Fayard, 2005.

Veillerette F. *Pesticides. Le piège se referme*. Terre Vivante, 2005.

Remerciements

Merci avant tout aux chercheurs et aux experts, mais aussi à certains représentants de l'industrie, pour leur aide.

Yves Derai et Xavier Muntz m'ont accordé une confiance sans réserve. Qu'ils en soient ici chaleureusement remerciés.

Un grand merci à Gabrielle de Préval pour son écoute et son attention épatantes, ainsi qu'à Floriane Ravard qui a pris le relais.

Merci à Andrew Orr de m'avoir mise sur ces rails et à Sylvie Gilman pour son généreux coup de main.

Ma reconnaissance va aussi et surtout à Alice, Anne, Augustin, Benjamin, Dany, Élise, Isabelle, Laetitia, Valérie et Yannick qui ont supporté, des mois durant, doutes, angoisses et monologues avec une patience infinie. Leurs conseils et leur soutien sans faille ont compté plus que tout.

Table des matières

Cet ouvrage a été imprimé par

FIRMIN DIDOT

GROUPE CPI

Mesnil-sur-l'Estrée

pour le compte des Éditions Du Moment
26, avenue Marceau, 75008 Paris
en janvier 2008

ISBN : 978-2-35417-011-0

Imprimé en France
Dépôt légal : janvier 2008
N° d'impression : 88273